AF452747

LOGIQUE

DE HEGEL.

LOGIQUE

DE HEGEL

TRADUITE POUR LA PREMIÈRE FOIS

ET ACCOMPAGNÉE

D'UNE INTRODUCTION ET D'UN COMMENTAIRE PERPETUEL

PAR **A. VÉRA**

Docteur ès-lettres de la Faculté de Paris, Ancien Professeur de Philosophie
de l'Université de France.

TOME PREMIER.

PARIS

LIBRAIRIE PHILOSOPHIQUE DE LADRANGE

RUE SAINT-ANDRÉ-DES-ARTS, 41.

1859

PARIS. — IMPRIMERIE DE A. HENRY NOBLET, RUE DU BAC, 30.

AVERTISSEMENT.

En publiant la logique de Hegel, je viens aujour-
d'hui remplir l'engagement que j'ai pris, il y a quatre
ans, vis-à-vis des amis de la philosophie en général,
et de la philosophie hégélienne en particulier. La
logique, on le sait, ne forme qu'une partie du système de Hegel, mais elle en forme la partie la plus
importante en ce sens qu'elle fournit la clef de tout
le système. La *Philosophie de la Nature*, et la *Philosophie de l'Esprit* supposent la logique, et il est
indispensable, avant de les aborder, que la pensée se
familiarise avec l'idée et la démonstration logiques,
et qu'elle en saisisse le sens et la portée. Il était
donc naturel de commencer par la logique. Mais
les deux autres parties du système suivront, je
l'espère, de près la logique, et s'il y a délai, je prie
le lecteur de l'attribuer à des causes qui échappent
à mon pouvoir et à ma volonté; car elles sont prêtes,

et elles sont prêtes depuis l'époque où j'ai publié mon *Introduction à la philosophie de Hegel.*

Ayant exposé et discuté, dans ce dernier ouvrage, les principes fondamentaux de la philosophie de Hegel, et y ayant présenté l'ensemble du système, j'aurais pu me borner à donner la simple traduction de chacune des parties qui le composent, en l'accompagnant d'un commentaire. Mais en examinant la chose de plus près, j'ai vu qu'une introduction spéciale et se rapportant directement à chacune de ces parties était indispensable, ou que du moins elle rendrait mon travail plus complet. J'ai donc fait précéder la logique, et l'introduction générale que Hegel a mise en tête de son *Encyclopédie*, d'une [introduction, dans laquelle je me suis appliqué, d'une part, à faire ressortir les lacunes, l'impuissance et les erreurs de l'ancienne logique, et d'autre part, j'ai examiné et discuté certains points essentiels, certains principes fondamentaux qui doivent faciliter au lecteur l'intelligence de la logique hégélienne. Quant à cette logique, je la donne telle que je l'ai promise dans mon *Introduction à la philosophie de Hegel*, c'est-à-dire, je donne la traduction littérale de la logique, telle qu'elle se trouve dans ce que j'ai appelé *la petite Encyclopédie*. Quelques explications sont nécessaires pour faire comprendre au lecteur la nature du travail qu'il a devant lui. Hegel a publié trois logiques. Il a d'abord publié sa logique en deux volumes, dont les deux premières parties, savoir : *la Science de l'Être* et *la Science de l'Essence*, parurent en 1812, et la troisième partie, *la Science de la Notion*, parut en 1816. C'est ce que j'ai appelé la *Grande Logique*, parce qu'elle contient les théories et les déductions hégéliennes avec tous leurs développements et leurs détails. et dans toute leur rigueur. Un an plus tard, c'est-à-dire en 1817, Hegel publia une première esquisse de son système, ou la première édition de son Encyclopédie. C'est ce que j'ai appelé la *petite Encyclopédie*. Dans cette esquisse, la logique ainsi que les autres parties du système se trouvent réduites à une suite de thèses, ou propositions sommaires dans lesquelles Hegel a résumé et condensé ses théories et ses déductions. C'était, du reste, une espèce de manuel qu'il destinait plutôt à ses disciples qu'au public, et qu'il développait et complétait soit par les explications données du haut de sa chaire, soit par la publication d'autres grands ouvrages, tels que la *Philosophie du Droit*, la *Philosophie de la Religion*, etc. Mais il comprit bientôt, ou on lui fit comprendre qu'un tel livre était lettre close, non-seulement pour les non-initiés, mais pour les initiés et ses disciples eux-mêmes, et que sa pensée, déjà fort difficile à saisir, lorsqu'elle était présentée avec tous ses développements, devenait inaccessible lorsqu'elle était condensée dans quelques propositions, et enveloppée dans des formes qui sortent des habitudes ordinaires du langage. C'est alors qu'il publia (1827) une seconde édition de son *Encyclopédie* (1) dans laquelle il ajouta une sorte de commentaire, sous forme de corollaires (*Zusatz*) qui suivent la proposition principale, et qui l'expliquent et la développent, mais qui ne reproduisent pas la démonstration directe et rigoureuse, et ne contiennent que des considérations exotériques, ou des applications et des exemples. C'est cette *Encyclopédie* que j'ai appelée la *Grande Encyclopédie*. Placé, dans le choix que j'avais à faire, en présence de ces trois logiques, c'est pour la logique de la *petite Encyclopédie* que je me suis décidé. Voici les raisons qui m'y ont engagé. Et d'abord une traduction littérale de la logique de la *Grande Encyclopédie* eût été insuffisante, et cela par la raison que je viens d'indiquer; par la raison, veux-je dire, que le commentaire qui l'accompagne ne contient que des considérations extérieures et qui ne font pas suffisamment entrer dans la vraie signification, et dans l'enchaînement de la déduction

(1) Je dis une seconde édition de l'Encyclopédie, mais il serait plus exact de dire, une seconde édition de la Logique de l'Encyclopédie. Car les deux autres parties de la *grande Encyclopédie* n'ont paru qu'après la mort de Hegel, dans l'édition complète de ses œuvres qui a été publiée par le soin de ses disciples et de ses amis. La *Philosophie de la Nature* a été éditée par Michelet, et la *Philosophie de l'Esprit*, par Boumann. Et ces deux ouvrages ont été rédigés sur les manuscrits de Hegel, et sur les cahiers de ceux d'entre ses disciples qui avaient suivi régulièrement ses leçons.

hégélienne. D'un autre côté, je ne pouvais pas non plus songer à donner une traduction de la *Grande Logique*. Car d'abord la *Grande Logique* ne rentrait pas dans le cadre de ma publication, puisque c'est l'*Encyclopédie* que je me suis proposé de publier. Ensuite, une traduction de la *Grande Logique* offre de nombreuses difficultés, et des difficultés qui, si elles ne sont pas insurmontables, sont cependant telles, que pour moi j'ai cru devoir, en quelque sorte, les tourner plutôt que de les aborder de front. J'estime que la *Grande Logique*, qui forme deux volumes compactes dans l'édition de Berlin, ne peut être rendue littéralement intelligible que par des notes perpétuelles, qui la porteraient déjà à trois volumes au moins. Mais ce commentaire ne contiendrait que l'annotation purement littérale de l'ouvrage; car il y a des parties pour lesquelles il serait insuffisant. Par exemple, il y a des recherches critiques sur le calcul infinitésimal, sur les théories chimiques de Berthollet et de Berzélius, sur le mouvement des corps célestes, etc.; recherches où Hegel fait l'application de ses théories logiques, et qui exigent un travail tout à fait spécial. Ce sont là les raisons qui ont dû me faire écarter la *Grande Logique*. Et cependant la *Grande Logique* est la vraie logique, et ce n'est que dans elle qu'on peut saisir la pensée hégélienne. Pour concilier ces difficultés, voici le plan que j'ai adopté. J'ai, ainsi que je viens de le dire, traduit la logique de la *Petite Encyclopédie*, en y ajoutant un commentaire. Dans ce commentaire, j'ai réuni, autant qu'il m'a été possible de le faire, outre mes propres explications, la *Grande Logique*, et la logique de la *Grande Encyclopédie*, soit en citant textuellement des passages tirés de toutes les deux, soit en résumant dans des notes plus ou moins étendues les démonstrations de la *Grande Logique*. Par là, le lecteur se trouvera dans une certaine mesure, en possession des trois logiques. Sans doute, il n'aura pas la *Grande Logique* avec ses déductions rigoureuses, avec ses riches développements et ses profondes applications, mais il en aura les grands traits et les déductions essentielles ; et quant aux détails, je crois qu'il y en a suffisamment pour celui qui voudra donner quelque attention à ce travail, et qui possède l'éducation philosophique nécessaire pour aborder sérieusement et utilement de telles questions.

Encore un mot sur la traduction. Hegel, on le sait, a son vocabulaire, ses formes et son langage. C'est naturel. Toute pensée originale et profonde se crée son expression. Ce n'est pas qu'il ne sache employer au besoin le langage ordinaire. Quand il le faut, et là où le sujet le comporte, ou lorsqu'il veut donner à sa pensée une forme moins strictement scientifique et plus populaire, il sait être simple et naturel, pour me servir des expressions consacrées, et s'élever jusqu'à l'éloquence. Mais la logique, la logique hégélienne surtout, n'admet pas de ces tempéraments; je veux dire qu'elle n'admet que le langage abstrait et sévère de la science. Le devoir d'un traducteur, surtout lorsqu'il s'agit d'une œuvre scientifique, est de reproduire aussi fidèlement qu'il le peut la pensée de l'original, et de subordonner les exigences locales et finies du langage aux exigences universelles et absolues de la pensée. C'est là la règle que j'ai suivie dans la traduction, ainsi que dans les notes et l'introduction, bien que moins strictement dans ces dernières. Aussi, tout en essayant de rester dans les formes ordinaires et convenues du langage, n'ai-je pas hésité à adopter l'expression hégélienne, ou à en inventer une nouvelle, lorsque je n'en ai pas trouvé dans la langue qui pût rendre la pensée du texte, ou ma propre pensée.

Paris, 29 août 1859.

INTRODUCTION DU TRADUCTEUR.

CHAPITRE PREMIER.

REMARQUES PRÉLIMINAIRES.

Qu'il y ait une science appelée logique, c'est ce qui
est généralement admis; et qu'une telle science soit
des plus importantes non-seulement pour l'investigation spéculative, mais pour la vie pratique elle-
même, c'est là aussi un point sur lequel tous les
hommes paraissent s'accorder. Car, bien que dans
la vie pratique nous soyons le plus souvent guidés
par l'opinion, par l'intérêt, par la passion et le ca-
price, il n'est cependant aucun de nous qui ne désire
fortifier et développer ses facultés logiques, — la faculté de raisonner, comme on l'appelle ordinairement, — soit pour les appliquer à l'objet particulier

de son activité, soit pour triompher des adversaires
que chacun doit rencontrer dans sa carrière. C'est là
ce qui fait que la logique est, avec les mathématiques,
la plus populaire des sciences abstraites; car chacun
sent, comme par instinct, que, pour bien agir, il faut
bien penser, et que, par conséquent, la science qui
étudie les lois de la pensée mérite l'attention de tout
être raisonnable. Et comme il n'y a ni science, ni art,
ni occupation pratique qui ne soit fondée sur la pensée, et qui n'exige l'exercice normal des facultés logiques, on conclut naturellement de là que la logique
est une science qui embrasse dans son domaine le
champ entier de l'intelligence et de l'activité humaines.

Mais si la logique, lorsqu'on la considère abstrac-
tivement, occupe un rang si élevé dans l'opinion commune, elle est loin, il faut bien le dire, de répondre
à l'attente générale et de tenir ce qu'elle promet,
lorsqu'on la considère dans sa forme actuelle, et telle
qu'elle est exposée dans les livres ou enseignée dans
les écoles. Et c'est là ce qui explique pourquoi, tandis que les mathématiques ont vu augmenter le
nombre de leurs sectateurs, et s'agrandir le champ
de leurs recherches et de leurs applications, la logique
s'est vue de plus en plus négligée et délaissée; et l'on
peut même dire que, si elle est toujours enseignée
dans les écoles, il faut plutôt l'attribuer aux tradi-
tions de l'enseignement scolaire qu'à un désir sérieux
de l'apprendre; et cela malgré son importance réelle

et avouée, non-seulement par rapport à la connaissance en général, mais par rapport aux mathématiques elles-mêmes, puisque la connaissance mathématique suppose l'existence et l'application des lois logiques. C'est que cette science, qui a pour objet de régler et de fortifier les facultés naturelles de l'esprit, telle qu'elle est maintenant constituée, est plutôt propre à les égarer et à les vicier ; car, ses théories ne nous offrent qu'un assemblage de formules vides, de règles arbitraires et de méthodes artificielles qui ne sont d'accord, ni avec elles-mêmes, ni avec les choses auxquelles on les applique. Et ce n'est que par suite d'un faux enseignement et de fausses habitudes d'esprit, et qu'en pervertissant ou en mutilant les faits, qu'on est amené à penser que la réalité concrète, — les choses de la nature ou de l'esprit, — son perçues et connues par nous conformément aux lois tracées par la logique.

On a, à la vérité, depuis longtemps compris ce qu'il y a d'insuffisant dans l'ancienne logique, et plusieurs tentatives ont été faites, depuis Ramus, pour reconstruire cette science sur des bases nouvelles. Mais je n'hésite point à affirmer que toutes ces tentatives ont échoué, et qu'elles·n'ont pas seulement échoué, mais qu'elles ne sont qu'une reproduction inférieure des théories qu'elles prétendent renverser et remplacer. Car il n'y a rien dans l'*organum* de Bacon, ou dans la philosophie de Descartes (1), en ce qui concerne les

(1) *Discours sur la méthode, Règles pour bien conduire sa pensée.*

principes fondamentaux de la logique, qui ne se trouve dans l'*organum* d'Aristote ; et tous ceux qui voudront accorder une attention sérieuse et désintéressée à ces matières admettront, je crois, avec moi, que l'*organum* d'Aristote surpasse toutes les théories logiques qui l'ont suivi par l'étendue, la profondeur et la justesse de ses recherches, et par le caractère scientifique dont il est marqué. Quant à l'*organum* de Bacon, l'illusion si longtemps caressée et admise comme un fait incontestable, qu'il nous fournit une méthode nouvelle et des procédés logiques inconnus à Aristote et aux philosophes de l'antiquité, cette illusion a été dissipée par la critique moderne et par une connaissance plus approfondie et plus exacte de la philosophie ancienne (1).

Le défaut commun de toutes les théories logiques, de la théorie aristotélicienne comme des autres, mais plus de celles-ci que de la première, ainsi que je le montrerai par la suite, l'erreur qui a empêché les auteurs de ces théories d'établir la logique sur des bases vraiment rationnelles, et qui vicie, pour ainsi dire, l'édifice entier, il faut la chercher dans le principe même d'où ils sont partis, je veux dire dans la manière dont ils ont conçu cette science. Car ils ont tous considéré la logique comme une science purement *formelle*, c'est-à-dire comme une science dont l'objet consiste à analyser et à décrire

____

(1) Voy., sur ce point, un écrit que j'ai publié en anglais : *Inquiry into speculative and experimental science.* Londres, chez Longman.

les formes purement *subjectives* de la pensée, formes qui ont une signification et une valeur pour ce qui concerne l'intelligence et ses opérations, mais qui ne sont liées par aucun rapport objectif et consubstantiel avec les choses que nous pensons et que nous connaissons avec leur concours.

C'est là la notion que les philosophes se sont généralement formée de la logique, et en partant de ce point de vue, ils ont mutilé cette science, ils l'ont dépouillée, si l'on peut ainsi dire, de sa substance, et ils n'ont laissé qu'une pure *forme*, qui, par cela même qu'elle a été séparée de sa substance, et qu'elle a été considérée, indépendamment des choses réelles et concrètes, est loin d'être une *forme* vraiment *rationnelle* et un instrument de la vérité. Et, il faut bien le dire, depuis Aristote jusqu'à nos jours on croirait que les logiciens, au lieu d'agrandir et de compléter le champ des recherches marqué par le philosophe grec, ne se sont appliqués qu'à le retrécir, à en retrancher quelques-unes de ses branches essentielles et à le réduire ainsi à son *minimum*. De là les distinctions arbitraires et superficielles de la *vérité métaphysique* et de la *vérité logique,* de la *raison* et du *raisonnement,* de la logique, comme science des simples *possibilités,* et de la métaphysique, comme science des *réalités éternelles et absolues,* distinctions qui, d'une part, brisent l'unité de l'intelligence, et avec l'unité de l'intelligence l'unité des choses, et qui, de l'autre, ont fait de la logique une sorte de *caput mortuum,* où l’intelligence ne saurait trouver un critérium réel, un guide rationnel et assuré.

Tel est, même en ce moment, l’état de la logique, bien qu’il y ait aujourd’hui près d’un demi-siècle que sa rénovation a été accomplie par Hegel.

Lorsque la logique de Hegel parut (1), elle fut reçue en Allemagne avec admiration, ou, pour mieux dire, avec enthousiasme par le monde philosophique. L’on comprit alors qu’elle était appelée à remplacer l’ancienne logique, et à inaugurer une ère nouvelle non-seulement pour la logique, mais pour la philosophie et la science en général. Car, par là même que la logique est une science universelle, il n’y a pas de sphère de la connaissance qui échappe à son action, il n’y a pas de théorie ou de pensée touchant Dieu, ou la nature, ou l’homme qui n’implique une loi ou une notion logique, et, par conséquent, la rénovation de là logique doit nécessairement entraîner avec elle de nouvelles habitudes d’esprit, de nouveaux principes et des méthodes nouvelles dans toutes les branches de la connaissance.

Que la logique de Hegel, lorsqu’elle sera mieux étudiée et mieux connue, et qu’un attachement aveugle et mécanique à de vieilles formules aura cédé devant des principes vraiment rationnels et démonstratifs, soit appelée à remplacer l’ancienne logique, c’est ce qui ne laisse pas l’ombre d’un doute dans mon esprit. Et les objections que l’on dirige contre la philosophie

(1) Nuremberg, 1812.

de Hegel, à savoir, que cette philosophie, qui autrefois
a régné en souveraine en Allemagne, est maintenant
délaissée et perd tous les jours de son influence, que
ses partisans sont dispersés et découragés, et osent à
peine reconnaître la doctrine de leur maître, et qu'il y
a lieu de croire que cette doctrine n'est qu'une phase
passagère de l'esprit humain, qu'une tentative har-
die, mais stérile, pour expliquer les lois absolues de
l'univers, de telles objections n'ont, à mon gré, aucune valeur. Car à ceux qui prétendent que la philosophie hégélienne a perdu de son influence, on peut
d'abord opposer l'affirmation contraire, et l'on peut
dire que ce qu'elle a perdu en intensité, elle l'a ga-
gné en étendue, et que cette influence, qui autrefois
était bornée à l'Allemagne, s'étend aujourd'hui sur
toute l'Europe et au delà des mers, comme le prouvent des publications qui concernent directement la
philosophie hégélienne, ou qui portent une marque
visible de son influence (1). Et ce déplacement du
centre de l'hégélianisme, qui de l'Allemagne va en
se répandant et en jetant des germes sur les différents points du globe, au lieu d'être une cause
d'affaiblissement, deviendra pour lui une source
nouvelle de force et de vie. Car c'est en se combinant avec l'esprit des autres peuples, en variant

(1) M. de Rémusat, dans un article fort intéressant : *Un voyage dans le
nord de l'Italie,* inséré dans la *Revue des Deux Mondes* (1er octobre 1857),
dit : *L'Italie a son hégélianisme. C'est la nécessité du temps.* A mon gré,
il eût été plus exact de dire : *C'est la nécessité de la raison.*

ses formes et son langage et en trouvant d'autres interprètes que ceux du sol qui l'a vu naître, qu'un grand système se développe et déploie les richesses cachées dans les profondeurs de la pensée du maître. Ensuite, lors même que l'on accorderait qu'en ce moment la philosophie hégélienne a perdu de son influence, la conclusion qu'on en veut tirer contre sa valeur intrinsèque, contre son action et ses développements futurs, ne suit nullement des prémisses. Il en est de la philosophie hégélienne comme de la philosophie de Platon et d'Aristote, comme de tout grand système, et on pourrait ajouter de tout grand événement historique. Il y a réaction, et il y a point d'arrêt. Cette réaction et ce point d'arrêt sont amenés par des causes diverses, par le passé, par les vieilles habitudes morales et intellectuelles, par l'intérêt, par l'ignorance ou l'indifférence, par la difficulté de pénétrer dans la signification vaste et profonde d'une théorie, ainsi que par l'impatience de voir l'idée immédiatement réalisée. Mais c'est là l'éclipse, ce n'est pas l'évanouissement de la planète. Les doctrines de Platon et d'Aristote furent suivies, ou, comme un antihégélien dirait, effacées par celles d'Épicure, des stoïciens, etc. Et cependant on ne les vit pas moins revivre, et revivre aussi vigoureusement et plus vigoureusement peut-être, que lorsqu'elles sortirent du cerveau et de la bouche de leurs immortels auteurs. Car, sans parler de l'école d'Alexandrie, et de la philosophie romaine, qui peuvent être considérées comme

un développement ou une reproduction des doctrines
de Platon et d'Aristote, l'influence de ces doctrines
ne fut jamais plus marquée et plus incontestable-
ment établie qu'au moyen âge et à la renaissance.
Et même de nos jours, malgré les attaques dédai-
gneuses et les pompeuses promesses de Bacon et
de Descartes, la philosophie grecque demeure comme
la base de toute éducation vraiment philosophique ;
et il ne faut pas oublier qu'il y a peu de livres auxquels on ait consacré, dans ces derniers temps, plus
d'attention et de travaux qu'aux livres de Platon et
d'Aristote. Ainsi l'obscurcissement momentané de ces
grands luminaires, loin d'être un symptôme de fai-
blesse, est une preuve de puissance; car il prouve
combien est indestructible l'esprit qui vit en eux,
esprit qui se perpétue à travers les âges, et qui ne
s'efface que pour renaître à une vie toujours jeune
et toujours nouvelle.

Que Hegel appartienne à la famille de ces penseurs
extraordinaires et divins, et que ces théories soient
faites pour résister à l'épreuve du temps, c'est là ce
qui, à mon avis, ne saurait laisser de doute dans l'esprit de celui qui voudra leur accorder une attention
sérieuse et désintéressée. Car sa puissance spéculative vraiment merveilleuse, la profondeur et la vaste
étendue de son esprit qui a embrassé toutes les branches du savoir, et sa faculté, qui n'a pas été égalée
par aucun autre penseur, sans en excepter Platon et
Aristote, de déduire et lier les idées et de systémati-

ser la connaissance, lui assurent une des places les plus élevées parmi les génies dont s'honorent la philosophie et l'esprit humain.

CHAPITRE II.

DÉFINITIONS DE LA LOGIQUE.

Rien ne prouve plus clairement peut-être l'insuffisance de l'ancienne logique que les incertitudes et la divergence d'opinions, relativement à son objet et à ses limites. Car, suivant les uns, elle est un système de règles, une méthode pour former des idées claires et pour guider la raison (1) ; suivant d'autres, elle est la science de l'argumentation et du raisonnement, lesquelles facultés ils distinguent soigneusement de la raison (2). Kant considère la logique comme une science *formelle*, comme la science des *formes* nécessaires ou des lois de la pensée, et, suivant ses propres expressions, de l'usage général de l'entendement, indépendamment de tout objet particulier, ou de tout contenu fourni soit par la raison, soit par l'expérience (3). Il en est qui éliminent de la logique toute question touchant les idées, leur origine et leur signification objective. Il en est d'autres, au contraire, qui non-seulement y comprennent ces questions, mais

---

(1) Descartes, Watts.
(2) C'est là la notion qu'on se fait le plus ordinairement de la logique.
(3) Logique de Kant, publiée par Jæsche.

qui font de la logique une sorte de miscellanée où ils entassent pêle-mêle et comme au hasard toute espèce de sujets, tels que les problèmes de la certitude, de la probabilité, des miracles, etc. (1).

Cette divergence d'opinions, cette incertitude touchant l'objet et les limites de la logique, qui serait une source d'erreurs dans toute autre science, entraîne des conséquences bien plus fâcheuses encore lorsqu'il s'agit de la science qui est présentée comme l'instrument universel de l'investigation scientifique, comme la méthode à l'aide de laquelle on découvre ou l'on constate la vérité ; car l'erreur et la confusion qui se glissent dans cette science universelle doivent, par là même, pénétrer dans toutes les autres branches du savoir.

La difficulté qu'on éprouve à se former une notion exacte de la logique est due à plusieurs causes, mais surtout à l'absence d'une connaissance systématique, et de recherches suffisamment approfondies sur la nature de la *forme*, et partant de la logique elle-même. Et, en effet, là où il n'y a pas de système (2), c'est-à-dire là où il n'y a pas un tout, et où les parties et le tout ne sont pas liés par des liens rationnels et par des rapports nécessaires et absolus, il ne peut y avoir qu'une connaissance

---

(1) La logique de Port-Royal, par exemple.

(2) Voyez, sur la nécessité d'une connaissance systématique et les erreurs qui naissent de l'absence de cette condition, mon *Introd. à la Phil.* de Hegel, ch. III, § II, et plus bas, ch. IX, X et XI.

fragmentaire et accidentelle ; et une science particulière qui n'est pas systématiquement ordonnée, et qui
ne constitue pas la partie d'un tout , ne saurait dis-
cerner clairement ni son objet, ni ses limites, ni les
rapports qui l'unissent aux autres sciences. Et c'est
là ce qui a lieu dans la logique. Car cette science qui,
comme on nous le dit, doit nous apprendre à ordonner nos pensées et à former des idées claires
et complètes, s'inquiète fort peu soit d'ordonner
ses propres matériaux, soit d'en rechercher et d'en
définir avec précision le sens et la valeur. Ainsi,
par exemple, à la question de savoir quel est le rapport de la logique avec les autres sciences, on se
contente de répondre d'une manière vague et superficielle, que comme la logique est la science du raisonnement, et comme on a besoin du raisonnement
dans toutes les sciences, la logique doit nécessairement avoir des rapports avec elles. Mais quelle est la
vraie et intime nature de ces rapports , jusqu'à quel
point et de quelle manière la logique est liée aux autres sciences, et quelle est la limite qui la sépare d'elles,
c'est ce que les logiciens ne nous disent point. Et
lorsque, pour en donner une définition plus exacte,
ils ajoutent que c'est la science de la *forme* ou de la
méthode, à l'aide de laquelle nous disposons nos pensées pour atteindre à la vérité, ici aussi on nous laisse
dans l'ignorance sur la nature de cette *forme* et de
cette *méthode*, et sur leurs rapports avec les objets
de la pensée, comme, par exemple, s'il y a entre

l'objet de la pensée — fini ou infini, physique ou métaphysique — et la *forme* une communauté de nature, et s'il y en a, quelle est la différence entre la
logique et l'ontologie et la métaphysique; et s'il n'y
en a pas, comment la connaissance est possible;
ou bien, si la *forme* est éternelle et absolue, ou périssable et relative, et si elle est périssable et relative, comment on peut atteindre à l'absolue vérité
avec son concours; négligeant ainsi ou laissant sans
réponse les questions les plus importantes, et sans
lesquelles on ne saurait arriver à une conception
vraiment rationnelle de la logique.

CHAPITRE III.

Pour justifier l'exactitude de ces remarques, je vais
tracer d'abord une rapide esquisse de l'ancienne logique, où je me bornerai à indiquer les traits les
plus essentiels de cette science, ce qui nous suffira
pour mettre en lumière ses lacunes, et ce qu'il y a
pour ainsi dire d'illogique en elle, et nous servira
comme de préparation et de passage à la logique
hégélienne.

Que la logique soit une science universelle, c'est là
un point sur lequel tous les philosophes sont d'accord.
En effet, que la logique soit la science de la *forme*, ou
qu'elle soit la science du *raisonnement*, l'unité de l'intelligence, ainsi que l'unité de la science, exigent
qu'il y ait une science universelle qui s'étend à toutes
les branches de la connaissance et de la pensée. Mais si,
d'un côté, la logique est une science universelle, elle
doit, de l'autre, avoir un objet déterminé et un champ
limité de recherches, et, en ce sens, elle doit être
une science particulière. Car, si elle n'était qu'une
science universelle, elle serait la science universelle
et la seule science, et les autres sciences ne seraient

alors que des parties ou des divisions de la logique. La question se présente, par conséquent, de savoir comment la logique peut être une science universelle et particulière tout ensemble, dans quel sens et jusqu'à quel point elle embrasse les autres sciences, et dans quel sens elle constitue une science *sui generis*, ayant un objet distinct et déterminé.

Or, lorsque nous analysons la pensée, nous découvrons qu'il y a dans toute pensée deux éléments : la *chose* elle-même (soit purement pensée ou signifiée par des mots), et le *mode* suivant lequel les différentes choses sont unies et disposées dans et par la pensée, il y a, en d'autres termes, d'une part, ce qui a été appelé la *matière*, ou le *contenu*, et de l'autre, la *forme* de la pensée. Si, dans la proposition, *l'homme est mortel*, nous ne considérons en aucune façon ce qui se rapporte à l'être objectif, soit de l'*homme*, soit de *mortel*, comme, par exemple, s'il y a un tel être appelé homme, ou ce qu'il est, ou s'il y a des choses mortelles, et en quoi consiste être mortel, etc., mais seulement la manière dont ces termes ou des termes semblables sont ou peuvent être réunis, nous aurons la *forme* universelle de cette proposition. C'est par le même procédé analytique que nous découvrons dans un raisonnement des éléments et des rapports analogues; et si nous étendons ce procédé aux formes diverses à l'aide desquelles nous pensons les choses, nous aurons le point de vue fondamental de l'ancienne logique, c'est-à-dire nous aurons, d'une part, la *matière de la pensée,* et les sciences qui s'y rapportent, telles que la métaphysique et la physique, et de l'autre, la *forme de la pensée,* et la science de la forme ou la logique.

Maintenant, comme il ne peut y avoir de pensée sans une forme déterminée, il faut à la pensée certains éléments fixes et généraux qui la déterminent. Ces éléments ont été nommés par quelques logiciens *termes,* par d'autres *catégories* ou *concepts,* et par d'autres *genres* et *espèces.* Il faut remarquer, à cet égard, que si, conformément à la notion fondamentale de la logique que nous venons d'indiquer, nous enlevons aux termes ou catégories, ou par quelque nom qu'on les désigne, leur valeur *matérielle* et *objective,* et leurs propriétés réelles (peu importe ici que ces propriétés soient dérivées de l'expérience ou de la raison), on ne leur laissera que leur *grandeur* ou *quantité,* et la logique deviendra la science de la *quantité de la pensée* (1). C'est là, pour le dire en passant, ce qui fait le rapport, et ce qui a souvent amené la confusion de la logique et des mathématiques. Car, si l'on dépouille

(1) Si, par exemple, dans le terme *homme* nous faisons abstraction de son *existence réelle,* et de ses *qualités,* le seul caractère, la seule entité qui lui pourra rester sera la quantité, c'est-à-dire nous aurons l'homme considéré comme un *tout,* ou comme une *partie,* ou comme une *unité* indivisible. — Et il faut remarquer que nous faisons ici une concession à l'ancienne logique pour le besoin de la discussion. Car il est facile de voir que la quantité et ses rapports — quels que soient d'ailleurs leur valeur et le rôle qu'ils jouent dans la constitution des êtres, — font partie de la *chose même* et de sa nature objective, et, par conséquent, elles dépassent les limites d'une logique qui n'y voit que des formes purement relatives et subjectives de l'intelligence.

les termes de leur *contenu,* on n'aura plus que des
nombres ou des figures géométriques, et leur combinaison pourra être comparée à une proportion numérique ou à des cercles concentriques (1).

Maintenant, conformément à ce point de vue, les
caractères essentiels des termes seront ce que les logiciens ont appelé *compréhension* et *extension,* lesquelles forment un certain nombre, une somme de caractères appartenant à chaque terme. Soit, par exemple, le terme *arbre.* Arbre est à la fois un *genre* et une
espèce. C'est un *genre,* si l'on considère les termes inférieurs et plus étroits, tels que *chêne, hêtre, peuplier,* qu'il
contient; c'est une *espèce,* si l'on considère les termes
supérieurs et plus larges, tels qu'*organique, matière,
être,* dans lesquels il est contenu. L'ensemble des premiers caractères constitue son *extension,* l'ensemble
des derniers caractères constitue sa *compréhension.*
D'où il suit : 1° que l'on a une somme ou une série
de termes où la compréhension et l'extension se développent en raison inverse, la compréhension aug-
mentant lorsque l'extension diminue, et réciproque-

(2) Euler, par exemple, compare le syllogisme à trois cercles concentriques dont le cercle du milieu formerait le moyen terme. Ploucquet identifie la *logique* et le *calcul,* et après avoir ramené le syllogisme au calcul, il
conclut par les paroles suivantes : *Posse etiam rudes mechanice totam lo-
gicam doceri, uti pueri mathematicam docentur, ita quidem, ut nulla
formidine in ratiociniis suis errandi, torqueri, vel fallaciis circumveniri
possint, si calculo non errant.* » Il faut avouer que Leibnitz avait déjà
donné l'exemple de cette manière absurde et illogique de traiter la logique,
en soumettant le syllogisme au calcul des combinaisons, c'est-à-dire, en cal-
culant le nombre des combinaisons qu'on peut faire subir à une proposition
dans le syllogisme. (Voyez Leibnitz, Op. t. II, p. 1.)

ment; 2° que, si l’on se représente par la pensée la série entière des termes, l’on aura, à l’une des extrémités de la série, un terme qui a la plus large extension, mais qui n’a point de compréhension, et, à l’extrémité opposée, un terme qui a la plus large compréhension, mais qui n’a point d’extension.

Cependant les termes pris séparément, et indépendamment de tout rapport, ne sont que des éléments indéterminés qui ne contiennent pas de pensée positive et bien définie. Ce n’est que par leur liaison, et en réfléchissant, si l’on peut dire ainsi, l’un sur l’autre une partie d’eux-mêmes, qu’ils acquièrent cette propriété. Et, en y regardant de près, on voit que c’est leur propre constitution qui appelle ce rapport; car, comme chaque terme possède une compréhension et une extension, chaque terme contient implicitement le terme dont il forme soit la compréhension, soit l’extension. Maintenant, le rapport le plus simple et le plus élémentaire des termes est exprimé par la *proposition*, laquelle n’est, en réalité, autre chose que le développement, et, pour ainsi dire, la position actuelle de la relation primitive des termes, c’est-à-dire du double élément contenu dans chaque terme pris isolément. Dans les termes *homme* et *mortel*, par exemple, il y a un certain nombre de caractères dont les uns constituent la compréhension, et les autres l’extension. Relativement au terme *mortel*, *homme* forme une partie de son extension, et relativement au terme *homme*, *mortel* forme une partie de sa compréhension, de telle sorte que ces deux termes, en tant que formant des parties d'un tout—de la totalité de la série des termes — sont dans un rapport inverse et réciproque, lequel rapport est affirmé par l'insertion de la copule est. Dans la proposition l'*homme est mortel*, *homme*, étant l'espèce, constitue une partie de l'*extension* de *mortel*, et, mortel étant le genre, constitue, à son tour, une partie de la *compréhension* de l'*homme*.

Maintenant, de même que la proposition sort des termes, ainsi le syllogisme sort de la proposition. Et de même qu'une série de termes contient virtuellement une série de propositions, ainsi une série de propositions contient une série de syllogismes. Bien plus, le syllogisme se trouve, comme la proposition, virtuellement contenu dans les termes, et il n'en est, lui aussi, qu'un développement. Car, par là même que chaque terme possède une compréhension et une extension, c'est-à-dire est ainsi constitué qu'il forme d'un côté la compréhension et de l'autre l'extension d'autres termes, il n'implique pas seulement la proposition, mais le syllogisme. Les termes *homme*, *mortel*, *plante, blanc, bon*, etc., possédant chacun ce double élément, peuvent être combinés dans un syllogisme, et de plus, ils peuvent remplir, tour à tour, la fonction de moyen, de grand et de petit terme. C'est sur ces considérations qu'est fondé le principe fondamental de la syllogistique, je veux dire, le *principium de continenti et de contento*. Car, chaque terme, par son extension et en tant que genre, *contient* un autre terme, et, par sa compréhension et en tant qu'espèce, il *est contenu* dans un autre terme ; de telle sorte chaque terme peut, tour à tour, être moyen terme, grand et petit extrême. C'est l'ensemble de ces règles, formes ou opérations qui constitue la *méthode*, laquelle, comme nous l'avons fait observer, n'est qu'un *organum* subjectif de la connaissance, un instrument qui guide l'intelligence dans la recherche du vrai, mais qui n'est pas le vrai lui-même, ou qui n'est lié avec le vrai par aucun rapport consubstantiel et absolu. Et ainsi, quand nous raisonnons, nous définissons, nous divisons, etc., nous accomplissons des opérations qui conduisent l'esprit à la connaissance des choses, mais qui n'ont aucune réalité hors de l'esprit, et n'affectent en aucune façon les choses elles-mêmes.

Mais à côté et au-dessus de ces règles et de ces principes, il y a un principe suprême qui est la condition de toute pensée et de toute connaissance, et partant de la légitimité de ces opérations elles-mêmes. D'après ce principe une pensée ne doit pas se nier et, pour ainsi dire, s'annuler elle-même ; et, par conséquent, aux règles et aux principes précédents il faut ajouter le *principe de contradiction*, que Kant a appelé le *principe d'identité*, et qui peut être ainsi énoncé : *Une chose doit être identique à elle-même*, ou bien : *Une chose ne peut être autre qu'elle-même, en même temps, et sous le même rapport ;* principe que l'on nous donne comme exprimant la règle suprême de la connaissance et de la vérité.

Tels sont les traits les plus caractéristiques de l'ancienne logique, de la logique qui réclame Aristote pour son fondateur,—nous allons voir avec quelle raison,—qui a été enseignée pendant des siècles et est toujours officiellement enseignée dans les écoles, et qui forme la charpente de toutes les logiques qui ont paru jusqu'à la logique de Hegel, quelles que soient d'ailleurs les différences qu'on pourra découvrir dans leur disposition extérieure, et dans quelques points secondaires et peu importants.

CHAPITRE IV.

ARISTOTE EST-IL LE FONDATEUR DE LA LOGIQUE
FORMELLE (1) ?

Bien que cette question n'ait, à la rigueur, qu'une importance purement extérieure et historique, cependant, à cause de la grandeur du nom et de l'influence qu'exercent et qu'exerceront toujours les écrits d'Aristote, il n'est pas sans intérêt de l'examiner brièvement, et de voir quelle est la notion qu'Aristote s'est réellement faite de la logique.

Qu'Aristote n'ait clairement perçu ni l'objet de cette science ni le lien qui l'unit aux autres sciences, à la métaphysique, par exemple, et qu'il y ait dans ses théories logiques une tendance à ramener les opérations de l'intelligence aux formules vides et aux figures de la logique formelle, c'est ce que je ne contesterai point. Cette tendance peut s'attribuer à différentes causes, mais surtout à la position hostile prise par Aristote vis-à-vis de la théorie des idées et de la méthode qui en est inséparable, je veux dire la

---

(1) J'emploierai parfois cette expression pour désigner l'ancienne logique. C'est ainsi, du reste, qu'on la désigne souvent.

dialectique, position qui l'empêcha de saisir l'unité de la science dans l'unité des idées, bien que, lorsqu'on ne se laisse pas faire illusion par les mots, on puisse aisément voir que, dans la construction de ses théories métaphysiques, il suit en réalité cette même méthode dialectique, et il emploie ces mêmes éléments — les idées — contre lesquels il a dirigé une critique si sévère, et, il faut bien le dire, si peu juste et souvent si superficielle (1). Mais il ne

(1) En général la polémique dirigée par Aristote contre la théorie des idées, ou porte à faux, ou elle est superficielle. Tous les arguments qu'il emploie pour renverser la théorie platonicienne peuvent tout aussi bien être rétorqués contre sa propre théorie, que contre la science en général. Tels sont, par exemple, les deux reproches adressés à Platon de séparer les idées des choses, ou de doubler inutilement les êtres. Mais, à quelque point de vue que l'on se place, il faut bien séparer, les principes des choses dont ils sont les principes ; j'entends les séparer non comme on sépare deux choses matérielles, mais comme on doit séparer l'idée, de la chose dont elle est l'idée, par exemple, l'idée du triangle, du triangle matériel, ou l'intelligence, des choses qu'elle entend. Que cette séparation soit difficile à concevoir, on peut l'admettre sans que l'argument d'Aristote en devienne plus concluant, car cette difficulté affecte tout aussi bien la théorie platonicienne, que toute autre théorie en général. Il en est de même de l'autre objection fondée sur le dédoublement des êtres. En effet, dès qu'on admet des principes il faut bien doubler les êtres, et cela de quelque façon qu'on envisage les principes, car il faut admettre et les principes et les choses dont ils sont les principes. Mais ce qu'il y a de plus étrange, c'est qu'Aristote construit sa théorie métaphysique avec les mêmes éléments dont s'était servi Platon pour construire la sienne. Que l'on prenne, par exemple, sa théorie du premier moteur. Il est évident que s'il y a théorie fondée sur l'idée, c'est bien celle-là, car un premier moteur et un moteur qui se meut sans se mouvoir est une conception purement idéale, c'est-à-dire une conception fondée sur l'*idée* d'un moteur absolu, comme la théorie du *bien*, de Platon, est fondée sur l'*idée* d'un bien absolu ; et si l'on examine attentivement par quels procédés Aristote arrive à la conception d'un moteur absolu, on verra que c'est par la dialectique, j'entends la dialectique platonicienne. C'est qu'en effet, il n'y a pas de métaphysique qui puisse être fondée sur d'autres principes. Voy., sur ce point, mon *Introd. à la Phil.* de Hegel, ch. II., §1, et ch. IV, § v.

suit pas de là qu'Aristote ait conçu la logique
comme la science des *formes purement subjectives* de
la pensée, et qu'il l'ait absolument séparée de l'ontologie et de la métaphysique. Tout au contraire, pour-
suivant, à l'égal de Platon, l'unité de la science, il
s'applique à lier ensemble la logique et la métaphysique, en les plaçant toutes deux sur un terrain commun, et en leur attribuant les mêmes principes et le
même ordre de recherches. C'est ce dont on pourra
s'assurer, pour ainsi dire, à la plus simple inspection
de ses écrits. Ainsi, après avoir, dans sa logique, considéré les *catégories* comme principes de la pensée, il
les considère, dans sa métaphysique, comme attributs
de l'Être. C'est le même rapport qu'il a en vue lorsque, dans ces deux mêmes écrits, il examine le *principe de contradiction*, ou lorsqu'il introduit dans ses
Analytiques et dans son *Traité de l'âme* sa *Théorie
de l'Intelligence*, laquelle, comme on le sait, est intimement liée à sa théorie de l'*acte* ou de l'*essence*. Il
y a plus, sans sortir des limites de la logique, nous
voyons Aristote occupé à définir et à agrandir l'objet
de cette science, en recherchant la signification matérielle et objective de ses lois. Car, après avoir ana-
lysé la proposition dans sa forme subjective et indéterminée, il l'analyse dans sa signification plus
déterminée et plus objective (dans sa *Théorie des mo-
dales*). et, après avoir considéré le *moyen terme*
comme *espèce* et dans ses *rapports quantitatifs* avec
les extrêmes (*premiers Analytiques*), il la considère

du point de vue de la *cause* et de l'*essence* (*seconds Analytiques*), rapprochant ici aussi la logique et ses théories métaphysiques, et posant l'*essence* comme *moyen terme*, ou principe absolu de la démonstration, dans lequel là démonstration et la chose démontrée, la *forme* et la *matière* de la pensée se trouvent intimement unies et élevées à l'identité de leur nature (1).

Telle est la notion qu'Aristote s'est faite de la logique, ainsi que le prouvent ses écrits, et ceux qui invoquent son autorité pour justifier la séparation de la logique et de la métaphysique, ce n'est pas au vrai Aristote qu'ils en appellent, mais à un Aristote qu'ils se créent pour le besoin de leur cause et de leurs opinions.

(1) Conf. plus bas, ch. X et suiv.

CHAPITRE V.

Mais quelle que soit la manière dont Aristote a conçu la logique, c'est en elle-même, et indépendamment de tout argument extérieur et de tout antécédent historique que la question doit être examinée.

Et en commençant par les *termes*, nous devons demander ce qu'ils sont, et quel est le sens précis que l'on y attache. S'ils ont un sens et une valeur, ce n'est qu'à la condition d'être des idées. Mais la logique formelle élimine, et est obligée d'éliminer de son domaine toute question touchant les idées, et de la renvoyer à la psychologie ou à la métaphysique. Nous devons, par conséquent, demander ce qu'ils sont, et ce qu'ils peuvent être, s'ils ne sont pas des idées.

Or, il est clair qu'ils ne peuvent être que des *qualités* (1), ou des *genres* et des *espèces*, ou des *quantités*. Mais ni les termes, ni leur relation ne sauraient être des qualités; car, comme les qualités appartien-

---

(1) Je prends ici le mot *qualités* dans le sens large et indéterminé où on le prend généralement, c'est-à-dire dans le sens de propriétés, modes ou attributs constituant la nature objective des choses, et non dans le sens spécial et déterminé, tel qu'il se trouve défini dans la logique de Hegel.

nent à la nature des choses, et en font partie, toute recherche qui concerne la qualité est en dehors des limites de la logique formelle, autrement l'élément logique deviendrait une qualité de l'*homme*, de *l'être*, de *mortel*, etc. S'ils n'expriment pas des qualités, expriment-ils des *genres* et des *espèces?* Mais s'ils expriment des genres et des espèces, ce ne sont pas des genres et des espèces tels qu'ils existent dans la nature, ou tels que nous pouvons les concevoir, c'est-à-dire des genres doués de la faculté d'engendrer, ou d'autres propriétés réelles et objectives. S'ils sont, par conséquent, des genres et des espèces, ce sont des genres et des espèces d'une nature particulière; ce sont, veux-je dire, des *quantités de différentes grandeurs*, unies, comme toute quantité, par le rapport du *plus* et du *moins*, ou, comme nous l'avons déjà vu, par le rapport de contenance. A, B, C, D, etc., s'ils ne représentent ni *l'être ni la qualité*, doivent représenter la *quantité*, à moins qu'ils ne soient = 0. Ainsi la logique formelle n'est en réalité que la logique de la quantité. Mais les mathématiques étudient aussi la quantité; et par conséquent, ou la logique est une partie des mathématiques, ou celles-ci sont une partie de la logique, ou la logique et les mathématiques ne forment qu'une seule et même science sous deux noms différents (1). C'est là le point où ses deux

---

(1) Quelles que soient l'imperfection et l'insuffisance de la méthode mathématique au point de vue de la science absolue, lorsqu'on compare la logique formelle et les mathématiques, et la manière dont elles envisagent

sciences se rencontrent, ce qui a conduit quelques-uns à penser qu'elles ne sont qu'une seule et même science, et d'autres à emprunter aux mathématiques la méthode pour l'investigation philosophique, et à considérer cette méthode comme la méthode absolue de la connaissance. En effet, si A, B, C, D, etc., sont de pures quantités, elles sont des nombres ou des symboles de nombres, et leur rapport ne peut être qu'un rapport quantitatif. Ainsi B genre contiendra A espèce, comme 2 contient 1, et C étant un genre par rapport à B, contiendra B qui est devenu espèce comme 3 contient 2, et ainsi de suite. Et si nous appliquons ce critérium au syllogisme, nous arriverons au même résultat. Soient A, B, C, les trois termes d'un syllogisme. Soit A le grand, C le petit extrême et B le moyen. Conformément au principe fondamental du syllogisme, B est moyen, parce qu'il est ainsi constitué qu'il peut contenir C et être contenu dans A. Or, ce principe n'est rien autre chose qu'un rapport numérique appliqué au syllogisme, c'est-à-dire que la formule C est en B comme B est en A, équivaut à

leur objet, et élaborent leurs matériaux, il faut bien convenir que les mathématiques se font de la méthode et de la science une notion bien plus vraie et bien plus profonde que la logique. Car elles ne considèrent pas la *quantité et ses rapports*, ainsi que la méthode dont elles se servent pour les déterminer, comme de simples conceptions ou formes subjectives, mais comme des éléments et des rapports absolus des choses. Et c'est là, ainsi que je l'ai fait remarquer au commencement, ce qui a donné aux mathématiques une si grande importance, et ce qui a fait, d'un autre côté, considérer la logique comme un assemblage de formules vides et de subtilités scolastiques.

2 : 4 : : 4 : 8. Si l'identité des deux formules nous échappe, c'est, ou que ce principe est représenté par des lettres auxquelles on n'attache pas une signification bien définie, ou que, lorsqu'il est énoncé par des mots comme dans les formules suivantes : « *Que ce qui appartient au tout doit aussi appartenir à la partie de ce même tout.* » Ou, « *que ce qui appartient au genre doit appartenir à l'espèce de ce même genre;* » ici aussi on laisse dans l'ombre ce qu'on entend par *tout* et par *partie*, par *genre* et par *espèce*. Or, il n'est pas difficile de voir que ces mots ne peuvent signifier ici que des quantités. Mais ce qui cache, avant tout, le vide de la règle c'est l'exemple dont on l'accompagne. Car, comme l'exemple est emprunté à la réalité, on est par là amené à penser que la règle se trouve réalisée dans l'exemple. Mais ce n'est là qu'une illusion. Car si l'on dépouille les termes de leurs qualités, et de leur nature objective, c'est-à-dire, de ce qui n'appartient pas au domaine de la logique, ce qui restera ce sera leur quantité. Ainsi, lorsqu'on entend citer l'exemple :

Tous les hommes sont mortels,

Les Européens sont des hommes,

Donc, etc.,

on est naturellement porté à croire qu'il y a là une opération rationelle, une opération qui nous donne une connaissance réelle. Mais on ne doit pas oublier que la logique formelle exclut de son domaine toute recherche touchant la réalité des choses, et qu'elle ne s'occupe en aucune façon soit d'en démontrer, soit d'en vérifier l'existence. Et ainsi qu'*homme, mortel, Européen*, etc., existent ou n'existent point, qu'ils existent séparément ou conjointement, qu'ils possèdent ou qu'ils ne possèdent pas telle ou telle qualité, ce sont là des points qui sont en dehors de ses limites, et le seul point qu'elle a à déterminer est que *si ces termes ou êtres existent, s'ils possèdent telle ou telle qualité, ils peuvent être combinés conformément à certaines règles ou rapports de quantité.*

Pour nous assurer de la justesse de ces observations, analysons l'exemple que je viens de citer.

Dans la théorie de la proposition on nous enseigne que dans *la proposition universelle affirmative l'attribut est pris particulièrement,* c'est-à-dire qu'on ne doit prendre dans l'attribut que la partie qui appartient au sujet. Et, en effet, l'attribut étant un *genre,* et le genre contenant plusieurs *espèces* ou *parties,* la seule partie qu'on peut prendre du genre est celle qui appartient à l'espèce correspondante. Ainsi, dans la proposition : *tous les hommes sont mortels, mortel* est pris *particulièrement,* ou, ce qui revient au même, on ne prend de *mortel* que la partie qui appartient à *tous les hommes* ou *à l'homme,* et par conséquent il n'y a là que deux termes, ou deux quantités égales, disons 4=4. Mais ce qui a lieu dans la majeure a aussi lieu dans la mineure. Ici le moyen terme, qui était le sujet ou l'espèce dans la majeure, devient l'*attribut* ou le *genre* dans la mineure, où il est pris, lui aussi, particulièrement comme l'attribut de la majeure, avec cette seule différence que l'attribut ne s'appliquant ici qu'à un moindre sujet, Européen, nous avons une autre proposition identique dont la quantité est plus petite, disons $2=2$. Et ainsi nous avons deux propositions identiques :

$$4=4$$
$$2=2$$

En effet, le moyen terme qui est pris *particulièrement* dans la mineure, ne peut pas garder dans la mineure la même quantité qu'il a dans la majeure, où il est pris *universellement*, de sorte que si nous considérons la valeur quantitative des termes, soit dans chaque proposition séparément, soit dans les deux propositions conjointement, nous aurons deux propositions identiques, c'est-à-dire, un syllogisme dans lequel le moyen terme $4+2$ est égal aux deux extrèmes $4+2$, ce qui veut dire qu'il n'y a ni moyen terme, ni syllogisme. Car, comme l'attribut de la proposition affirmative doit être pris particulièrement, le moyen terme ne peut ni contenir ni être contenu, et par là l'on voit s'évanouir le principe fondamental de la théorie syllogistique. Par conséquent, lorsque pour justifier la règle on cite un exemple qui est objectivement et matériellement vrai, sa vérité est indépendante de la règle logique, et elle est fondée sur d'autres principes. Que tous les hommes soient réellement mortels, et que les Européens le soient aussi, ces propositions et d'autres propositions semblables sont dérivées d'une connaissance expérimentale ou métaphysique, et leur vérité et leur nécessité découlent de la *qualité* et de la *nature* des termes, et nullement de leur *quantité*.

Mais l'on nous dira peut-être que ne considérer dans la proposition et le syllogisme que la *quantité*, et ne pas tenir compte de la *qualité*, c'est se former une notion fausse et étroite de la logique formelle, que c'est la mutiler, et retrancher d'elle un élément, un ordre de recherches qui lui appartient, car la logique s'occupe de la qualité tout aussi bien que de la quantité. Par conséquent, pour s'en former une notion exacte, il faut considérer dans ses opérations,—dans la proposition et dans le syllogisme,—la qualité et la quantité tout ensemble. Ainsi dans les propositions : *l'homme est mortel. la rose est rouge, mortel* et *rouge* doivent être considérés sous ce double rapport. Car, par rapport à la quantité, ils constituent des genres, et ils contiennent des espèces, et par rapport à la qualité, ils constituent des caractères ou des propriétés qui sont inhérentes au sujet. Et c'est sous ce double rapport qu'on doit envisager les termes dans le syllogisme ; de sorte que si nous considérons le moyen terme, non comme une simple quantité, mais comme une qualité commune aux extrêmes, nous verrons que, par suite de cet élément qualitatif commun, les extrêmes doivent être unis, et par là la théorie syllogistique se trouvera justifiée.

Je suis loin de nier que dans les termes et la proposition on doit tenir compte de la qualité. Tout au contraire, je prétends que c'est la qualité qu'il est bien plus important d'étudier et de déterminer que la quantité, et cela dans les recherches logiques, comme dans toute autre recherche scientifique en général, puisque c'est la qualité qui touche de plus près à la nature intime des êtres. J'ajouterai que, si les logiciens avaient plus attentivement examiné la qualité dans les opérations et les formes logiques, ils seraient arrivés à un tout autre résultat sur la nature et la signification des lois logiques de la pensée.

C'est là un point sur lequel j'aurai occasion de revenir. Ici je veux me borner à mettre en lumière les lacunes et les inconséquences que la considération de la qualité nous fait découvrir dans les théories logiques. Et, en effet, si nous rapprochons la quantité et la qualité telles qu'elles sont combinées dans la proposition, il nous sera aisé de voir qu'elles se contredisent et qu'elles ne sauraient pas se concilier; car, suivant la quantité, c'est le sujet qui est contenu dans l'attribut, et, suivant la qualité, c'est l'attribut qui est contenu dans le sujet; suivant la quantité, c'est le genre qui contient plusieurs espèces; suivant la qualité, c'est l'espèce qui contient plusieurs genres (1).

---

(1) Lorsqu'on dit qu'un sujet *est marqué* de tel ou tel caractère, ou que l'attribut *est inhérent* au sujet, on entend, au fond, que ce caractère et cet attribut sont dans le sujet, comme les modes et les accidents sont dans la

Pour nous rendre compte de l'importance de cette remarque, et jusqu'à quel point cette contradiction frappe et renverse la théorie du syllogisme, vers laquelle, il ne faut pas l'oublier, convergent toutes les autres parties de la logique, jetons de nouveau un regard sur les éléments qui composent le syllogisme.

Il est clair que la théorie du syllogisme repose entièrement sur la théorie des termes; car, ainsi que nous l'avons vu, la combinaison des termes dans la proposition, et la combinaison de la proposition dans le syllogisme, s'accomplissent conformément à la constitution élémentaire des termes. Or, on nous enseigne dans la théorie des termes, que ceux-ci sont constitués de façon à former une progression ou une série, dans laquelle le terme inférieur et plus étroit est contenu dans le terme supérieur et plus large, ce qui signifie, s'il y a là un sens, que, le genre étant supérieur en quantité et en qualité à l'espèce, c'est le genre et non l'espèce qui doit fournir l'élément principal, ou, comme l'on dit, le principe de la démonstration. Mais, contrairement à notre attente, nous trouvons que c'est l'espèce qui fournit le moyen terme, et qui joue le rôle principal dans le syllogisme. Pourquoi il en est ainsi, on ne nous le dit pas. Je me trompe, on nous le dit, et la raison qu'on nous en donne, c'est que l'espèce qui est intermédiaire entre l'individu, ou les

substance. Et s'il est vrai, comme on nous le dit, que le *sujet* représente la substance, il faudra dire que, même sous le rapport de la quantité, le sujet l'emporte sur l'attribut, puisqu'il contient plusieurs attributs.

espèces inférieures et le genre, peut seule fournir le moyen terme. Mais alors il s'en est fait de la théorie des termes, et avec la théorie des termes, de la théorie du syllogisme, puisque le syllogisme ne saurait être construit qu'à la condition que l'espèce soit contenue dans le genre. Ce n'est pas tout; car, si dans un syllogisme pris séparément, c'est l'espèce qui joue le rôle principal, dans une série de syllogismes c'est le genre qui reprend le premier rang. Ainsi, lorsque l'espèce a besoin d'être démontrée, c'est au genre que l'on a recours. Si l'on suppose, par exemple, que la majeure du syllogisme :

> Tous les Européens sont mortels,
>
> Les Français sont Européens,
>
> Donc, etc.,

ait besoin d'être prouvée, le moyen terme du nouveau syllogisme sera un genre, le genre *homme* ou *tous les hommes,* par exemple; et, si ce second syllogisme doit être prouvé, c'est à un genre encore plus haut que l'on aura recours, tel que *tous les êtres corporels* ou *tous les êtres créés.* Ainsi, dans la théorie des termes, le genre est supérieur à l'espèce, dans la théorie du syllogisme, il est tantôt supérieur et tantôt subordonné à l'espèce; il est subordonné à l'espèce dans un seul syllogisme, il est supérieur à l'espèce dans une série de syllogismes, et tout cela, non conformément à des règles fixes et bien définies, c'est-à-dire conformément à la logique rationnelle, mais pour satisfaire aux exigences arbitraires, et pour dissimuler les con-

tradictions et les impossibilités de la logique formelle (1).

Ces remarques seront complétées par ce qui va sui·
vre. Mais, pour donner un exemple de la manière
dont on traite cette science, qui, à ce qu'on nous dit,
doit nous apprendre à raisonner et à distinguer le vrai
du faux, je terminerai ce paragraphe par un passage
tiré d'une des logiques les plus populaires de l'autre
côté de la Manche, je veux dire la logique du docteur
Whately. Je cite ce passage, parce qu'il caractérise et
résume, à mon gré, les principes et les procédés de
l'ancienne logique (2).

Après avoir défini la logique la science du *raisonnement* et non de la *raison* (voulant dire par là que la
logique n'a rien de commun avec la métaphysique),
l'auteur, lorsqu'il arrive à la théorie des termes, nous
dit que, parmi les termes, il y en a qui expriment
l'*essence* des choses. (Mais qu'est-ce que la métaphysique, si ce n'est la science qui recherche l'essence
des choses?) Puis il ajoute que le terme qui exprime
l'*essence entière (the whole essence)* est l'*espèce,* et
que le *genre* et la *différence* expriment, le premier

(1) C'est cette contradiction qui, dans l'application, donne naissance a ces
théories opposées dont l'une, en suivant l'échelle ascendante des termes,
cherche le principe de la démonstration, la cause et l'absolu, dans l'attribut
et dans le plus haut genre; et l'autre, en suivant l'échelle descendante, la
cherche dans le sujet et l'espèce, et va même jusqu'à l'individu. Le passage
que je cite du Dr Whately représente l'embarras dans lequel l'esprit est
jeté par ce double courant logique en sens inverse, et il peint fort bien la
confusion, les erreurs et les difficultés inextricables dans lesquelles il se
trouve engagé par suite des habitudes créées par l'ancienne logique.

(2) Voy. Whately, *Logic,* p. 129-31.

l'élément *matériel* ou la *matière*, et la seconde l'élément *formel* et *caractéristique* de cette essence. Et
plus loin, il continue en disant qu'en réalité ce n'est
pas le *genre* qui contient l'*espèce*, mais c'est l'espèce
qui contient le *genre*, et que, lorsqu'on appelle le
genre un *tout*, et que l'on dit qu'il contient l'espèce, il
n'y a là qu'une *expression métaphorique*, par laquelle
on veut seulement dire que le genre contient l'espèce
dans sa signification la *plus étendue*, de sorte que
homme est une expression plus *riche* et plus *complète*
(more full and more complete), bien que moins *étendue* qu'animal, et la théorie est couronnée par la remarque que, si l'espèce *homme* est plus riche et plus
complète que le genre *animal*, l'*individu* est, à son
tour, plus *riche* et plus *complet* que l'espèce.

Ce passage montre tout ce qu'il y a d'artificiel,
d'inconséquent et de trompeur dans l'ancienne
logique. Car, il est évident que si l'individu est plus
riche et plus complet que l'espèce et le genre, c'est
l'individu qui doit fournir le principe de la démonstration. Mais que deviennent alors le syllogisme et
la *proposition universelle* qui est la forme parfaite de
la démonstration, ou, pour mieux dire, la seule démonstration? Ensuite que signifient les mots, que le
genre constitue la *matière*, et l'espèce la *forme* de
l'essence? Dans les théories d'Aristote ces mots ont
un sens, quelle que soit d'ailleurs la valeur de ces
théories. Car, comme, suivant Aristote, toutes choses
sont composées de *matière* et de *forme*, le genre, qui

est un élément plus indéterminé que l'espèce, exprime la *matière*, et l'espèce, par là même qu'elle
est plus déterminée que le genre, exprime la *forme*.
Mais ces considérations appartiennent à l'ontologie et
à la métaphysique, et elles n'ont un sens qu'autant
qu'on reconnaît un rapport, et un rapport intime,
entre la logique et la métaphysique, et par conséquent, ceux qui commencent par établir une séparation entre ces deux sciences, et qui prétendent qu'elles
n'ont rien de commun entre elles, n'ont pas le droit
d'introduire ces considérations et ces définitions dans
la logique. En outre, si le genre ne comprend que
métaphoriquement l'espèce, en ce cas, le sujet de la
majeure et le sujet de la mineure ne seront contenus
que métaphoriquement dans leurs attributs, et ainsi
le syllogisme ne sera qu'une combinaison de métaphores, c'est-à-dire que le syllogisme qui doit démontrer, et en démontrant rendre les idées claires et
distinctes, expliquer directement les choses et établir
entre elles des rapports nécessaires et absolus, ira en
quelque sorte au rebours de l'intelligence, et de
ce que lui-même nous promet. Car l'intelligence
cherche le sens propre et direct, et l'enchaînement objectif et nécessaire des choses, et c'est là
aussi ce que nous promet, mais ce que ne saurait accomplir le syllogisme, s'il est vrai qu'il ne se compose
que d'éléments métaphoriques. Mais ce qu'il y a de
plus étrange dans ce passage, c'est que l'espèce y
est d'abord présentée comme exprimant l'*essence*

entière des choses, et quelques lignes plus bas, l'*in-dividu* y est donné comme plus *riche* et plus *complet* que l'*espèce*. Or, peut-on concevoir rien de plus illogique qu'une telle proposition? Peut-on concevoir, veux-je dire, qu'il y ait un principe plus riche et plus complet que l'*essence* même des choses?

CHAPITRE VI.

Comme chaque chose doit être identique à elle-même, et qu'on ne peut concevoir qu'elle soit autre qu'elle-même et contraire à elle-même, il suit que toute pensée qui est d'accord avec ce critérium est vraie, et que toute pensée qui est en désaccord avec lui est fausse. Et comme conséquence de ce principe, on nous enseigne qu'entre deux attributs opposés il ne saurait y avoir de terme intermédiaire, et que, par conséquent, si l'un d'eux est affirmé, l'autre doit être nécessairement nié du même sujet. Tel est le fameux principe de contradiction et d'*exclusi tertii* que la logique érige en principe absolu de la connaissance. Pour moi, je n'hésite pas à affirmer que c'est ce principe qui est la source des erreurs les plus opiniâtres et les plus invétérées, et qui oppose une barrière insurmontable à une connaissance systématique et vraiment rationnelle. Et, ici aussi, nous voyons l'ancienne logique tomber dans des inconséquences analogues à celles que je viens de signaler. Car après avoir posé ce principe, elle le perd de vue, et elle admet des théories qui sont en opposition avec lui. Comment concilier, par exemple, la théorie de la division avec le principe de contradiction, lorsque la règle fondamentale de la division est que le *genre* doit être divisé en espèces *irréductibles,* c'est-à-dire en espèces dont les attributs sont opposés entre eux? Car, il est évident que ces espèces et ces attributs coexistent dans le genre, et, par conséquent, qu'un seul et même terme peut contenir des qualités opposées. Ainsi, *blanc* et *noir* coexistent dans le genre *couleur, rationnel* et *irrationnel* dans le genre *animal,* etc., et *couleur, animal,* etc., sont le *tertium quid,* le moyen qui enveloppe la contradiction. Et, en effet, il n'y a pas de principe à qui la raison et l'expérience donnent plus de démentis qu'au principe de contradiction, et s'il est admis comme règle du vrai, c'est, il faut le croire, qu'il n'est pas convenablement compris.

Une chose ou un sujet, nous dit-on, ne saurait être autre que lui-même, c'est-à-dire, ne saurait posséder une qualité contraire à une autre qualité, ce à quoi on ajoute, pour rendre la formule plus précise, qu'il ne saurait la posséder en même temps, et sous le même rapport. Ainsi, un corps qui est blanc ne saurait être noir, ou un corps qui est léger ne saurait être pesant, en même temps qu'il est blanc ou léger, et par rapport à un autre corps auquel on le compare. C'est là le sens que l'on attache généralement au principe de contradiction ; et ainsi entendu, j'en con-

viens, il faut bien l'admettre, mais je me hâte
d'ajouter qu'il n'a pas de valeur scientifique, bien
plus, qu'il est puéril. Personne, en effet, ne s'avisera
de contester qu'une chose n'est pas blanche pendant
qu'elle est blanche, que la lumière n'est pas la lumière, ou que l'ombre n'est pas l'ombre. Mais la
question est de savoir si la contradiction est une loi
nécessaire des choses, un principe absolu, qui gou-
verne le tout ainsi que les parties, et sans lequel, ni
le tout, ni les parties ne sauraient exister. Car, peu
importe de savoir que l'être vit réellement pendant
qu'il est vivant, ou que tel individu est vivant, le point
essentiel et décisif étant de savoir si à côté de la vie
il y a la mort, et si la mort est également nécessaire et
également bienfaisante, et si elle contribue également
à la beauté, à la conservation et à l'harmonie des
choses. De même, il serait d'un insensé de dire que
l'homme pleure pendant qu'il rit, ou qu'il veille pendant qu'il dort ; mais ici aussi la vraie question est de
savoir si ces oppositions existent et doivent exister
dans l'homme. C'est là la vraie signification du principe de contradiction ; et si on l'entend ainsi, on
découvrira aisément ce qu'il y a de fallacieux et
d'irrationnel dans le sens que lui donne l'ancienne
logique et dans l'usage qu'elle en fait. Car, on verra
que, loin que l'identité et la non-contradiction soient
la règle du vrai, elles sont une source d'illusion et
d'erreur, que la différence, l'opposition et la contradiction constituent la loi universelle des choses, et

qu'il n'y a rien ni sur terre ni dans le ciel, pour me servir de l'expression de Hegel, qui échappe à cette loi. Dans la nature tout est contradiction et lutte, et il n'y a, ni on ne saurait concevoir d'être, depuis l'obscur insecte qui rampe à la surface de la terre, jusqu'aux vastes masses qui roulent dans l'espace, qui pourrait exister sans la présence d'éléments, de tendances et de forces opposées. Dans les mathématiques, l'opposition est dans le nombre, dans la ligne, dans le plan et dans les solides — l'opposition de l'unité et de la dualité, du nombre pair et du nombre impair, du nombre entier et du nombre fractionnaire, de la ligne droite et de la ligne brisée, de la ligne perpendiculaire et de la ligne verticale, etc. Dans le domaine de la morale, nous rencontrons les oppositions de la liberté et de la nécessité, et l'antagonisme des tendances et des motifs de l'action. Dans la métaphysique et dans les autres sphères de la pensée nous trouvons les oppositions de la cause et de l'effet, de la substance et des accidents, de l'infini et du fini, etc., et enfin, si nous considérons l'homme, nous verrons qu'il est composé d'éléments les plus contradictoires, d'âme et de corps, de joie et de tristesse, d'amour et de haine, de rire et de larmes, de santé et de maladie, etc., et qu'il est, de tous les êtres, celui où la contradiction et la lutte sont les plus intenses. Et quiconque voudra porter un regard impartial et attentif sur l'univers, verra que, bien loin que l'absence de contradiction soit la loi fondamentale des choses, plus nombreuses et plus profondes sont les contradictions dans un être, plus remplie est son existence, et plus haute est sa perfection.

CHAPITRE VII.

LOGIQUE APPLIQUÉE.

Si les règles et les principes posés par la logique formelle sont arbitraires et irrationnels lorsqu'on les considère en eux-mêmes et dans leur signification abstraite, il suit qu'ils doivent également l'être dans leur application, et qu'ils doivent mutiler et pervertir dans la science et dans l'esprit en général, les notions naturelles et vraies des choses, et engendrer la confusion, l'erreur et de fausses habitudes intellectuelles. Et, pour commencer par le principe de contradiction, si, comme je viens de le montrer, l'univers est, pour ainsi dire, un système de contradictions (1), une logique, qui enseigne que le principe de contradiction est le critérium du vrai, ira au rebours de la nature même des choses. En effet, si ce principe était vrai, il serait logique de dire : « *l'homme est un être qui possède la faculté de rire;* » mais il serait illogique d'affirmer

(1) Il va sans dire qu'ici je me borne à faire ressortir ce qu'il y a d'irrationnel dans le principe de contradiction, car c'est là l'objet de la discussion actuelle. Nous verrons plus bas quel est le rôle, et quelle la limite de la contradiction.

« *que l'homme est un être qui possède la faculté de pleurer.* » Et si dans les choses ordinaires, et dans l'ordre des faits la contradiction est admise, malgré et contre le principe de contradiction, nous ferons observer qu'il n'en est pas ainsi dans les questions spéculatives, ou qui roulent sur des matières bien plus importantes, mais éloignées de l'usage ordinaire et placées au-dessus de l'appréciation générale. Car ici, trompés et égarés par ce principe, nous refusons d'admettre et nous admettons tour à tour, sans règle et sans discernement, la contradiction, refusant de l'admettre pour tel ordre de faits ou d'êtres, et l'admettant pour tel autre, et, qui plus est, refusant d'admettre, ici et sous une forme, la même contradiction que nous avons admise ailleurs, et sous une autre forme. Et il ne faut pas un grand effort pour voir que la plupart des opinions ou des théories erronées ont leur source dans l'exclusion de la contradiction. Car si tous les hommes sont *égaux*, et qu'il n'y ait pas d'*inégalité* naturelle entre eux, il suit nécessairement que l'organisation actuelle de la société, dans laquelle l'inégalité est reconnue et sanctionnée, est contraire à la nature, et, par conséquent, ceux qui proclament l'égalité des droits et des biens, le nivellement du pouvoir, des classes et de l'éducation sont les organes légitimes de la nature et de la vérité. L'opinion suivant laquelle les formes absolues de gouvernement — monarchique ou démocratique — seraient plus parfaites et plus rationnelles que les mixtes, n'a pas d'autre fondement, toute forme absolue excluant la contradiction. On trouvera des exemples semblables dans les autres branches de la connaissance, dans la morale, dans la physique et dans la métaphysique. Ainsi, ceux qui enseignent que l'homme est un être purement sensible, et que la sensibilité constitue le fond même de la nature humaine, s'ils sont conséquents, enseigneront, dans la morale, que la *sensation* et le *plaisir* sont le seul principe et la seule règle de l'action, comme au contraire ceux qui prétendent que c'est la *raison*—c'est du moins ainsi qu'ils l'appellent — qui constitue l'homme, enseigneront que le *devoir* et le *bien* sont le seul mobile légitime de nos actions. De même, ceux qui enseignent que l'homme est *absolument* libre, et ceux qui enseignent que la *nécessité* est la loi universelle des choses, fondent leur doctrine sur le principe de contradiction. En un mot, si l'on admet le principe de contradiction, il faut, ou mutiler la réalité, supprimer pour ainsi dire la moitié de l'univers, et substituer des notions étroites, arbitraires et artificielles à la nature concrète des choses, ou bien, éluder la difficulté par des inconséquences, ou par des distinctions purement verbales, en disant, par exemple, que la droite et la courbe peuvent être considérées comme identiques, leur différence étant si petite qu'on peut n'en pas tenir compte, ou que l'ombre et le froid ne sont pas des réalités, mais des privations de la lumière et du chaud, comme si la privation dans un être

pouvait exister sans un principe qui la produit. Et puis
ici, l'un des termes de la contradiction — je veux
dire l'ombre ou le froid — est considéré comme une
simple privation, et ailleurs, dans la polarité, ou dans
la contradiction de la liberté et de la nécessité, il devient un principe réel ; car le pôle négatif, ainsi que la
liberté, sont considérés comme des réalités vis-à-
vis de leurs contraires. Et dans la détermination
des rapports de l'infini et du fini, de Dieu et du
monde, on commence par séparer absolument Dieu
du monde, et puis, lorsqu'on vient à déterminer la
nature divine, on rapproche Dieu du monde, et on
finit par lui attribuer une liberté, une conscience et
une personnalité faites à l'image de celles de l'homme.
Ou bien, après avoir posé en principe que l'absolu est
libre de toute contradiction, on enseigne que Dieu est
miséricordieux et inexorable dans sa justice, qu'il est
le Dieu de la paix et le Dieu de la guerre, qu'il est le
principe de la vie et le principe de la mort, admettant
et niant ainsi tour à tour ce que l'on a nié ou admis
ailleurs, et sous une autre forme, et jetant par là
toute pensée et toute connaissance dans une confusion inextricable (1).

Examinons maintenant les théories logiques dans
leur application à la connaissance soit spéculative,
soit expérimentale.

Et d'abord, pour ce qui concerne cette dernière,
si on l'examine de près, l'on verra que ce n'est que

____

(1) Voy. plus bas, ch. XI et XII.

subrepticement, en donnant à ses principes une portée plus haute que celle qu'ils possèdent réellement,
et en franchissant ses propres limites que la logique
prétend fonder une science expérimentale. Et, en
effet, nous avons d'un côté la proposition universelle
comme condition nécessaire de toute connaissance
démonstrative et strictement scientifique, et, de l'autre, nous avons des faits, des individus, des phénomènes distincts et séparés. Or, si la proposition universelle (peu importe ici qu'elle soit une conclusion
obtenue par *induction*, ou la majeure d'une *déduction*)
est considérée comme une simple forme de la pensée,
c'est-à-dire comme une forme qui n'a aucun rapport
objectif et consubstantiel avec la chose que l'on veut
démontrer, l'argument logique appliqué à l'expérience
n'est qu'une illusion. Si entre homme *individu* et
homme *espèce* il n'y a qu'un rapport subjectif, lorsque je prétends prouver que *tel homme* est réellement
mortel, parce que l'*homme* l'est, ou bien que *tous
les hommes sont mortels* parce que *tel et tel homme*
ou *quelques hommes* sont mortels, je ne fais que mettre ensemble des formes et des mots qui n'affectent
en rien la nature des choses que je démontre, et en
réalité et objectivement il n'y a point de démonstration. L'argument ne saurait donc être réellement concluant, qu'à la condition qu'il y ait entre l'*individuel*
et l'*universel,* entre le *fait* et le *principe,* le *fini* et
l'*infini,* une communauté de nature, une union con-
substantielle semblable à celle de *cause* et d'*effet,* de

substance et d'*accident*. Mais une telle connexion est
en dehors, et au delà des limites de la logique formelle ; bien plus, c'est cette connexion que la logique
formelle rejette expressément, comme je l'ai déjà in-
diqué (1), et comme je le montrerai plus explicitement dans la suite (2).

Passant maintenant de la connaissance expérimentale à la connaissance spéculative et métaphysique,
nous verrons qu'ici aussi la logique formelle est loin
d'accomplir ce qu'elle nous promet, je veux dire de
fonder cette connaissance par des procédés légitimes
et rationnels.

L'objet suprême de la connaissance métaphysique
est, à strictement parler, l'absolu, et l'absolu, par cela
même qu'il est l'absolu, est le principe dernier et le
plus évident de la démonstration. C'est là ce que signifient les expressions « *Dieu est la lumière de l'intelligence, il est l'idéal de l'Univers, il est la Pensée
et l'Être, rien ne saurait se concevoir ni exister sans
lui.* » Toutes ces expressions et d'autres expressions
semblables impliquent nécessairement la notion que

____

(1) Ch. I.

(2) Voy. plus bas, ch. VIII. — L'induction n'est qu'une démonstration imparfaite, a dit Aristote. Cela est vrai, mais il faut dire plus : il faut dire
que l'induction, comme tout argument fondé sur la logique formelle, ne
prouve absolument rien, par la même que cette logique prétend ne s'occuper que des formes subjectives de l'entendement, et ne garantir que la légitimité de ces formes. Lorsque de la chute des corps je conclus à la loi universelle de la pesanteur, quelque supposition que l'on fasse, et à quelque
point de vue que l'on se place, cet argument n'a de valeur qu'autant qu'il
y a un rapport ontologique et métaphysique entre le phénomène et la loi,
entre l'effet et sa cause.

l'absolu est aussi l'absolu principe de la démonstration. Mais il n'en est pas ainsi lorsqu'on s'en tient
aux règles de la logique formelle ; car, suivant ces règles, l'absolu n'est d'aucun usage dans la démonstration. Et en effet, la fonction que l'absolu peut remplir
dans la démonstration, est, ou celle de petit terme, ou
celle de grand terme, ou celle de moyen terme, ou
celle de deux d'entre eux à la fois. C'est là le cercle
des suppositions que l'on peut faire à l'égard de l'absolu. Maintenant, il est évident que l'absolu ne saurait
remplir la fonction de petit terme, car le petit terme
est toujours démontré, tandis que l'absolu démontre
et ne peut être démontré. Mais il ne saurait non
plus être le grand terme, puisque le grand terme
n'est pas le moyen, et que c'est le moyen qui joue le
rôle le plus important dans le syllogisme. Enfin il ne
saurait constituer le moyen terme, car le moyen,
étant une espèce, est contenu dans le genre, et il lui
est inférieur (1).

Ainsi, ni le grand terme, par là même qu'il n'est ni
l'espèce, ni le moyen, ni le moyen, par là même qu'il
n'est pas le genre ou le grand terme, ne peuvent fournir le terme absolu de la démonstration. Reste la
dernière supposition, suivant laquelle l'absolu con-
sisterait dans l'union de deux termes, de l'espèce
et du genre, ou du moyen et du grand terme ; de
sorte que, lorsque, par exemple, nous disons : « *Dieu*

____

(1) Voy. plus haut, ch. V.

ou l'absolu est l'Être parfait, ou possède toutes les per- fections, » *Dieu* et *toutes les perfections* seraient aussi intimement unis que l'un ne saurait se concevoir sans l'autre. Mais cette supposition ne lève pas non plus la difficulté. De fait, les deux termes de la proposition sont-ils absolument identiques? En ce cas, il n'y a en réalité qu'un seul terme, et leur distinction est pure- ment verbale. Ou bien sont-ils réellement et maté- riellement distincts? En ce cas, s'ils sont unis, leur union ne peut s'effectuer qu'en vertu d'un troisième terme, lequel, par la même raison qu'il les unit, leur est supérieur. Ce serait donc ce troisième terme qui, dans cette supposition, constituerait l'absolu. Enfin, soit que des propositions absolues, telles que les sui- vantes : « *L'Être absolu est la source de toutes perfec- tion, ou la cause absolue est le principe de toutes cho- ses, ou le beau et le bien sont le principe de toute beauté et de tout bien ;* » soit, dis-je, que ces proposi- tions et d'autres propositions semblables soient ou ne soient pas formées de genres et d'espèces, soit que leurs termes soient identiques ou différents, elles ne peuvent fournir le principe,—la majeure—d'aucune démonstration absolue, comme on peut s'en assurer en essayant de les combiner dans un syllogisme (1).

(1) On pourrait dire peut-être qu'un argument tel que celui-ci :

    « La cause absolue est le principe de toutes choses.

    « Dieu est la cause absolue.

    « Donc Dieu est le principe de toutes choses. »

est *logiquement* et *formellement* concluant. Mais, au fond, il n'y a pas d'ar- gument du tout; bien plus, c'est là un argument qui s'écarte des règles de

Le point qui se trouve établi par cette discussion, est que la logique formelle ne saurait se concilier avec les principes qui constituent le fondement, où la majeure de toute démonstration, et qu'en se conformant aux règles de cette logique, on ne peut déduire de ces principes aucune conclusion légitime. Si maintenant nous prenons la contre-partie de la question, ou, si l'on veut, la question par l'autre bout, par la conclusion, nous arriverons à un résultat identique, et nous nous assurerons qu'on ne peut obtenir de connaissance métaphysique par syllogisme (dans la conclusion). Par-là notre démonstration se trouvera achevée.

L'on a déjà remarqué que toutes les tentatives faites pour prouver par syllogisme, et par un argument *à priori* (qui, strictement parlant, est la seule démonstration métaphysique, ou, pour mieux dire, la seule démonstration) (1), l'existence de Dieu, ont échoué. La

la logique formelle elle-même. Car, en accordant même que *Dieu* et *cause absolue* soient deux termes distincts, en ce que la *causalité* peut être regardée comme constituant un des attributs de Dieu, *cause absolue*, qui est un attribut de Dieu (dans la mineure), ne saurait constituer le *moyen terme*, ou le principe de la démonstration, ni, à plus forte raison, *Dieu* dont la *causalité* n'est qu'un attribut, ne saurait former le petit terme, ou cette partie de la proposition qui est démontrée. Ce serait plutôt le contraire qui devrait arriver. Je veux dire que c'est la mineure qui devrait prendre ici la place de la majeure. — Mais avec une proposition telle que celle-ci : « *Dieu est la causalité absolue*, » on ne saurait tirer aucune conclusion.

(1) Les seules preuves réellement spéculatives de l'existence de Dieu sont celles tirées de l'idée pure, ou d'une idée primitive, pour nous servir d'une expression plus usitée, telle que l'idée de l'*infini*, de l'*absolu*, de l'*Être parfait*, etc., contemplées en elles-mêmes, et indépendamment de toute donnée expérimentale. — Les arguments inductifs, tels que ceux con-

raison en est bien simple : c'est que, ni Dieu, ni rien
de ce qui appartient à Dieu (attributs ou perfections)
ne saurait se démontrer par voie de syllogisme ; car
Dieu, étant l'absolu, démontre tout, et, par suite, rien
ne peut le démontrer. Ainsi il n'y a d'existence ni
d'être qui puisse démontrer Dieu, qui est l'*Être* (1) ;
en d'autres termes, il ne peut y avoir de moyen terme
ou de principe qui démontre Dieu, son existence ou
sa nature. Car un principe qui démontrerait Dieu serait supérieur à Dieu, ce qui implique. Ainsi toutes
les preuves de cette espèce sont ou des combinaisons
purement verbales, ou des cercles. C'est ce dont nous
pourrons nous assurer en analysant la fameuse preuve
métaphysique tirée de l'idée de l'*Infini* ou de l'*Être
parfait*, lorsqu'elle est présentée sous forme syllogistique (2).

nus sous le nom de *preuves physiques*, ne sont pas, à proprement parler,
des arguments démonstratifs, car ils ne présupposent pas seulement la preuve
métaphysique, mais la notion absolue elle-même sur laquelle ils sont fondés.
En effet, de la perception des *causes finies*, ou de la beauté, de la proportion et de l'harmonie qui règnent dans l'univers, nous ne pourrions nous
élever à la contemplation d'une *cause*, ou d'une *finalité* absolue, si ces notions ne préexistaient pas dans l'esprit, et si elles ne nous étaient pas sug-
gérées par lui.

(1) Je laisse ici aux termes leur acception ordinaire, je veux dire, le sens
où ils sont pris non-seulement dans l'usage commun, mais dans la science
en général, et cela pour faire mieux ressortir l'insuffisance de l'ancienne
logique. Mais j'ai montré ailleurs (*Introd. à la Philosophie de* Hegel), et l'on
verra plus bas, que la définition « *Dieu est l'Être* » est bien une définition
de Dieu, mais la définition la plus élémentaire et la plus imparfaite.

(2) On sait que Kant a fait la critique de cette preuve, et que sa critique
n'a qu'un but et un résultat négatifs. Kant s'applique à démontrer par l'a-
nalyse de la forme syllogistique, d'une part, et par celle de l'idée de l'infini
de l'autre, que non-seulement on ne peut prouver l'existence de Dieu par
voie de syllogisme, mais qu'on ne peut la prouver d'aucune façon et par au-

Le point à démontrer est l'*existence de Dieu*, et l'é-
lément essentiel et décisif de la preuve, ou, pour parler plus exactement, la preuve entière réside dans l'i-
dée primitive de l'*Infini* ou de l'*Être parfait*; car c'est
de cette idée, et par le procédé analytique qu'on doit
faire sortir les trois termes du syllogisme. Or, on peut
voir, en quelque sorte, à la simple inspection, qu'un
syllogisme ainsi formé doit être un cercle. En effet,
ou en affirmant l'*Infini*, j'affirme une *réalité*, un
être réel, ou je n'affirme qu'une simple représentation subjective, une certaine forme de la pensée, qui
ne possède pas d'entité objective. Dans ce dernier cas,
il n'y a point de syllogisme; car il n'y a pas plus de
connexion entre l'*existence réelle* de l'infini et l'*idée*
de l'infini, qu'entre *ourse* animal et *ourse* constellation. Si, d'un autre côté, en affirmant l'infini, j'affirme une réalité, j'affirme par là, et en même temps,

can autre procédé.—Son argument est (et c'est là le fil régulateur, et le fond
de la philosophie critique) que nous ne sommes pas autorisés à affirmer
la réalité transcendante de l'infini ou des idées en général, parce que nous
ne pouvons ramener cette réalité, ou l'objet qu'elles expriment et représentent à une intuition sensible, c'est-à-dire, en d'autres termes, que pour
la philosophie critique, ce n'est pas l'idée qui fournit le critérium et la ga-
rantie du vrai, mais le phénomène. L'idée n'est qu'une forme subjective
à l'aide de laquelle nous classons, nous ordonnons les phénomènes et nous
la ramenons à l'unité, mais qui, objectivement, n'a point de réalité. Ainsi,
la philosophie critique tient par ses éléments essentiels, d'un côté, au sen-
sualisme, et, de l'autre, à la logique formelle. Les catégories et les idées ne
sont que des formes qui jouent un rôle semblable à celui des formes de
cette logique. Ce que Kant appelle idées, ou concepts, ou catégories, l'ancienne logique l'avait appelé aussi catégories, ou bien genres et espèces.—
Pour l'un comme pour l'autre, ils ne sont que des formes subjectives de la
pensée qui n'ont aucun rapport objectif et absolu avec les choses. Conf. :
plus bas, ch. XII, et mon *Introd. à la Philosophie* de Hegel, ch. II, § IV.

l'existence de l'infini, ou de l'Être infini, et en ce cas la conclusion est contenue, non virtuellement et implicitement, mais actuellement et explicitement, dans la majeure. Car, lorsque, dans la majeure, nous posons comme principe de la démonstration que « *l'infini est l'Être qui possède toutes les perfections,* » nous admettons, et nous ne pouvons ne pas admettre, que l'Infini existe, autrement la proposition n'aurait pas de sens (1).

Par là notre démonstration se trouve complétée ; car nous avons établi que l'entrée dans le domaine de la métaphysique est interdite à la logique formelle,

---

(1) L'argument est celui-ci :
> « L'Infini ou l'Être parfait doit posséder toutes les perfections.
> « L'Existence est une perfection.
> « Donc l'Être parfait existe, ou l'Existence appartient à l'Être parfait. »

On peut aisément voir que ce syllogisme est fautif, à quelque point de vue qu'on l'examine, même en nous conformant aux règles de la logique formelle. Car c'est un syllogisme de la seconde figure, avec deux prémisses affirmatives, tandis qu'une d'elles devrait être négative. Mais lors même qu'on accorderait que dans ce cas particulier les prémisses pourraient, par exception, être toutes deux affirmatives, on ne saurait tirer d'elles aucune conclusion légitime. En effet, la conclusion serait : « *L'Être parfait existe,* » ou « *l'Existence appartient à l'Être parfait.* » Dans le premier cas, le sujet de la conclusion serait le *grand extrême,* tandis que c'est le *petit extrême* qui devait l'être ; dans le second cas, ce n'est qu'en intervertissant la position naturelle des termes, et en mettant la pensée et le langage à la torture, que la conclusion est obtenue. Car si l'Existence est un attribut ou une perfection de Dieu, elle doit occuper la place de l'attribut, et non celle du sujet.

Les remarques contenues dans cette note et dans ce paragraphe, s'appliquent également à toute preuve spéculative de l'existence et des attributs de Dieu, ou pour mieux dire, à tout argument qui prétend démontrer l'absolu, les idées et l'essence des choses, suivant les règles de la logique formelle.

et qu'elle lui est interdite par les deux bouts opposés
de ses opérations, je veux dire par la majeure et par
la conclusion : par la majeure, parce qu'elle ne saurait rationnellement employer l'absolu comme principe de la démonstration, ainsi que je l'ai montré
dans la première partie de cette recherche ; par la
conclusion, parce qu'elle ne saurait démontrer l'absolu, ainsi que nous venons de le voir.

CHAPITRE VIII.

DE LA RAISON ET DU RAISONNEMENT.

C'est l'impuissance de l'ancienne logique à atteindre la connaissance métaphysique qui a amené la distinction artificielle et trompeuse de la raison et du raisonnement. Ne pouvant reconstituer la logique sur des bases plus larges et plus rationnelles, afin de pouvoir la faire servir aux hautes recherches métaphysiques, et sentant, en même temps, qu'il doit y avoir un rapport entre cet instrument universel de la pensée et la connaissance métaphysique, quelques philosophes, pour résoudre la difficulté, se sont avisés de recourir à cette distinction, prétendant qu'il y a entre la logique et la métaphysique la même connexion et la même différence qu'entre le principe et la conséquence, ou, ce qui revient au même, entre affirmer un principe et déduire des conséquences de ce principe. Ainsi, d'après cette opinion, la métaphysique où la raison rechercherait les principes absolus, et les causes dernières des êtres, pendant que la logique où la science du raisonnement se bornerait à déduire des conséquences ou à appliquer ces principes aux causes secondaires, aux effets et aux objets particuliers. L'investigation précédente prouve déjà combien cette opinion est peu fondée, puisqu'elle établit que non-seulement la logique formelle et la métaphysique sont deux sciences distinctes, mais qu'il ne saurait y avoir aucun rapport entre elles, et que, par conséquent, cette prétendue déduction par laquelle on voudrait rattacher la logique à la métaphysique, est une pure assertion. Cependant, pour mettre ce point hors de discussion, accordons, pour un instant, qu'il en est ainsi, et que nous avons ici deux sciences dont l'une fournit les principes et l'autre tire des conséquences ; que l'une est le produit d'une faculté appelée *raison*, et l'autre le produit d'une faculté appelée *raisonnement*.

Si cette théorie a un sens, elle veut dire que dans un syllogisme la raison fournit la majeure, et que le raisonnement, de son côté, fournit la mineure, ainsi que le rapport qui lie la mineure à la majeure, c'est-à-dire la conclusion. S'il en est ainsi, le raisonnement occupera un rang plus élevé que la raison, et il accomplira des opérations bien plus importantes et bien plus complètes que cette dernière, ce qui est contre la supposition. Car nous supposons ou, pour mieux dire, nous devons admettre que la faculté qui nous révèle les principes derniers des choses est la faculté souveraine à laquelle toutes les autres facultés sont subordonnées, comme le soldat est subordonné à son chef et le manœuvre à l'architecte. Mais cette distinction renverse les rôles, et fait de la raison une faculté subalterne. Et, en effet, lorsque nous disons que la raison fournit les principes, et que le raisonnement déduit les conséquences, nous disons, en réalité, que la raison s'arrête aux principes, et qu'il lui est défendu de franchir cette limite, tandis que le raisonnement embrasse à la fois les principes et les conséquences. Car pour déduire les conséquences des principes, il faut que le raisonnement les perçoive tous les deux à la fois, et qu'il perçoive les principes plus distinctement que les conséquences, et antérieurement aux conséquences, puisque c'est des principes que ces dernières doivent être déduites. Soit le syllogisme :

« Toute vertu vient de Dieu,
« La justice est une vertu,
« Donc, etc. »

Il est évident que, dans ce syllogisme, tous les termes et toutes les propositions, ainsi que leurs rapports, doivent être perçus par une seule et même faculté. Car s'ils étaient perçus par deux facultés différentes, dont l'une s'arrêterait à la majeure, et l'autre prendrait l'opération à la mineure pour l'achever, sans percevoir le principe aussi distinctement que la première, et même, je le répète, plus distinctement et plus complétement que la première, par la raison qu'elle doit en tirer des conséquences, l'opération ne pourrait jamais s'accomplir. Et pour rendre ce fait plus visible, prenons les trois termes dont se compose le syllogisme, et mettons-les sous cette forme :

A B C

Soit A le petit, C le grand et B le moyen terme. Si l'on examine les rapports de ces termes, l'on verra d'abord que B, dont la fonction consiste à unir A et C, doit être perçu par une seule et même faculté. Car le B, dont C est affirmé dans la majeure, est le même B qui est affirmé de A dans la mineure. Par conséquent, ce doit être la même faculté qui perçoit et affirme B dans les deux propositions. De plus, le C de la majeure est le C de la conclusion, et ici aussi et par la même raison, nous avons la même faculté qui perçoit C dans les deux propositions. Enfin, si c'est une seule et même faculté qui affirme B et C dans les trois propositions, il faut que ce soit une seule et même faculté qui affirme B et C de A dans la mineure et dans la conclusion. En d'autres termes, le syllogisme est une opération dans laquelle on rapproche et on unit trois termes pour démontrer le rapport de deux d'entre eux. Or, en admettant même qu'une telle opération exige l'action de plusieurs facultés, et qu'il y ait, par exemple, une faculté qui fournit les termes, et une autre faculté qui fournit les propositions, il faudra toujours admettre une faculté plus haute qui embrasse tous ces éléments—facultés, termes, propositions — et par laquelle tous ces élé-ments sont ramenés à l'unité dans l'unité même du

syllogisme. Il suit de là que cette distinction de la
raison et du raisonnement, qui doit tracer la ligne de
démarcation entre la métaphysique et la logique,
s'évanouit lorsqu'on l'examine de près, et, par conséquent, que la métaphysique est une partie de la logique, ou la logique une partie de la métaphysique,
ou, s'il y a une distinction entre elles, que c'est
une distinction d'une toute autre espèce et fondée
sur d'autres principes.

CHAPITRE IX.

Dans les recherches précédentes, je me suis attaché
à mettre en lumière les lacunes, les inconséquences
et les vices de l'ancienne logique, et son impuissance
à fournir cet instrument universel de la connaissance
qu'elle nous promet, qui est bien au fond de sa notion,
mais qu'elle n'a pas su réaliser. Il ne me reste maintenant qu'à marquer et à établir certains points cul-
minants, que le lecteur ne doit jamais perdre de vue,
certains principes essentiels, dont il doit fortement se
pénétrer, s'il veut bien saisir le sens et la portée de
la logique hégélienne. Le vice radical de l'ancienne
logique vient, comme je l'ai fait remarquer au commencement, de sa scission avec les sciences objectives.
J'entends par là les sciences qui s'occupent de la
réalité objective et de la nature des choses, et surtout
l'ontologie et la métaphysique (1). Ce n'est pas que

(1) L'ancienne logique, par cela même qu'elle a écarté de son domaine
les recherches sur l'essence des choses, je veux dire sur les *idées* et leur
forme, qui est la forme même des choses, ne saurait ni produire la connaissance, ni préserver de l'erreur. Car, même en supposant que les règles du
syllogisme, telles qu'elle les a tracées, soient exactes, il est clair que la vérité ou

l'ancienne logique se renferme toujours strictement dans les limites qu'elle s'est tracées. Comme toute science qui s'impose des limites arbitraires et artificielles, elle en sort parfois, bien que malgré elle et à son insu, et elle emprunte aux autres sciences des éléments dont elle ne saurait point se passer, ou, pour parler avec plus de précision, elle parait emprunter aux autres sciences des éléments qui, en réalité, lui appartiennent, mais qu'elle a arbitrairement retranché de son domaine. Ainsi, par exemple, la division dela

l'erreur ne réside pas dans la forme logique, mais dans la *matière* et la *forme* des termes qui se trouvent combinés dans le syllogisme. Lorsque je dis :

Tout ce qui est simple est immortel,

L'âme est simple,

Donc, etc., la vérité ou l'erreur de ce raisonnement dépend essentiellement de la nature des termes qui le composent, de telle sorte, que ce qui est essentiel dans ce syllogisme, et ce qu'il est essentiel de déterminer, c'est *la nature objective des termes, considérés séparément et conjointement,* et cela indépendamment du sens qu'y attache le langage, ou la tradition, ou l'opinion. Ainsi, par exemple, il faut déterminer ce qu'est, ou ce que peut être l'être simple, et si l'âme est simple, et, si elle est simple dans le même sens et de la même manière ; car les essences sont simples aussi, et elles sont simples dans un sens encore plus vrai que ne l'est l'âme individuelle. Et puis le *point* peut également être considéré comme simple, et, il est considéré comme tel par Euclide, qui en donne la même définition que certains philosophes donnent de l'âme (Euclide, liv, I, définition 1re, définit le point, *ce qui n'a point de parties*). Le terme *immortel* doit, lui aussi, être soumis à la même investigation, je veux dire, qu'il faut en déterminer la signification, en le considérant en lui-même et dans son rapport avec l'âme et sa simplicité ; car les *idées* et les *principes*, par exemple, sont également immortels, mais ils ne le sont pas dans le même sens que l'âme, dans le sens du moins qu'on attache généralement à ce mot. Or, ou le syllogisme est fondé sur la nature objective et la connexion nécessaire de ces termes, et, en ce cas, il constitue un procédé qui laisse bien derrière lui les limites posées par l'ancienne logique, ou bien, ce n'est qu'une opération purement subjective et artificielle qui ne coïncide point avec la nature des choses, et, en ce cas, il n'est qu'une forme vide et sans réalité.

proposition en proposition *universelle*, *particulière* et *individuelle*, est évidemment empruntée à la connaissance objective, à la métaphysique, ou à l'expérience. Et, en effet, l'*universalité* n'est pas une forme purement logique, mais elle est la *forme essentielle* des principes, je veux dire la forme sans laquelle un principe ne saurait ni être conçu, ni exister. Il en est de même de l'*individualité*. Car, ou nous entendons par individu, l'individu tel qu'il nous est donné par l'expérience — un homme, un arbre, un animal — ou bien, nous prenons ce mot dans le sens plus élevé et plus vrai de l'individualité du moi, des principes et de la pensée. Dans les deux cas, il est évident que la logique formelle a emprunté cet élément à ce qu'elle appelle la matière de la connaissance. Il y a plus. Cette prétendue élimination de l'élément objectif et matériel de la connaissance, non-seulement engage la logique dans ces inconséquences et dans cette confusion que je viens de signaler, mais elle lui enlève le caractère qu'elle s'attribue d'être une science, et le privilége qu'elle s'attribue également d'être une science universelle. Et, à cet égard, je ferai remarquer que si la logique est une science, dans le sens strict et le seul vrai du mot, il faut qu'elle soit une science absolue, ou une partie, ou une division de la science absolue. Et par science absolue j'entends, et il faut entendre, une connaissance qui est adéquate à l'absolue et éternelle nature de la pensée et des choses tout ensemble. Car ce n'est ni la pensée, qui n'est pas la pensée rationnelle de son objet, ni l'objet qui n'est pas rationnellement pensé, qui constitue la science. Comme la science n'est pas non plus l'union d'une pensée et d'un objet sensibles, transitoires et accidentels, mais elle est l'union indissoluble d'une pensée et d'un objet immuables et éternels, union où l'intelligence, en s'appropriant l'objet, le rend intelligible, et où l'objet trouve dans l'intelligence sa forme la plus haute et son existence la plus parfaite (1).

Ainsi, ou la pensée saisit les formes essentielles et la nature objective des choses, et elle divise, définit, etc., conformément à ces formes et à cette nature, et, en ce cas, il y aura science ; ou bien elle accomplit des opérations qui ne sont pas nécessairement et intérieurement liées avec les choses, et, en ce cas, il n'y aura que l'ombre de la science, ou, pour mieux dire, il n'y aura que des illusions ou des mots. On voit déjà par là combien est peu fondée cette distinction assez généralement admise de la vérité *logique*, et de la vérité *métaphysique*, distinction qui n'est, au fond, qu'une nouvelle expression de la différence qu'on prétend établir entre la *raison* et le *raisonnement*. Car, il est évident que si la vérité logique n'est pas une vérité absolue, elle n'est nullement une vérité. Si, au contraire, elle est une vérité absolue, elle possède, dans sa sphère, et dans ses attributions, la même valeur et la même importance

____

(1) Conf. mon *Introduction à la philosophie de Hegel*, chap. VI, et, plus bas, ch. XII et XIII.

que la vérité métaphysique, ou, pour mieux dire, elle est elle-même une vérité métaphysique.

Et, en effet, s'il y a une science absolue, c'est bien la logique qui est cette science. Car, toutes les sciences la présupposent, (1) tandis qu'elle n'en présuppose aucune. Toutes les sciences emploient les notions et les procédés logiques, et il n'en est aucune qui puisse atteindre son objet et élaborer ses matériaux sans leur concours. Or, il serait irrationnel et illogique d'admettre que la logique, qui constitue l'instrument universel de la connaissance, n'eût pas de rapport objectif, un rapport de nature, avec les êtres que l'on connaît avec son concours. Et en concevant ainsi la logique, non-seulement nous lui enlevons le caractère essentiel qui constitue la science, mais nous admettons implicitement qu'il y a deux logiques, une logique infinie et une logique finie, une logique éternelle et absolue, suivant laquelle les choses sont faites, ordonnées et pensées, et une logique accidentelle, relative et comme inventée pour nos facultés et pour notre usage. Mais il est évident qu'il ne saurait y avoir qu'une seule logique, et que cette logique ne doit pas seulement être une logique absolue, mais former un élément intégrant de l'être absolu. Car, si nous admettons que la logique est une science absolue, et qu'elle ne constitue pas, en même temps, une partie de l'absolu, nous admettons qu'il y

____

(1) Voy. plus bas, ch. XII.

a quelque chose d'absolu qui n'appartient pas à l'absolu. Si, d'un autre côté, nous admettons deux logiques, l'une absolue, et l'autre relative, nous soulèverons des difficultés plus insolubles encore. Nous admettrions, en effet, à l'égard de la logique ce que nous ne voudrions point admettre à l'égard d'une autre science, des mathématiques, par exemple, qui cependant supposent la logique, et dont les démonstrations reposent sur ses lois, et ne sont valides qu'autant que ses lois le sont. Car nous regarderions comme insensé celui qui, appliquant cette distinction aux mathématiques, viendrait nous dire qu'il y a deux espèces de mathématiques, des mathématiques absolues et des mathématiques relatives. Ensuite, si nous devons admettre deux logiques, laquelle des deux faudra-t-il reconnaître comme rationnelle et absolue? Et laquelle des deux devrons-nous suivre pour atteindre au vrai? Car, si elles possèdent une égale valeur, leur distinction est purement verbale; si, au contraire, l'une d'elles peut seule fournir un critérium absolu et des lois invariables et universelles, l'autre n'est nullement une logique, mais bien plutôt une source d'erreurs et d'illusions. Il faut donc admettre qu'il y a une logique, et une seule logique, qui est, par cela même, l'absolue logique, ou le *Logos* absolu, suivant lequel les choses sont rationnellement et absolument faites et pensées, et qu'ainsi tout ce qui est ou qui peut être, tout ce qui se meut dans le ciel et vit sur la terre, le soleil et les astres, aussi bien que

les plantes, les animaux et l'homme, tout est soumis
à des lois logiques, tout tire d'elles une partie inté-
grante de lui-même; et de même que la chaleur et le
sang sont enveloppés dans la constitution du corps,
de même que la forme est inhérente à la matière,
de même la logique est un élément intégrant et
constitutif de la vie et de l'être des choses. Ainsi considérée, la logique devient métaphysique, et l'on peut
par là aisément découvrir ce qu'il y a d'arbitraire et
d'erroné dans les anciennes distinctions de la raison
et du raisonnement, de la vérité logique et de la vérité métaphysique, des réalités éternelles et des éternelles possibilités (1).

(1) Conf. plus bas, ch. XII.

CHAPITRE X.

Ainsi donc il n'y a qu'une seule logique, qui est l'absolue logique, qui par là même qu'elle est l'absolue logique, est la logique de la pensée et de l'être, et qui ne saurait être une science véritable qu'autant qu'elle satisfait à ces conditions. Il s'agit maintenant de déterminer l'objet et les caractères essentiels de la logique absolue, les éléments dont elle se compose, et le rôle qu'elle joue dans la constitution de la science et des choses.

L'ancienne logique a conçu la logique comme la science de la forme et de la méthode, et en même temps comme une science universelle. C'est là ce qu'elle nous a légué de rationnel et de vrai, et c'est là aussi l'élément traditionnel qu'a tiré d'elle la logique hégélienne. Mais, en considérant cette forme et cette méthode comme une forme et une méthode purement subjectives, comme des procédés qui affectent bien la

pensée, mais qui n'affectent, en aucune façon, les
choses, elle frappait de stérilité ce qu'il y a de fécond
et d'éternellement vrai dans cette conception, et elle
substituait à la forme et à la méthode naturelles et essentielles des choses, une forme et une méthode arbitraires et artificielles, qui ne répondent, ni à la nature
de la pensée ni à la nature des choses. Et, en effet, il
y a une forme et une méthode dans la constitution des
choses, forme et méthode qui sont inséparables de
leur essence, ou qui, pour parler avec plus de précision, font partie de leur être même, et sans lesquelles
elles ne sauraient se concevoir ni exister. L'ordre,
l'harmonie, la proportion, l'unité qui règnent dans
l'univers, ces rapports nécessaires et absolus par lesquels le tout est lié aux parties, et les parties sont
liées au tout, ne sont autre chose que cette méthode
qui jaillit de la constitution intime des êtres, cette
logique absolue suivant laquelle les êtres sont, et en
dehors de laquelle ils ne sauraient être, et suivant
laquelle aussi ils doivent être pensés pour être rationnellement pensés. La logique absolue peut donc
être appelée la logique *concrète*, à la différence de
l'ancienne logique, qui peut être appelée la logique
abstraite. Car elle étudie, ou, pour mieux dire, elle
est la forme même de l'être, et en elle le développement de la démonstration amène le développement
même des choses, et se fait conformément à leur nature, tandis que dans la logique formelle, par là même
que la forme n'est pas la forme de l'être, mais

une forme arbitraire et extérieure à l'être, la démonstration se fait en dehors de l'être, et elle lui est, pour ainsi dire, indifférente; de telle sorte qu'ici l'être peut non-seulement n'être pas démontré, mais il peut être autre qu'on ne le démontre, et même l'opposé de ce qu'on le démontre (1). Par la même raison, la logique formelle qui se pose comme la science universelle et l'organe universel de la vérité cesse, en réalité, d'être une science universelle. Car elle s'interdit la recherche des causes, des principes et des essences, c'est-à-dire cette sphère de la connaissance qui est la condition et la racine de toute connaissance et de toute vérité, et sans laquelle la logique elle-même n'est qu'un jeu, un assemblage de mots, un exercice vain et stérile, un exercice où l'esprit, au lieu de s'attacher à la valeur objective et à la signification interne des choses, s'habitue à rapprocher et à arranger les termes d'après des formules vides qui n'atteignent point l'être, ou qui, lorsqu'elles atteignent l'être, nous le donnent mutilé et défiguré.

On dit à cela, il est vrai, que la logique, par là même qu'elle est la science de la démonstration, ne saurait tout démontrer, et, par suite, que les principes à l'aide desquels elle démontre, elle doit les recevoir d'une science supérieure et les admettre comme absolus et indémontrables. Comme si les principes n'avaient pas une forme absolue, et

____

(1) Conf. sur ce point Hegel, *Grande logique, sub fin.*; mon *Introduction à la philosophie de Hege'*, chap. IV, § v, et plus bas, ch. XII.

n'étaient pas liés par des rapports également absolus! Comme si la détermination de ces formes et de
ces rapports, qui constitue la plus haute, ou, pour
mieux dire, la seule vraie démonstration, pouvait être
du ressort d'une autre science que la logique! Et, si
nous prétendons que la logique ne doit pas s'occuper
de la *forme* et des *rapports* absolus, comment et à quel
titre sera-t-elle une science? Et puis de quelle *forme*
et de quels *rapports* s'occupera-t-elle? Sera-ce de la
forme et des rapports accidentels et extérieurs des
choses? Mais, en ce cas, nous reviendrions à la supposition des deux logiques ; car il faudra toujours une
logique qui étudie la forme et les rapports absolus des
principes, et, comme c'est cette forme et ces rapports
qui déterminent toute autre forme et tout autre rapport, ce serait, en réalité, cette logique qui constituerait la vraie logique, la seule qu'on devrait reconnaître
comme rationnelle. Il est aisé, en effet, de poser des
règles formelles et indéterminées, comme celle que je
viens d'indiquer, et puis, pour donner à ces règles un
air de réalité, de citer des exemples que l'on prend
au hasard, tels que ceux-ci : *tout effet doit avoir une
cause,* ou *toute chose a une fin,* ou *le tout est plus grand
que les parties,* ou *l'infini ne saurait avoir des limites,* etc., qui, à ce qu'on prétend, portent avec eux
leur évidence, et n'ont besoin d'aucune démonstration. Mais, si on examine la question attentivement, on verra que les choses ne se passent point
comme on voudrait nous le faire croire, et que ces

principes (même en les supposant vrais) ne sont pas
évidents d'une évidence aussi immédiate qu'on le prétend, et qu'il y en a même dont l'évidence se change
en obscurité à mesure qu'on les regarde de plus
près (1). Sans doute, les principes sont évidents, et ils
doivent être admis comme tels, lorsqu'on les compare
aux choses accidentelles passagères et phénoménales
dont ils sont les principes, puisque ces choses ne sont
que par eux, et qu'elles tirent d'eux tout ce qu'elles
possèdent d'évidence et de vérité; mais il n'en est pas
de même, lorsqu'on considère les principes en eux-
mêmes et dans leurs rapports entre eux, c'est-à-dire
dans leur filiation rationnelle, nécessaire et absolue.
Et c'est là le point de vue auquel il faut se placer ici.
Car, dans cette sphère de la connaissance et de l'être,
il n'y a pas de principe qui ne puisse, ou qui ne doive
point se démontrer. Ce n'est pas, sans doute, à l'aide
des procédés de l'ancienne logique, qui, comme nous
l'avons vu, en réalité, ne démontrent rien, qu'une
telle démonstration peut s'effectuer, mais à l'aide de
procédés tirés de la nature même de la chose que l'on
démontre, et qui n'en sont, pour ainsi dire, que l'expression. Et, en effet, tous les principes, par là même
qu'ils sont des principes, sont démontrables, c'est-
à-dire qu'on peut, et qu'on doit pouvoir démontrer
d'eux pourquoi et comment ils sont, pourquoi et com-

(1) Voyez sur la prétendue évidence du fameux principe de Descartes :
« *Je pense, donc je suis,* » mon *Introduction à la philosophie de Hegel,*
chap. IV, p. 140-43.

ment ils appellent d'autres principes qui les complètent, et qui, à leur tour, sont complétés par eux ; car,
comme on le verra plus bas, la vraie connaissance est
un cercle. Le vice de l'ancienne logique consiste précisément à ne pas avoir démontré les termes, qui sont
ou les éléments des principes, ou les principes (1), et
d'avoir ainsi habitué l'esprit à prendre et à accoupler
les termes à l'aventure, sans bien déterminer leur sens,
leur valeur et leur fonction réels, à les placer les uns
à côté des autres, on ne sait comment ni pourquoi, et
à donner comme évident ce qui ne l'est nullement,
ou qui, s'il l'est, il l'est par d'autres raisons que celles
auxquelles on attribue son évidence. C'est ainsi que
la *cause,* la *finalité,* l'*infini,* l'*être,* le *tout,* l'*effet,* la
limite, etc., sont combinés pour former des principes
que l'on nous présente comme évidents et indémontrables. Nous avons vu ce que devient l'évidence de
l'un de ces principes, le principe de contradiction
(§ vi), lorsqu'on l'examine de près, et la logique de He-

(1) On énonce, en général, les principes sous forme de propositions,
comme par exemple, le *tout est plus grand que les parties,* ou de définition,
comme par exemple, *la ligne droite est la ligne la plus courte entre deux
points donnés.* Mais les principes énoncés sous cette forme peuvent être
considérés comme dérivés, en ce sens qu'ils présupposent la détermination
des éléments dont ils se composent. Ainsi, avant de dire que le *tout est
plus grand que les parties,* ou que *l'effet doit avoir une cause,* il faut déterminer la notion du *tout,* de la *grandeur,* des *parties,* de la *cause,* etc.
ou, pour mieux dire, à mesure qu'on pose et qu'on détermine les notions,
on développe des rapports qu'on peut exprimer sous la forme de proposition
ou de définition. Mais, comme on le verra dans la *Logique,* la proposition
et la définition n'expriment qu'imparfaitement ces rapports. — Conf. sur
ce point le *Théétète* où Platon montre que le *jugement* ne constitue pas la
science, et plus bas, ch. XII.

gel est, pour ainsi dire, une démonstration continue de tout ce qu'il a de faux et d'irrationnel dans cette manière d'envisager et de traiter les principes. Mais, pour compléter ces considérations, j'examinerai ici un autre de ces principes prétendus évidents, je veux dire le principe de *causalité*. Je ferai d'abord remarquer, à ce sujet, que l'on se sert de la notion de *cause* de deux manières. En la joignant à l'infini, ou à Dieu, ou à la substance, on forme la proposition : *L'Infini ou Dieu, ou la substance est cause ;* en la joignant à un autre terme, à l'*effet,* on forme la proposition : *Tout effet a une cause.* En rapprochant ces deux propositions, on pourrait demander comment une seule et même notion (1) peut se trouver unie à deux termes si différents, tels que *Dieu* et l'*effet.* Mais dans cet accouplement, ou, pour mieux dire, dans cet amalgame de termes, on n'y regarde pas de si près. L'essentiel est qu'on puisse former une proposition qu'on présentera comme évidente et incontestable, en se fondant, non sur la valeur et les rapports absolus des termes, mais sur l'opinion, ou sur des notions vagues. pré

(1) C'est, en effet, la même notion qu'on joint aux deux termes, bien qu'on ajoute le mot *absolue* dans la première proposition, et qu'on dise *une* cause dans la seconde. Mais il est évident que la *causalité absolue* n'est autre chose que la notion de *cause* entendue dans le sens le plus général, ou, pour mieux dire, c'est la *cause* dans sa notion, et que, pour la seconde proposition, ce sont les imperfections et les nécessités du langage qui lui ont donné cette forme particulière et limitée. Car la vraie expression n'est pas *une* cause, mais *la* cause. Et ainsi l'expression : *l'effet appelle nécessairement la cause,* serait plus correcte, comme je le montre dans ce même chapitre.

conçues et admises sans examen. C'est ainsi, par exemple, qu'on en use avec l'*infini*, et qu'on nous dit que *Dieu est infini*, que l'*espace* et le *temps* sont *infinis*, que le *petit* et le *grand* sont *infinis*, que le *beau*, le *bien*, le *vrai* sont *infinis*, etc., sans nous apprendre, ni ce que c'est que l'infini, ni comment ces choses si diverses peuvent être infinies, ni si elles sont toutes infinies dans le même sens. Mais, pour en revenir au premier exemple, voyons si le principe de *causalité*, tel qu'on le formule et qu'on l'entend ordinairement, est aussi évident qu'on le prétend; car il ne faut pas oublier que c'est là le seul point que nous avons à examiner ici. Et d'abord, comment devons-nous entendre ici ce principe? Devons-nous le considérer comme un principe purement logique — en prenant ce mot dans le sens de la logique formelle — c'est-à-dire comme une forme, ou une règle subjective et relative de la pensée? En ce cas, non-seulement nous n'avons pas un principe immédiat et évident, mais nous n'avons pas de principe. C'est ce que nous avons déjà démontré. Par conséquent, pour lui donner la valeur et la nature d'un principe, il faut l'entendre dans un sens objectif, et le considérer comme un principe absolu de la pensée et des choses à la fois. Mais c'est ici que les difficultés et les obscurités commencent. De fait, lorsqu'on dit que *tout effet a une cause*, on ne veut point dire que *tel ou tel effet a telle ou telle cause*, car il n'y aurait point là de principe, mais bien, que *l'effet est invariablement et nécessaire-*

ment lié à la cause. Maintenant, si *tout effet* n'est point *tel ou tel effet*, ni même l'*ensemble* des effets, et si *une cause* n'est pas *telle ou telle cause* contingente et finie, mais la *cause*, qu'est-ce que l'*effet*, et qu'est-ce que la *cause*, et quelle est la nature du lien qui les unit? Il y en a qui nous disent que, par *effet*, il faut entendre tout *phénomène qui commence.* Mais d'abord la notion d'effet n'entraîne pas nécessairement la notion du commencement, car on peut très-bien concevoir un effet qui n'ait point commencé, et qui soit coéternel à la cause. Le mouvement de la roue qu'une main ferait éternellement tourner serait éternel comme la main qui produit le mouvement. Et s'il est vrai qu'une cause n'est cause que par et dans son effet, une cause éternelle aura un effet également éternel (1).

(1) Il y en a qui donnent comme un principe évident, ou comme un axiome que *tout effet a nécessairement une cause*; mais qui ne veulent point admettre la réciproque, à savoir, que *toute cause a nécessairement un effet.* Et cependant s'il y a un rapport absolu entre l'effet et la cause, on ne voit pas trop pourquoi il n'y aurait pas un rapport absolu entre la cause et l'effet. Et il semble que lorsqu'on admet que l'effet n'est effet qu'autant qu'il a une cause, on devrait également admettre qu'une cause n'est cause qu'autant qu'elle a un effet. Et l'on se confirmerait dans cette opinion si on réfléchissait qu'une cause qui produit vaut mieux qu'une cause qui ne produit point; et qu'une cause à l'état virtuel, ou une cause qui *peut* agir, mais qui n'agit point est une cause imparfaite, ou, pour parler avec plus de précision, n'est point une cause. On admet bien cette vérité d'une manière vague, et accidentellement, lorsqu'on dit, par exemple, que l'intelligence en acte, ou l'intelligence qui connaît vaut mieux que l'intelligence qui *peut* connaître, mais qui ne connaît point, ou qui ne veut point connaître; ou qu'une société où règnent le travail et l'activité vaut mieux qu'une société oisive et paresseuse; mais si l'on énonce ce principe dans sa véritable forme, c'est-à-dire dans sa forme abstraite et absolue, on ne voudra point l'admettre. Et les raisons qu'on donne pour justifier ce refus ne sont pas des raisons directes et tirées de la nature même de la chose en

Ensuite, on ne remarque pas qu'en introduisant dans la loi des éléments empruntés à la perception sensible, et en interposant entre l'*effet* et la *cause* les rapports de temps, et peut-être l'acte de la création, qu'on se représente aussi d'une manière matérielle et sensible, non-seulement on fausse la loi, mais on l'annule; car si le rapport de l'*effet* et de la *cause* n'est pas un rapport éternel, nécessaire et absolu, et indépendant de tout rapport de succession et de temps, ce rapport a eu un commencement, il est contingent et relatif, et par suite, ce qu'on appelle la loi de *causalité* cesse d'être une véritable loi. On voit donc que ce principe, tel que nous le livre l'ancienne logique, ou l'ancienne métaphysique, — car on ne sait pas trop à laquelle de ces deux sciences il faut l'attribuer, — n'est pas aussi évident qu'on nous le dit, et qu'il n'est évident que par suite de ce procédé commode et assez généralement suivi, qui consiste à dissimuler les difficultés au lieu de les aborder et de les résoudre. Et ces difficultés deviendraient bien plus visibles et bien plus nom-

question, mais des raisons indirectes, étrangères à la question, et fondées sur des opinions préconçues, ou qui ont elles-mêmes besoin d'être démontrées. Ainsi on dira, par exemple, que si la cause devait nécessairement produire son effet, Dieu aurait dû nécessairement créer le monde, ce qui annulerait la liberté divine. Mais cela suppose que la science doit admettre comme démontrée que Dieu a créé le monde, et qu'il l'a créé *ex nihilo*, comme le vulgaire entend la création, ou que la liberté divine est la liberté humaine, et qu'elle agit arbitrairement, tantôt conformément, et tantôt contrairement à la loi. Cela suppose aussi qu'en Dieu la causalité n'est qu'accidentelle, et qu'en lui la virtualité vaut mieux que l'acte. Mais la science ne doit point admettre cette manière arbitraire et irrationnelle de traiter les questions. Conf. plus bas, ch. XII.

breuses encore si nous examinions ce principe dans ses rapports avec d'autres principes, avec l'*être*, la *substance*, la *finalité*, la *force*, le *bien*, etc., rapports que la science doit déterminer, et sans lesquels on ne peut se former une notion juste et vraie, ni des parties, ni du tout, ni de chaque principe séparément, ni des principes dans leur ensemble.

CHAPITRE XI.

LA FORME EST ESSENTIELLEMENT SYSTÉMATIQUE.

Nous disons donc qu'il y a une logique absolue, laquelle démontre d'après une méthode absolue, c'est-à-dire, d'après une méthode qui est fondée sur la nature même des choses. Il est à peine besoin d'ajouter que, par choses, il faut entendre les choses éternelles et absolues, c'est-à-dire les principes. Or, les principes sont conçus à l'aide des idées, et ils ne sont que des idées. C'est là un point que j'ai longuement examiné et établi ailleurs, et sur lequel je ne puis, ni ne dois revenir (1). Car la logique, qui est la science spéculative par excellence, suppose que la pensée a franchi les degrés inférieurs de la connaissance, où l'idée est encore enveloppée dans l'élément sensible — dans les symboles, les images, le langage, le

(1) Voy. mon *Introd. à la Phil.* de Hegel, ch. II, IV et VI. Ici je ne reviendrai sur la question des idées, qu'autant que cela sera nécessaire pour bien fixer le point de vue et la portée de la logique de Hegel.

sentiment — et qu'elle a atteint ce degré, où l'idée lui apparaît comme l'être le plus réel, et comme le principe de toute réalité, où elle reconnaît l'idée comme une pensée, et où l'idée, à son tour, trouve dans la pensée son existence la plus haute et la plus réelle (1).

Or, s'il est vrai que les idées constituent l'essence des choses, la méthode absolue sera la méthode qui connaît selon les idées, et si la méthode est la forme, la méthode sera la forme même des idées. Mais la forme est un élément essentiel de l'être dont elle est la forme, et elle lui est aussi essentielle que sa matière. Un corps cesse d'être un corps dès qu'il perd sa forme, et une armée cesse d'être une armée dès qu'elle se désorganise, c'est-à-dire encore, dès qu'elle perd sa forme. Une force ne peut être, ni agir que suivant une forme déterminée, et l'âme et la pensée elle-même ne peuvent être, ni exercer leur activité que suivant des formes fixes et invariables. La forme apparaît d'abord comme la limite d'un être, comme la limite qui sépare un être de tous les autres, et au dedans de laquelle cet être vit et se développe. Mais ce n'est là qu'un seul côté de la forme. La forme peut bien être considérée, il est vrai, comme une limite, mais comme une limite qui appelle un autre être, et qui met l'être limité en rapport avec lui. La forme du corps est bien sa limite, mais une limite ainsi constituée qu'en elle viennent coïncider

____

(1) Voy. plus bas, ch. XII et XIII.

d'autres êtres , les êtres organiques et inorganiques, l'air, la lumière, les plantes , etc. De même, la forme d'une planète est sa limite, limite qui détermine son poids, sa densité, sa révolution, etc., mais c'est une limite où elle attire et est attirée, où elle gravite sur une autre planète, et où celle-ci gravite sur elle. Il en est de même, et à plus forte raison, des idées, s'il est vrai que la forme des choses n'est qu'une image et une manifestation imparfaite de la forme éternelle et immuable des idées. Par conséquent, la *forme* constitue dans l'idée sa limite et son rapport, elle fait qu'une idée est ce qu'elle est, et qu'elle est autre qu'elle n'est, qu'elle est elle-même et autre qu'elle-même, et qu'elle n'est elle-même qu'en étant autre qu'elle-même. C'est ainsi, par exemple, que la *cause* n'est cause que par son activité, laquelle constitue sa manière d'être, ou sa forme, mais une forme qui appelle nécessairement un terme autre qu'elle-même, c'est-à-dire l'*effet*. De même, la *substance* n'est telle que parce qu'elle est le suppôt des *modes* et des *accidents,* et supporter les modes et les accidents constitue sa manière d'être et sa forme essentielle. Ou bien encore, le *tout* a une limite qui le distingue des *parties*, et qui le fait tel, mais il contient les parties , et il ne serait point un tout sans elles.

Ainsi la logique apparaît d'abord comme la science de la méthode, ou de la forme absolue des idées, forme qui est ainsi constituée qu'une idée est par elle

ce qu'elle est, et qu'elle est mise en même temps
en rapport avec une autre idée, ou, si l'on veut,
qu'une idée est elle-même et passe dans une autre
idée. Nous verrons plus tard, comment et dans quel
sens, ce qui n'apparaît ici que comme une forme, a
aussi une matière et un contenu. Ici nous devons entrer plus avant dans la considération de la méthode.

Et d'abord la méthode absolue est essentiellement
systématique. La forme systématique est l'élément le
plus intime de la pensée, comme elle est aussi l'élément le plus intime des choses. Chaque être est un
système partiel, et l'univers est un système, et rien
ne saurait être, ni être rationnellement conçu qui n'est
pas un système. L'ordre, la proportion, l'harmonie que nous admirons dans l'univers n'est que l'arrangement systématique de ses parties, et la vive
jouissance que nous éprouvons en découvrant un
nouveau rapport, ou en suivant l'enchaînement des
choses, n'a d'autre source que la satisfaction de ce
besoin intime de l'intelligence. C'est qu'en effet,
connaître, et connaître systématiquement sont, à
strictement parler, une seule et même chose. Là où
il n'y a pas de système, là il n'y a pas de connaissance,
ou il n'y a qu'une connaissance isolée, fragmentaire,
exclusive et accidentelle, une connaissance qui, par là
même qu'elle ne prend les êtres qu'à l'aventure, ou tels
que nous les offrent l'expérience et l'analyse appliquée à l'expérience, mutile les êtres, ou confond leurs
limites, ou unit ce qui est séparé, et sépare ce qui est

uni, ou admet sans explication ce qui a besoin d'être expliqué, en se fondant sur l'opinion, sur une aperception vague et superficielle de la chose, ou même sur le mot (1). On se représente ordinairement un

(1) C'est peut-être la psychologie qui nous offre l'exemple le plus frappant de cette absence de méthode. Ce qu'on appelle méthode psychologique n'a de la méthode que le nom, car elle n'est bien souvent qu'une analyse superficielle, arbitraire et faite au hasard, et qui, comme toute analyse, ne nous livre pas l'être vivant, mais l'être mort. On nous dit, il est vrai, qu'après avoir décomposé il faut recomposer. Mais s'il y a recomposition, une recomposition faite avec de tels éléments ne peut être qu'un assemblage, ou une juxtaposition artificielle et extérieure, et non une vraie synthèse. C'est la recomposition de l'anatomiste qui rassemble les membres de l'être organique qu'il a mis en pièces. C'est ainsi, par exemple, qu'on commence par isoler l'âme, en la séparant, non-seulement de la nature et de l'univers, mais même du corps, et qu'après avoir circonscrit l'âme dans ces limites artificielles, on invente une faculté qu'on appelle *sens interne*, à l'aide de laquelle, à ce que l'on prétend, on aperçoit tous les faits du monde intérieur. Mais comme l'âme est aussi en rapport avec le monde extérieur, et que ce monde extérieur c'est toujours l'âme qui l'aperçoit, on est bien obligé d'avoir recours à une autre faculté qu'on appelle le *sens externe*. Or, en supposant même que cette distinction soit fondée, nous voyons bien le *sens externe* et le *sens interne* placés l'un à côté de l'autre, comme nous voyons deux objets matériels juxtaposés, mais nous ne voyons, ni comment, ni pourquoi ils sont ainsi juxtaposés, ni quel est leur rapport, ni quelle est leur différence, ni si réellement il y a un sens externe et un sens interne. On se comporte de la même manière vis-à-vis des autres facultés et des autres états ou degrés de l'esprit; je veux dire qu'on les isole, et on les laisse dans leur état d'isolement, ou si on les rapproche, on les place les uns à côté des autres d'une façon arbitraire, et sans suivre aucune règle, aucune méthode fixe et vraiment rationnelle. Ainsi, on voit bien la sensibilité à côté de l'entendement, l'entendement à côté de la volonté, ou à côté de la raison, etc., mais on ne voit pas le *comment* et le *pourquoi* de ces facultés, on ne voit pas comment et pourquoi elles se produisent et sont ainsi placées, on ne voit, en d'autres termes, ni la nécessité interne qui fait que l'esprit passe d'une faculté à une autre faculté, d'un état à un autre état, de la morale à la politique, de la politique à l'art, de l'art à la religion, etc., ni l'unité, ni le but suprême de ce mouvement. Cela fait qu'on a des fragments de l'esprit, mais qu'on n'a pas l'esprit; on a un moi qui veut, un moi qui sent, un moi qui pense, un moi politique, un moi religieux, mais on n'a pas le moi dans l'unité de son essence et de son idée. Parmi les analystes moder-

système comme un tout qui a un commencement, un milieu et une fin, et dont les parties sont unies par des rapports intimes et indissolubles. C'est bien là, en effet, la notion qu'on doit se former d'un système. Mais ainsi énoncée, cette notion est vague et indéterminée, car l'essentiel est de déterminer la nature des éléments qui composent ce tout, et comment ces éléments se forment, se développent et se combinent.

Et d'abord il est évident qu'un seul et même élément (l'*être abstrait,* la *cause* ou la *force abstraite*) (1), qu'on le pose une fois, ou qu'on le répète indéfiniment,

nes, Kant est peut-être celui qui fournit l'exemple le plus frappant de cette analyse arbitraire et irrationnelle qui brise sans recomposer. Entre ses mains, l'esprit n'est plus qu'un agrégat, qu'une œuvre de marqueterie composée de pièces rapportées, si je puis ainsi m'exprimer ; car, non-seulement il sépare complétement la sensibilité de l'entendement, et l'entendement de la raison, mais dans la sphère de la raison, il partage la raison en deux, et il distingue, ou, pour mieux dire, il invente, une raison *pratique* et une raison *théorique,* lesquelles deux raisons, il faut bien le noter, ne diffèrent pas en degrés, ou par le mode de leur activité, mais en nature. Et dans la sphère des idées, il partage également les idées en deux, en idées proprement dites et en catégories, lesquelles diffèrent aussi en nature ; de sorte que, suivant Kant, il y aurait dans l'esprit autant d'esprits, et autant de natures différentes qu'il y a de facultés et de modes d'activité. Conf. Hegel, *Philosophie de l'Esprit,* et mon *Introd. à la Phil.* de Hegel, ch. III, § I. et ch. VI.

(1) Les mots *abstrait* et *concret* doivent être ici entendus dans le sens d'*incomplet* et de *complet.* Un être est d'autant plus concret qu'il contient plus de propriétés et de rapports, et une science est d'autant plus concrète qu'elle embrasse, elle aussi, plus de propriétés et de rapports. L'*être pur* et sans différence, la *cause* qui ne cause point, la *force* qui n'agit, ni ne se manifeste, sont des principes abstraits, c'est-à-dire, moins concrets que l'*être* avec des différences que la cause qui produit, etc. De même, la matière qui n'est que matière pure est moins concrète que la matière telle qu'elle existe dans son état mécanique, et plus encore dans l'organisme et la vie. Conf. plus bas, ch. XII.

ne sauraient constituer un système. Car en répétant indéfiniment l'*être*, ou la *cause* abstraite et sans différence, c'est toujours le même terme que l'on pose, et il n'y a là qu'une différence purement nominale, ou, pour mieux dire, il n'y a pas de différence. Il faut donc qu'à ce premier élément vienne s'en ajouter un second, et un second qui se distingue du premier. Or, ce second élément, par cela même qu'il est autre que le premier, introduit dans le système une différence et une opposition, et comme une tendance à briser son unité (1). C'est là ce qui appelle un troisième élément, qui est ainsi constitué, qu'en lui les deux premiers éléments se trouvent unis et conciliés.

Considérés au point de vue de la *forme,* ces trois éléments achèvent le système, je veux dire, qu'il faut trois éléments, ni plus ni moins, pour constituer un système, que là où il y a trois éléments ainsi constitués et liés par ce rapport, il y a système, et que là où il n'y a pas trois éléments placés dans ces mêmes conditions, il n'y a pas de système. Et, en effet, ni l'*être* sans le *non-être*, ni la *cause* sans l'*effet*, ni la *substance* sans les *accidents,* ni l'*attraction* sans la *répulsion,* ni l'*unité* sans la *pluralité,* ni l'*action* sans la *réaction,* ni le *soleil* sans les *planètes,* ni les *gouvernants* sans les *gouvernés,* etc., ni réciproquement le *non-être* sans

____

(1) Il faut entendre les termes opposition et contradiction dans le sens le plus étendu. Là où il y a pluralité, différence et division, là il y a opposition. Quant à la signification propre et spéciale de ces termes, on la trouvera déterminée dans la logique de Hegel.

l'*être*, ni l'*effet* sans la *cause*, etc., ne sauraient former un système. Il n'y aurait pas non plus de système si l'opposition des termes était maintenue ; car
l'un d'eux n'étant pas l'autre, et étant absolument
séparé ou différent de l'autre, il n'y aura point de
rapport entre eux, et partant, il n'y aura point de
système. Il faut donc un troisième terme, lequel ne
saurait être un *terme quelconque*, mais un terme qui
est en rapport avec les deux premiers, qui, par cela
même qu'il est en rapport avec eux, les contient
tous les deux, mais qui, étant le troisième terme, se
distingue de chacun d'eux, et qui enfin, bien qu'il
les contienne tous les deux, et qu'il se distingue de
chacun d'eux, ne saurait être sans eux.

Maintenant le premier terme, par cela même qu'il
est un terme abstrait et immédiat, appelle le second
terme, qui amène la médiation et la contradiction,
et le second terme, par cela même qu'il sort du premier, présuppose le premier, et tout en lui étant
opposé, il est virtuellement en rapport avec lui. Et,
en effet, lorsqu'on dit qu'un terme est opposé à un
autre terme, on ne veut point dire qu'il est opposé à
un terme quelconque, mais à un terme correspondant,
ou à un terme qui est compris dans une même circonscription que lui (1). Ainsi la *haine* n'est pas opposée à
l'*air*, et *plusieurs* ne sont pas opposés au *soleil*, mais
la *haine* est opposée à l'*amour*, et *plusieurs* sont op-

(1) *Les extrêmes se touchent*, est l'expression spontanée et irréfléchie de
la dialectique absolue.

posés à l'*un*. Par conséquent, l'*amour* et la *haine*, l'*un* et *plusieurs*, ne sont pas opposés parce qu'ils n'ont rien de commun, mais ils sont, tout au contraire, opposés parce qu'ils tombent tous deux dans la limite d'un seul et même principe, d'une seule et même notion, l'*âme* ou la *passion*, et la *quantité*, par exemple ; et c'est cette notion qui est comme indiquée, et qui existe virtuellement, et *en soi* dans chacun d'eux, qui est posée, et existe *pour soi* dans le troisième terme. D'où il suit que le premier terme, tout en étant autre que le second terme, contient le second terme, et il est le second terme ; que le second terme, tout en étant autre que le premier, contient le premier, et il est le premier ; que le premier et le second, tout en étant autre que le troisième, contiennent le troisième, et ils sont le troisième, et enfin que celui-ci, tout en étant autre que le premier et le second, les contient tous les deux, et il est tous les deux (1).

(1) Il faut se garder ici, comme en général lorsqu'il s'agit de rapports logiques absolus, d'attacher au mot *contenir* le sens qu'on y attache ordinairement, sens qui a sa source dans la repsésentation sensible, ou dans les habitudes créées en nous par l'ancienne logique. Car il ne s'agit point ici d'une contenance physique, ni d'une contenance quantitative, mais d'une contenance transcendante et fondée sur l'essence même des termes. Un principe ne contient pas un autre principe comme un vase contient l'eau, ou comme le plus grand contient le plus petit. Un principe contient un autre principe en ce sens que l'un appelle nécessairement l'autre, que l'un étant donné, l'autre est donné aussi, et que l'un ne saurait être sans l'autre. Introduire des rapports quantitatifs entre l'*être* et le *non-être*, entre le *sujet* et l'*objet*, entre l'*attraction* et la *répulsion*, entre l'*âme* et le *corps*, entre la *possibilité* et la *nécessité*, entre *Dieu* et le *monde*, etc., et chercher à expliquer ces rapports par une sorte de calcul, par le grand et le petit, ou par le calcul des probabilités, c'est fausser le véritable rapport de

Mais dire qu'un terme diffère d'un autre terme, et qu'il est cet autre terme tout à la fois, c'est dire qu'il le nie et qu'il l'affirme, et qu'il est nié et affirmé tout à la fois par lui. Et ainsi le premier terme nie et

ces termes, et s'en interdire la connaissance. Sans doute la quantité a son rôle et son importance dans la constitution des choses, et on pourra dire, peut-être, que le troisième terme ne concilie les deux premiers que parce qu'il est le troisième, et qu'il contient les deux premiers comme le nombre trois contient l'unité. Mais, quelle que soit l'importance des rapports quantitatifs, toujours est-il qu'ils ne sont que des rapports subordonnés, c'est-à-dire, qu'au-dessus de ces rapports il y a des rapports idéaux, des rapports qui sont fondés sur l'idée même des choses, et qui déterminent les rapports quantitatifs eux-mêmes. L'être ne contient pas le non-être, et le non-être l'être, parce que l'un est plus grand ou plus petit que l'autre, mais parce qu'ils sont ainsi constitués que l'un ne peut exister sans l'autre. Et en supposant même que l'être fût $= 10$ et le non-être $= 5$, on n'aurait là qu'un rapport secondaire, dépendant de la nécessité absolue de leur coexistance. Et le troisième terme qui les contient, que ce soit le *devenir*, ou un autre terme quelconque, ne les contient pas non plus parce qu'il est le troisième, ou parce qu'il est plus grand qu'eux, puisqu'au fond il n'est pas plus grand qu'eux, suivant la quantité. Car il n'est le troisième que par eux, et, par conséquent, sans eux, il ne serait qu'un 1,3 du tout, ou une unité comme chacun d'eux. Il les contient donc, parce que telle est sa qualité ou son essence, et indépendamment de tout rapport de quantité. Et dans la sphère des forces mécaniques elles-mêmes, où les rapports de quantité jouent le plus grand rôle, il y a des rapports qui leur sont supérieurs, et dont ils dépendent. Une force n'est pas telle force, parce qu'elle agit avec tel ou tel degré d'intensité, mais elle agit avec tel degré d'intensité, parce qu'elle est telle force. Déterminer la proportion suivant laquelle les corps s'attirent et se repoussent, c'est bien déterminer une loi, mais ce n'est pas déterminer leur rapport absolu; je veux dire, que ce n'est pas déterminer comment ou pourquoi l'attraction et la répulsion existent, ni comment l'attraction appelle la répulsion, et la répulsion l'attraction. Ce rapport absolu c'est leur forme absolue (Voy. *Logique* 1re partie), leur forme invariable et éternelle qui détermine les rapports quantitatifs dans lesquels l'attraction et la répulsion peuvent entrer. Je dis *leur forme*, mais il serait plus exact de dire leur *idée*, car la forme n'est qu'un élément de l'idée. Ainsi, l'idée du corps détermine les rapports quantitatifs qui entrent dans la composition des corps, comme l'idée de la lumière détermine les rapports quantitatifs des rayons lumineux. En d'autres termes, il y a dans les choses des rapports quantitatifs, mais il y a aussi des rapports qualitatifs, et, plus encore, des rapports fondés sur l'idée

affirme le second terme, et le second terme nie et affirme le premier, et le troisième, à son tour, nie et affirme les deux premiers, et il est nié et affirmé par eux. Cependant l'affirmation et la négation du troi-

même de la chose, qui dominent et déterminent tous les autres. Déjà le rapport de la qualité et de la quantité n'est plus ni la qualité, ni la quantité, ainsi qu'on le verra dans la *Logique* (1re partie), et plus l'on s'élève vers la sphère de la vie, de l'âme et de la pensée, et moins ces rapports ont d'importance. Les rapports de l'âme et du corps, de la liberté et de la loi, de la cause et de l'effet, de la substance et des accidents, de Dieu et du monde, de la pensée et des choses pensées sont des rapports qui ont un autre fondement que la quantité et la qualité. « La quantité, dit Hegel (*Grande Encyclopédie*. § 99), est un degré de l'Idée, et comme telle elle joue un rôle, d'abord comme catégorie logique, et ensuite dans le monde objectif, dans le monde de la nature et dans le monde de l'esprit. Mais il est aisé de voir que les déterminations de la grandeur n'ont pas la même importance dans ces deux sphères de l'Idée. Dans la nature où l'Idée apparait autre qu'elle-même, et comme extérieure à elle-même, la quantité a une plus grande importance que dans le monde de l'esprit, ce monde de la vie intérieure et libre (*Freier Innerlichkeit*). Nous considérons, il est vrai, le contenu de l'esprit sous le point de vue de la quantité, mais il est clair que lorsque nous considérons Dieu comme trinité, le nombre trois est loin d'avoir ici la même importance que dans les trois dimensions de l'espace, par exemple, ou dans les trois côtés d'un triangle, dont la détermination essentielle est d'être une surface déterminée par trois côtés. Dans les limites de la nature elle-même, les déterminations de la quantité n'ont pas la même importance ; elles en ont une plus grande dans la nature inorganique que dans la nature organique, et dans les limites de la nature inorganique, elles en ont une moindre dans la chimie et la physique proprement dite, que dans la mécanique, où l'on ne peut avancer d'un pas sans le secours des mathématiques, ce qui a fait donner aux mathématiques le nom de sciences exactes par excellence, et a amené, comme je l'ai fait remarquer plus haut, l'accord du point de vue matérialiste, et du point de vue exclusivement mathématique. Cette habitude de ramener toute différence et toute détermination à des rapports quantitatifs, et de poser en principe que c'est là le fondement de toute connaissance exacte, est l'un des préjugés qui s'opposent le plus à la vraie connaissance des choses. On peut dire, par exemple, que l'esprit est *plus* que la nature, que l'animal est *plus* que la plante ; mais l'on saura fort peu de la nature de ces choses si, au lieu de saisir leurs déterminations propres et distinctives, on s'en tient au *plus* et au *moins*. » *Conf.* plus bas, ch. XII.

sième terme, par là même que le troisième terme
concilie les deux premiers, et qu'il les concilie en les
dépassant, et en amenant une nouvelle détermination, sont marqués d'un caractère particulier. Sa
négation n'est pas la négation première et immédiate, mais la négation médiate, ou la négation de
la négation, laquelle est aussi, et par là même, son
affirmation. Et, en effet, les deux premiers termes
posent la première négation, et le troisième terme nie
cette négation, car il nie que le vrai soit dans leur
différence et dans leur opposition, et c'est en les
niant qu'il les concilie et les affirme. C'est ainsi que
le *devenir* nie et affirme l'*être* et le *non-être*, et la
mesure nie et affirme la *qualité* et la *quantité*. Le
centre peut être considéré comme une négation
de la négation des forces opposées dont il est le
centre. L'acte de la vision est un milieu entre la lumière et l'ombre ; la température est un milieu entre
le chaud et le froid, comme la modération, la vertu
et le gouvernement sont des milieux entre des passions, des opinions et des tendances extrêmes,
comme enfin toute harmonie, tout système et l'univers lui-même supposent un milieu, ou un moyen
terme, qui nie et affirme les forces et les êtres divers,
exclusifs et opposés dont ils se composent (1). S'il en

---

(1) La vraie unité, l'unité concrète, est l'unité qui contient la multiplicité,
et l'identité concrète est l'identité qui contient la différence ; en d'autres
termes, l'unité et l'identité concrètes sont des négations de négations. — C'est
une erreur que de confondre l'unité concrète avec l'*un* numérique, qui

est ainsi, et si les trois termes sont ainsi constitués, qu'ils sont à la fois semblables et dissemblables, identiques et différents, unis et séparés, les trois termes existent de deux manières. En tant que dissemblables et différents, ils constituent un degré, une sphère distincte, ou pour me servir de l'expression hégélienne, un moment abstrait de l'idée ; en tant que semblables et identiques, ils constituent une seule et même sphère, ou le moment concret de l'idée, et, partant, des choses.

D'où il suit qu'ils se répètent deux fois, et qu'en

n'est qu'un élément abstrait de la quantité (Voy. *Logique,* Ire part.). L'unité de l'âme, de la pensée, de l'univers, n'est pas l'*un* quantitatif, mais c'est une unité d'essence, l'unité de leur idée. La pensée est une dans les différentes pensées, et les différentes pensées trouvent en elle leur unité. De même, l'âme est une dans ses différentes facultés, et dans ses différentes opérations, et ces facultés et ces opérations trouvent aussi en elle leur unité. On pourrait même considérer l'unité de l'âme et de la pensée comme un rapport, en ce sens que l'âme et la pensée forment le rapport de différentes pensées, facultés, etc. Dans les limites de la quantité elle-même, l'*un* n'est pas l'unité ; car 10, par exemple, est l'*unité* de 2 fois 5 ou d'1 $+$ 1 $+$ 1..... Et que l'unité sans multiplicité, ou l'*un* ne soit pas la vraie unité, c'est ce qu'admettent les mathématiciens eux-mêmes, puisqu'ils cherchent le principe du nombre et de la grandeur, non dans l'*un* , mais dans la *limite* (c'est là une des formes sous lesquelles Newton a exprimé le principe du calcul de l'infini), laquelle n'est ni une somme, ni un rapport de parties déterminées, mais la limite des sommes et des rapports. Ce n'est pas non plus une limite fixe et indivisible, mais c'est plutôt une série de limites, et de limites divisibles qui s'évanouissent. Ces limites, Newton les a considérées aussi comme des grandeurs *génératrices,* pour les distinguer des grandeurs engendrées (*genita*), tels que les produits, les quotients, les racines, les carrés, etc. Or, cela implique un rapport, et un rapport qui est une négation de la négation ; car la limite, qu'elle soit invariable ou variable, qu'elle *soit,* ou qu'elle *devienne,* suppose l'être limitant, et l'être limité, leur négation réciproque, et la négation de la négation dans la limite où ils coïncident. — De même, la grandeur génératrice est le principe et le rapport des quantités engendrées, différentes et opposées.—Quant à l'identité,

se répétant deux fois, ils ne sont pas la première
fois, et en tant que différents, ce qu'ils sont la
seconde fois, et en tant qu'identiques (1), et par conséquent, par cela même qu'ils ne sont pas la seconde
fois ce qu'ils sont la première, en se répétant, ils se
combinent, et en se combinant ils se transforment.
Et ainsi, l'être est d'abord l'*être*, et le *non-être* est le
non-être, et puis l'être est le *non-être* et le *non-être* est
l'être dans le *devenir*. Et l'être et le *non-être* ne sont
pas en eux-mêmes, et en tant que différents, ce qu'ils
sont dans leur rapport, et en tant qu'identiques dans

on dit généralement qu'une chose est identique à elle-même, ou à une autre
chose. Mais lorsqu'on dit qu'une chose est identique à elle-même, si l'on entend
par là qu'il n'y a pas de différence en elle, on n'aura qu'une tautologie ou
un jeu de mots. Car, relativement à une chose qui ne contient point de différence, on ne peut dire, ni qu'elle est identique, ni qu'elle n'est pas identique, mais seulement qu'elle est. Ainsi, une chose n'est identique à elle-
même qu'autant qu'elle contient une différence. C'est dans ce sens que l'âme
est identique à elle-même, ou qu'un principe est identique à lui-même. —
L'âme est identique à elle-même, non-seulement parce qu'elle contient des
différences, mais parce qu'elle est l'unité de ces différences, ou parce que
ces différences trouvent en elle leur principe commun. De même, en disant
qu'une chose est identique à une autre, on ne veut pas dire qu'elle est identique à celle-ci de tous points ; car il n'y aurait là en réalité qu'une seule et
même chose. Ce qu'on veut donc dire, et ce qu'on doit entendre, c'est qu'une
chose qui diffère d'une autre par un côté, est, par un autre côté, semblable
à elle. Et c'est ici aussi cet élément, ce principe commun qui les unit, et
qui les unit en niant leur différence.

(1) Je dis que les termes ne se répètent que deux fois, parce qu'ici nous
ne considérons que la forme absolue suivant laquelle les termes, ou les éléments d'un système se combinent ; mais si nous considérions le système en
son entier, et dans l'ensemble des éléments qui le composent, nous devrions
dire que chaque terme se répète autant de fois qu'il a de rapports. Du reste,
à proprement parler, des trois termes, il n'y a que le premier et le second
qui se répètent deux fois ; car ils sont une fois comme différents et séparés,
et une fois comme identiques et unis dans le troisième.

le *devenir*. De même la *cause* est d'abord la *cause*, et
l'*effet* est l'*effet,* et puis la *cause* est l'*effet* et l'*effet* est
la *cause* dans leur *action réciproque* (1), et la cause et
l'effet ne sont pas, en tant que distincts, ce qu'ils sont
dans leur rapport. Ou bien la lumière et l'ombre sont
autres en tant que lumière pure et ombre pure, et en
tant que lumière troublée par l'ombre, ou ombre
éclairée par la lumière, ou, si l'on veut, en tant que
lumière et ombre dans leur rapport. D'où l'on voit
aussi que ces termes ne se combinent et ne se transforment, qu'autant qu'ils se limitent et qu'ils s'opposent, et que c'est en s'opposant et en se transformant qu'ils se complètent, et qu'ils passent de l'état
abstrait à l'état concret, d'un état d'imperfection à
un état de plus en plus parfait. Et ainsi, tout système
est un cercle où le commencement se continue dans
le milieu, et le milieu se continue dans la fin, où la
fin est la fin du commencement, et le commencement
est le commencement de la fin, et où à chaque point
on retrouve comme concentrés et transformés tous les
points précédents, et comme indiqués, et à l'état
d'ébauche tous les points qui suivent. Ici l'analyse et
la synthèse sont inséparables, car on n'analyse que
pour synthétiser, et en synthétisant, on ne réunit pas
des éléments pris au hasard et étrangers à la chose,
mais les éléments que l'analyse elle-même a trouvés
et déterminés, ou, pour mieux dire, l'analyse et la

____

(1) Voyez *Logique*, § 155.

synthèse se font et se développent avec eux. C'est ainsi, par exemple, que dans l'organisme on retrouve concentrés, et comme élevés à une plus haute puissance tous les degrés inférieurs de la nature, — ses rapports mécaniques, physiques et chimiques,—et qu'à son tour l'organisme se retrouve dans la vie, la vie dans l'âme, et l'âme dans la pensée.

Si telle est la méthode, ou la forme absolue des choses, telle sera aussi la méthode, ou la forme absolue de la connaissance. Et, en effet, connaître ce n'est pas connaître le premier terme sans le second, ou le second sans le premier, ou le premier et le second sans le troisième, ou bien le troisième sans le premier et le second; mais c'est connaître les trois termes, et les connaître dans leur différence et dans leur unité, ou, si l'on veut, c'est poser les trois termes, et en les posant, montrer, et comme faire toucher du doigt comment et pourquoi ces trois termes sont ainsi posés et ainsi constitués, comment et pourquoi en se posant, ils s'opposent, et en s'opposant ils se concilient. On pourrait appeler cette méthode la méthode syllogistique, mais c'est une syllogistique d'une toute autre nature que l'ancienne syllogistique, et qui n'a de commun avec elle que la triplicité des termes dont elle se compose. Ou bien, on pourrait l'appeler une déduction, mais c'est aussi une déduction qui diffère de l'ancienne déduction par les termes que l'on déduit, aussi bien que par le mode dont on les déduit. C'est ce que nous avons déjà fait observer, et c'est ce qui deviendra plus évident encore en examinant l'autre côté de la question, je veux dire le *contenu* de la logique.

CHAPITRE XII.

La logique absolue ne saurait être exclusivement la science de la *forme* absolue; car, par cela même qu'elle est la science de la forme absolue, elle doit avoir un contenu, et un contenu adéquat à la forme, c'est-à-dire, absolu comme elle. Et, en effet, dans l'absolu, la forme et le contenu sont inséparables; l'une étant donnée, l'autre est donné aussi, et la suppression, ou le changement de l'une entraînerait la suppression, ou le changement de l'autre. Un principe n'est absolu qu'à cette condition, je veux dire à la condition d'être, et d'être d'une façon déterminée, et de ne pouvoir être autrement qu'il est, de telle sorte qu'en lui son être et sa manière d'être ne font qu'un, et qu'on peut dire de lui, qu'il est, parce qu'il ne peut être autrement qu'il est, et qu'il ne serait pas, s'il pouvait être autrement qu'il n'est. Et c'est là ce qu'il faut entendre lorsqu'on dit que *Dieu est;* car

en lui l'absolue nécessité enveloppe son contenu ainsi
que sa forme, ou, si l'on veut, sa substance ainsi que
ses attributs. En d'autres termes, Dieu n'est, ni ne peut
être de telle ou telle façon, mais il est nécessairement
ce qu'il est et tel qu'il est, et s'il était, ou s'il pouvait
être autrement qu'il n'est, il ne serait pas. S'il y a
donc une logique absolue, c'est qu'en elle la forme et
le contenu sont indivisibles, et qu'ils sont indivisibles
sous le double rapport de la connaissance et de l'être,
de la pensée et de son l'objet. Or, le *contenu* de la logique, c'est l'*idée,* et sa *forme* est la forme même de
l'idée. C'est ce que j'ai déjà fait remarquer, et c'est
ce qu'il s'agit de déterminer ici avec plus de précision.

Il y a deux points que nous avons à élucider. Nous
devons d'abord montrer que les idées ont un contenu, et que ce contenu est inséparable de leur forme,
et indiquer ensuite, d'une manière générale, quelles
sont les idées qui constituent l'objet spécial de la
logique (1).

Et d'abord nous devons rappeler que le contenu
des idées ne peut être qu'un contenu adéquat et conforme à leur nature, c'est-à-dire un contenu purement intelligible. C'est parce qu'on ne se pénètre pas
assez de cette vérité, et que, par suite d'une éducation
philosophique insuffisante, on ne s'élève pas aux véritables principes des choses, qu'on refuse une exis-

(1) Conf. sur ce point mon *Introd. à la Philos.* de Hegel, ch. V, § i.

tence réelle et un contenu réel aux idées, et qu'on se
les représente ou comme des êtres négatifs, ou comme
de simples formes subjectives de la pensée, ou, tout au
plus, comme des possibilités. Ce qu'il y a au fond de
tous ces points de vue, c'est l'opinion sensualiste qui
prend l'être et la représentation sensibles pour critérium du vrai, et pour pierre de touche de toute réalité.
Et, en effet, si l'être sensible est la seule réalité, l'idée
n'a pas d'être, ou elle n'est qu'une forme subjective,
vide de toute réalité, ou, si elle dépasse cette limite,
elle n'atteint, tout au plus, qu'à la possibilité. Et ainsi,
ce qui est, ce qui a une réalité et un contenu, ce n'est
pas la *substance,* la *cause,* la *quantité*, l'*infini*, la *re-*
ligion, l'*art,* etc., mais *telle substance, telle cause, telle*
quantité, tel être fini, telle religion, etc. La *substance,*
la *cause,* etc., ne sont pas, ou elles ne sont que des
formes, ou, si elles peuvent être, rien ne nous assure
qu'elles sont, car il n'y a d'être réel, que l'être qui
tombe sous les sens.

Mais d'abord nous ferons remarquer que ceux qui
prennent cette attitude négative et hostile vis-à-vis
des idées et des doctrines idéalistes, tombent dans la
même inconséquence qu'on reproche aux sceptiques,
savoir, de nier la légitimité de l'intelligence, et de se
servir, en même temps, de l'intelligence pour établir
leur opinion. Ils nient, en effet, les idées, mais ils s'en
servent, et ils s'en servent pour expliquer et pour justifier leur propre doctrine. Et non-seulement ils s'en
servent, mais ils sont bien obligés de s'en servir; car,

de même que l'œil ne saurait voir sans la lumière,
ainsi l'intelligence privée des idées se trouverait plon-
gée dans une obscurité profonde, ou, pour mieux
dire, elle ne serait plus l'intelligence. Ils s'en servent,
il est vrai, au hasard et à leur insu, en les mêlant, en
les confondant, en les admettant et en les niant tour
à tour. Mais, si tel est l'usage qu'ils font des idées, la
faute n'en est, ni aux idées, ni à l'intelligence; car, de
même que l'objet est fait pour être vu, et l'œil est fait
pour le voir, de même le propre de l'idée est d'être
entendue, et le propre de l'intelligence est de l'entendre. Mais, de même qu'il y a des yeux qui ne voient
point, de même il y a des intelligences qui n'enten-
dent point. Que l'on nous dise, en effet, ce que deviendrait la perception sensible elle-même sans l'idée,
et comment, par exemple, pourrions-nous penser
sans elle *telle cause, telle substance, tel être, telle
quantité, telle force,* et même *tel phénomène* et *telle
sensation?* Comment pourrions-nous les dénommer,
les distinguer, ou les rapprocher? Lorsque, pour
expliquer les idées, on a recours au procédé superficiel de la comparaison et de la généralisation,
non-seulement on n'explique pas par là la présence
des idées dans l'intelligence, mais on ne voit pas que,
pour comparer, il faut une idée antérieure, à l'aide
de laquelle on puisse dénommer et entendre les données de l'expérience que l'on compare, et que, si
l'on généralise l'expérience, ce n'est pas parce que
l'intelligence possède la faculté indéterminée de gé-

néraliser, mais parce qu'elle possède cette idée même déterminée qu'on prétend faire sortir de ce procédé. Lorsque, en effet, j'observe, je compare et je réunis les différentes causes, les différentes substances, ou bien encore, les phénomènes lumineux, calorifiques ou autres, pour les généraliser et pour atteindre à leur loi ou à leur principe, c'est que ma main et ma pensée sont stimulées et guidées par l'idée même que je prétends former, et sans laquelle cette même généralisation ne pourrait s'accomplir.

Dire maintenant que les idées ne sont pas, ou qu'elles n'ont pas de réalité, parce qu'elles ne sont pas à la façon de l'être sensible, c'est, d'une part, intervertir les rôles, et c'est, d'autre part, demander à l'idée ce qu'elle ne peut, et ce qu'elle ne doit point donner, si je puis ainsi m'exprimer (1). Car s'il y a des principes, — que ces principes soient les idées, ou autres que les idées, — c'est bien plutôt de l'être sensible qu'il faudra dire qu'il n'est pas, puisqu'il ne possède qu'imparfaitement l'être, et que tout ce qu'il en possède lui vient nécessairement des principes. Établir, par conséquent, comme critérium de la réalité des choses l'être sensible, et demander aux idées qu'elles soient à la façon de l'être sensible, c'est, au fond, demander au triangle de fournir un quatrième angle, ou un quatrième côté dont on aurait besoin pour étayer quelque

---

(1) C'est là le point de vue fondamental de la philosophie critique. Suivant Kant, les idées n'ont pas de réalité objective, parce que nous ne pouvons les démontrer par l'expérience. Conf., ch. VII.

opinion extravagante et absurde. Car c'est bien plutôt
parce qu'elles ne sont pas à la façon de l'être sensible, que les idées sont, dans l'acception éminente du
mot, et qu'elles possèdent la plus haute réalité, et
c'est aussi parce qu'il n'est pas à la façon des idées
que l'être sensible est soumis à la naissance, au changement et à la destruction. Lorsque nous disons que
Dieu est, non-seulement ces mots n'ont pas de sens,
mais ils ont un sens contraire à celui que nous voulons exprimer, si nous nous représentons l'être de
Dieu comme l'être des choses sensibles. Et ce que
nous disons de Dieu s'applique au même titre aux
idées. Par conséquent, au lieu de dire que Dieu, ou
les idées ne sont pas, parce qu'elles ne peuvent être
ramenées à l'intuition sensible, il faudrait dire qu'elles
sont, précisément parce qu'elles sont en dehors et
au-dessus de toute intuition sensible. Et l'on ne
voit pas que prendre pour critérium de l'être et
de la réalité les choses sensibles, et puis, après avoir
mis en regard de cette réalité les idées, ne considérer
celles-ci que comme des formes purement subjectives ou comme des possibilités, parce qu'elles ne
sont pas à la façon des premières, c'est, d'une part,
s'interdire toute explication rationnelle de la réalité
des choses sensibles elles-mêmes, et c'est, d'autre
part, aller à l'encontre de la raison et de la réalité,
puisque c'est vouloir démontrer les principes par
leurs produits, l'absolu par le relatif, l'être qui
engendre par l'être engendré. Dieu, les principes,

les essences, les idées sont des êtres placés au-dessus de la sphère des sens, de l'imagination, du
sentiment et de la conscience. Ce sont des êtres qui
se démontrent eux-mêmes, et qui portent avec eux
leur propre évidence, mais qui, par cela même que
ce sont des êtres absolus et suprasensibles, ne se montrent qu'à la pensée pure, à la pensée qui s'est affranchie de tout élément sensible et fini, et qui les saisit
dans leur existence immuable et absolue. Lorsque la
pensée ne s'est pas élevée à ce degré de spéculation
et de liberté, on pourra, tout au plus, avoir le sentiment des idées, mais on n'en aura pas la science. On
pourra dire que nous portons en nous un monde idéal ;
on pourra parler d'une manière vague et générale des
idées du vrai, du beau, de la cause, d'un état idéal
ou d'une religion idéale, etc., sans se rendre compte
de la vraie nature des idées, ni de leur rôle, ni de
leur rapport.

Loin donc que les idées ne soient que de simples
possibilités, elles sont la réalité même, et la plus
haute réalité. Elles sont bien des possibilités, mais
en ce sens que rien n'est possible que par elles, dans
l'ordre de la connaissance comme dans l'ordre de
l'existence, et que tout ce qui est, ou est pensé contrairement à elles et en dehors d'elles, n'est qu'erreur et illusion, ou qu'un jeu de l'imagination et un
accident. En elles, en effet, la possibilité et la réalité
absolues se confondent ; car elles n'engendrent toutes
choses qu'autant qu'elles constituent à la fois leur pos

sibilité et leur réalité actuelle, et elles ne sauraient constituer leur possibilité et leur réalité actuelle, qu'autant qu'elles possèdent la possibilité et la réalité absolue. C'est ainsi que le triangle idéal contient la possibilité et la réalité des triangles sensibles, comme l'idée du beau contient la possibilité et la réalité des choses belles, comme l'idée de la religion contient la possibilité et la réalité de toutes les religions (1). Et lorsqu'on objecte contre l'idéalisme la diversité des croyances, des lois, des institutions et des langues, et le changement perpétuel des choses, d'où l'on conclut que les idées qu'on suppose unes, immuables et éternelles ne sauraient être le principe des choses, on fournit un argument qui confirme plutôt qu'il ne combat cette doctrine. Car, à côté de la variété il y a l'unité, à côté de la différence il y a l'identité, à côté de l'être qui passe, il y a l'être qui ne passe point. Et la variété, comme l'unité, montre la puissance inépuisable de l'idée, cette possibilité et cette réalité infinies qui engendrent toutes choses sans se confondre avec elles, ou sans rien perdre de l'infinité de leur nature. Ainsi, si l'art ancien et l'art moderne n'émanaient pas d'une seule et même source, il n'y aurait aucun rapport entre eux, et ils ne pourraient pas être comparés, ou, pour mieux dire, l'un d'eux ne devrait point être rangé sous la même dénomination que l'autre. Il en est de même des lois, des institutions et des lan-

(1) Conf. sur ce point, *Introd. à la Philos.* de Hegel, ch. V, § 1, p. 178 note.

gues (1). Car, de même qu'un seul et même soleil produit des effets différents suivant les différentes latitudes et les différents éléments avec lesquels il se combine, de même qu'un seul et même objet se multiplie avec les points de vue et avec les yeux qui le voient, ou de même qu'une seule et même voix éveille des sentiments différents dans les âmes de ceux qui l'écoutent, ainsi l'idée — et cela dans un sens bien plus vrai et bien plus profond — demeure une et immuable sous la variété infinie de ses formes et de ses manifestations (2).

---

(1) Il est curieux de voir comment les linguistes, et parmi les linguistes ceux-là même qui ne sont pas étrangers à la philosophie, dans l'explication qu'ils nous donnent de l'origine des langues, ont recours à une toute autre origine qu'à l'idée. On pourrait même dire qu'ils aiment mieux n'en donner aucune, ou, si l'on veut, d'en donner une qui n'explique rien, que de se servir de l'*idée*, qui, en admettant même qu'elle ne soit pas le principe dernier des choses, est du moins un principe, et un principe éternel et absolu. — La question du langage appartient à la philosophie de l'esprit, et c'est en publiant la *Philosophie de l'esprit* de Hegel que je m'étendrai sur cette question. Ici je me bornerai à appeler l'attention sur les points suivants : 1° Quelque supposition que l'on fasse sur l'origine du langage, qu'on se le représente comme une invention humaine, ou comme une révélation divine, il faut remonter à l'idée. En deçà de l'idée toute explication est insuffisante ; au delà, il n'y a que des rêves de l'imagination, ou des mots vides de tout sens. — 2° L'unité ou le rapport des langues réside dans l'unité de l'idée, et leur différence, dans la constitution même de la nature, où l'idée ne se manifeste que comme brisée, et à l'état de dispersion, unité et différence qui se trouvent conciliées dans l'esprit (Conf. plus bas, ch. XIII.) — 3° Il y a une idée du langage, comme il y a les idées de la quantité, du beau, du bien, etc., et cette idée marque un degré dans la vie de l'esprit. — 4° L'esprit est l'unité du signe et de la chose signifiée, comme il est l'unité de la logique et de la nature.

(2) *Et erat lux vera quæ illuminat omnem hominem venientem in hunc mundum.* Mais cette lumière qui éclaire l'homme, bien qu'elle soit une seule et même lumière, ne l'éclaire pas de la même manière, mais elle s'adapte aux conditions du temps et de l'espace, aux exigences locales, et

Puis donc que l'idée est la vérité absolue, l'idée a un contenu, et un contenu également absolu, car ce qui est, par là même qu'il est, a un contenu, et un contenu adéquat à sa nature. C'est ce que l'on entend lorsqu'on dit que l'être des choses sensibles n'est pas l'être des choses suprasensibles, ce qui ne veut point dire qu'il n'y a point de rapport entre l'être des choses suprasensibles et l'être des choses sensibles, mais seulement que l'idée n'est pas en elle-même, et dans son existence absolue, ce qu'elle est hors d'elle-même, dans ses manifestations extérieures et dans la nature. Sous un certain rapport, on peut dire que l'idée et les choses sensibles ont même forme et même contenu, en ce que l'on retrouve dans les choses sensibles les traces de l'idée, et qu'en suivant, pour ainsi dire, ces traces, on peut remonter jusqu'à leur source. C'est ainsi que le physicien s'efforce par ces expériences, ou en appliquant à ses expériences l'absolu mathématique, de dégager et de saisir, au milieu des phénomènes, la loi, laquelle n'est au fond autre chose que l'idée (1). Mais l'idée diffère des choses sensibles en ce que sa forme et son contenu sont fixes, immuables et infinis, tandis que la forme et le contenu des choses sensibles sont mobiles, varia-

------

même à l'individu. Et si on la considère dans les limites du christianisme, on verra que cette lumière intérieure et éternelle se trouve extérieurement brisée et partagée en sectes et en croyances diverses, qui sont comme des aspects différents d'un seul et même principe.

(1) Voy. sur ce point, la *Physique* de Hegel, dans son *Encyclopédie*, et mon *Introduction à la Philosophie* de Hegel, chap. V, § II, et chap. VI, § III.

bles et finis. Elle en diffère aussi en ce que, dans la région des idées tout est uni et rationnellement ordonné, tout se tient et s'enchaîne suivant la nature même des idées, tandis que dans l'être sensible tout est à l'état fragmentaire, ou bien tout est mêlé et confondu. C'est de là que naît la difficulté qu'éprouve la pensée à retrouver l'idée sous la variété et la mobilité des phénomènes, à unir ce qui doit être uni, à séparer ce qui doit être séparé, et à saisir à la fois la différence et l'unité des choses (1).

Ainsi donc, l'idée a un contenu et un contenu conforme à sa nature, c'est-à-dire un contenu absolu, purement idéal et intelligible (2). S'il en est ainsi,

(1) La nature, telle qu'elle nous est donnée par la perception sensible, ne nous offre que des individus isolés, ou des parties extérieures les unes aux autres ou juxtaposées, dans lesquelles les idées apparaissent comme brisées, et à l'état de dispersion et d'indifférence. C'est ainsi qu'une seule cause devient plusieurs causes, qu'une seule et même substance devient plusieurs substances, comme une seule et même lumière, et une seule et même voix se dispersent dans les phénomènes lumineux et vocaux.

(2) Je me suis borné ici à montrer d'une manière générale que les idées ont un contenu, sans déterminer quel est ce contenu, parce que mon objet n'est ici que d'aider le lecteur à s'orienter et à se placer au point de vue le plus convenable pour saisir la pensée hégélienne, en lui fournissant les données générales les plus indispensables. Je dois faire ensuite remarquer, — et c'est là un point important qu'il ne faudrait jamais perdre de vue, — qu'une idée prise isolément et séparée de tout, cesse d'être ce qu'elle est. C'est l'œil qui, séparé du corps, n'est plus l'œil vivant, l'œil qui était lié à l'organisme entier, et que l'esprit animait, mais l'œil mort et pétrifié qui n'a plus de l'œil que le nom. Pour être bien comprise, une idée doit être vue à sa place, en elle-même, et dans l'ensemble de ses rapports. Lorsqu'on la sépare du tout, et qu'on la prend au hasard, on pourra bien retrouver par l'analyse quelques-uns de ses caractères, comme l'anatomiste en disséquant l'œil en retrouve les éléments, mais on n'aura pas l'idée vivante, qui est liée au tout, et dont on saisit la filiation, le rôle et les rapports. Ainsi, par exemple, on pourra prendre l'idée de la religion, et re-

l'idée logique aura aussi un contenu, et un contenu propre qui la distingue de toute autre idée. Maintenant quel est ce contenu, comment commence-t-il, comment se développe-t-il, et comment, avec le contenu, la méthode absolue elle-même se trouve-t-elle exposée et déterminée, ce sont là des questions dont il faut chercher la solution dans la *Logique* de Hegel elle-même, ou qui, pour mieux dire, constituent cette logique. Ici, continuant à me renfermer dans les limites que j'ai marquées plus haut, je n'ai qu'à indiquer certains points essentiels qui doivent nous mettre à même de bien saisir la théorie hégélienne.

Ainsi que je l'ai déjà fait observer, s'il y a une science absolue, c'est bien la logique qui est cette

trouver, par l'analyse, les éléments essentiels qui la composent, je veux dire l'esprit infini, l'esprit fini et leur rapport. Mais si on n'est pas arrivé à ce degré de l'existence et de la pensée systématiquement, et après avoir traversé les degrés inférieurs de la Nature et de l'Esprit qui se trouvent comme enveloppés et concentrés dans l'idée de la religion, on n'aura qu'une vue superficielle de cette idée, et l'on dira, par exemple, que la religion est la morale, ou qu'elle est une institution politique, ou qu'elle est la philosophie, ou peut-être qu'elle est une institution dont on pourrait fort bien se passer.—J'ajouterai ici que si je me suis servi, depuis le ch. X, des termes *forme* et *contenu*, c'est que je n'en ai pas trouvé de plus propres, dans une recherche exotérique comme celle-ci, pour exprimer ma pensée, parce que dans le langage scientifique ordinaire, ce sont les deux termes qu'on emploie généralement pour désigner les éléments essentiels des choses. Cependant, comme on le verra dans la Logique (§ XIII et suiv.), la *forme* et la *matière*, la *forme* et le *contenu*, ne constituent que des moments de l'Idée. Dans l'*Être pur*, par exemple, ou dans la *qualité*, il n'y a pas encore de *forme* ou de *contenu*, et la *forme* et le *contenu* sont des déterminations qui viennent s'y ajouter, et qui, partant, constituent un nouveau degré de l'idée. — Ce que j'ai voulu dire, par conséquent, en employant ces termes, c'est que l'Idée constitue la réalité absolue, et que les rapports des idées constituent aussi les rapports des choses.

science. Et, en effet, la logique est une science absolue à un double titre ; d'abord parce que les éléments
dont elle se compose et qui font son objet, sont absolus, comme les éléments dont se compose toute autre
science, les mathématiques, par exemple, et ensuite
parce qu'elle est la science universelle que toute autre science présuppose, et qui, à certains égards, enveloppe toutes les autres sciences. Lorsqu'on considère le système entier des connaissances, il est aisé
de voir qu'il faut qu'il y ait une science qui commence le système, et qui, par cela même qu'elle le
commence, doit déterminer les autres parties, et se
retrouver en elles, avec sa forme et son contenu, bien
que combinée avec d'autres éléments, d'autres déterminations et d'autres rapports. Et si on envisage un
système du côté objectif, ou, si l'on veut, du côté de
l'être des choses, on verra que l'être aussi doit avoir
un commencement, qui déterminera les autres parties,
lesquelles devront s'harmoniser avec lui. C'est ainsi
que les contours et les premiers linéaments d'un tableau déterminent le tableau entier, et que la conception générale et rudimentaire d'une œuvre se retrouve et se reproduit dans l'œuvre entière et dans
chacune de ses parties. Telle est aussi la logique. L'i-
dée logique est l'idée universelle, est absolue parce
qu'il n'y a aucun degré de la pensée, ou de l'être où
on ne puisse la retrouver comme élément essentiel et
déterminant. C'est dans ce sens que la logique est
vraiment une science universelle, et non dans le sens

superficiel et illogique d'une méthode qui n'aurait pas de rapport consubstantiel avec les choses ; ce qui revient à dire qu'elle est universelle dans ce sens que toutes les sciences la présupposent, et que ni ces sciences, ni leur objet ne sauraient exister sans elle. Et, en effet, toutes les sciences se servent des idées logiques, — de l'*être* et du *non-être*, de la *quantité*, de la *qualité*, de la *cause*, de la *substance*, du *fini* et de l'*infini*, du *sujet* et de l'*objet*, etc. ; et elles s'en servent, non comme d'un élément purement subjectif et accidentel de la pensée, mais comme d'un élément objectif et absolu de la pensée et des choses tout à la fois. C'est ainsi que le mathématicien se sert de la *quantité*, ou de l'*infini*, et que le physicien se sert ou de ces mêmes notions, ou bien des notions de *cause*, de *substance*, de *loi*, du *positif* et du *négatif*, etc. Qu'on s'en serve sans en avoir la conscience et à l'aventure, et qu'on aille même jusqu'à nier que l'on s'en sert au moment même où l'on s'en sert ; que le métaphysicien, par exemple, en disant que *Dieu est l'Être*, prétende nous donner la définition la plus profonde de Dieu, tandis qu'en réalité il n'y en a pas de plus superficielle, ou qu'il accorde à la *cause* une valeur et un sens qu'elle n'a point ; ou bien que l'on nie qu'il y ait l'idée de l'*Être*, pendant qu'on dit que Dieu *est*, que les principes *sont* et que les choses *sont*, ou enfin que l'on nie que le *non-être* soit, tandis qu'on admet que le *négatif* est ; qu'on fasse, disons-nous, un usage irréfléchi et irrationnel des idées, cela n'affecte nullement la nature et l'importance de ces idées, et la logique de Hegel a précisément pour objet de systématiser ces idées, de mettre en lumière et d'élever à la conscience cette substance logique, pour me servir de l'expression de Hegel, qui vit et se meut au dedans de nous et au dedans des choses. L'essentiel est de constater qu'on s'en sert, et qu'on ne saurait avancer d'un pas sans s'en servir.

Maintenant, par cela même que la logique est la science universelle, que toute autre science présuppose, elle est une science qui a un objet propre et distinct, mais qui en même temps pénètre, et se reproduit dans les autres sphères de la connaissance, et comme en elle la forme et le contenu sont inséparables, elle s'y reproduit avec sa forme et son contenu ; ce qui fait qu'il n'y a pas de science qui puisse se constituer sans elle, ou, ce qui revient au même, qui puisse se constituer suivant une autre méthode que la méthode absolue. En d'autres termes, et pour me servir d'un langage plus conforme à la pensée hégélienne, l'idée logique est l'idée de laquelle toute autre idée, l'idée dans la Nature, ou dans l'Esprit, reçoit sa forme et une partie de son contenu, de sorte qu'on peut dire d'elle qu'elle enveloppe, et qu'elle est enveloppée ; qu'elle enveloppe toutes choses, si on la considère du côté de l'abstraction et de l'universalité, et qu'elle est enveloppée par toutes choses si on la considère du côté plus concret de l'Idée, ou de l'Idée telle qu'elle existe dans la Nature et dans l'Esprit.

S'il y en a qui trouvent cette conception peu intelligible, ou trop subtile pour être admise, je n'ai qu'à
appeler leur attention sur ce qui a lieu dans les
sciences mathématiques, et dans leur application,
pour leur montrer qu'elle n'est, ni aussi inintelligible,
ni aussi subtile qu'ils le croient. Que fait, en effet, le
mathématicien? Il détermine d'abord sa formule, laquelle n'est, au fond, qu'une idée, dans son existence
abstraite et absolue, et puis il l'applique à la nature, au système planétaire, aux forces mécaniques,
chimiques et organiques. Que la formule et son application soient exactes, ou non, c'est là un point qui
n'affecte, en aucune façon, la nature du procédé. Or,
si ce procédé a un sens, il signifie, d'abord, qu'il y a
une idée, ou un principe universel et absolu, qui possède une valeur propre et indépendante, et qui n'est
absolu qu'à cette condition. Il signifie ensuite que, par
cela même que c'est un principe universel et absolu,
il doit se retrouver dans les choses comme un de leurs
éléments essentiels, bien que combiné avec d'autres
éléments tels que la lumière, le temps, l'espace, etc.
Car c'est là appliquer. Et ainsi, si l'on considère
la formule mathématique dans son état abstrait, il
est vrai de dire qu'elle enveloppe tous les rapports
et toutes les déterminations quantitatives possibles;
et si on la considère dans l'être concret, où elle
se trouve combinée avec d'autres éléments, d'autres
propriétés et d'autres rapports, il est vrai de dire
qu'elle est enveloppée par lui. Or, la logique de

Hegel accomplit d'une manière systématique, par un procédé supérieur. et en embrassant la sphère entière des idées logiques, dont la *quantité* elle-même ne forme qu'un degré, ce que les mathématiques n'accomplissent que dans une sphère limitée, d'une manière, à quelques égards, irréfléchie et par des procédés imparfaits. Quelques exemples feront mieux comprendre notre pensée. Prenons, pour ainsi dire, au hasard, quelques-unes des idées logiques, les idées de *force* et de *centre*. En commençant par cette dernière, je ferai observer que la détermination de l'idée de centre appartient à la logique, que la logique hégélienne peut seule expliquer la centralité, ou la loi des centres, comme on l'appelle, et qu'en dehors de cette logique, cette loi demeure inexpliquée et inexplicable. Et d'abord. ce n'est ni le géomètre, ni le physicien qui nous l'expliquent, ou qui peuvent nous l'expliquer, et cela, parce que la détermination dernière et absolue de cette loi dépasse la limite de leur science. En effet, le géomètre prend le centre tel qu'il le trouve dans les limites de l'objet de ses recherches, et il le prend sans trop rechercher d'où il lui vient, quelle est sa vraie origine, sa vraie signification et sa portée. Nous dire, par exemple, que le centre est un point à une certaine distance de certaines lignes, ou d'autres points, et que cette distance est ou égale, ou constante pour toutes ces lignes, ou pour tous ces points, ce n'est pas nous donner la notion vraie et absolue du centre. Car on se demandera d'a-

bord comment le centre, même le centre géométrique, peut être un point. On peut, tout au plus, l'admettre pour le cercle, bien qu'ici aussi on nous donne
comme un fait le rapport du centre à la circonférence,
sans nous expliquer *comment* la circonférence peut
être déterminée par le point, comment ce qui n'a, ni
dimension, ni position déterminée, peut déterminer
une courbe qui enveloppe l'espace, et qui tourne autour d'un point. Ensuite les centres paraissent se multiplier avec les figures, on ne sait trop comment, ni
pourquoi. Car le centre de l'ellipse n'est pas le centre du cercle. Et lorsque, pour expliquer cette différence, on nous dit qu'on peut considérer le cercle
comme un cas particulier de l'ellipse, *en supposant*
que les deux foyers se confondent en un seul, on ne
voit pas que par cette supposition, qui est tout à fait
arbitraire et artificielle, et qui n'est nullement fondée sur la nature même du cercle, ou de l'ellipse, on
ne voit pas, dis-je, qu'au lieu d'expliquer cette différence on la supprime, ce qui n'est nullement expliquer. Car expliquer, c'est démontrer à la fois les
rapports et les différences, et les maintenir tous les
deux. Si, pour expliquer les rapports du cercle et de
l'ellipse, je supprime leur élément différentiel, je
n'aurai plus le cercle et l'ellipse, mais j'aurai, ou le
cercle, ou l'ellipse. S'il était permis de faire ainsi vio-
lence aux choses, dès qu'il y a rapport entre elles,
on pourrait dire que non-seulement elles se ressem-
blent, mais qu'elles sont égales, et comme l'on peut

découvrir des rapports entre toutes choses, on pourrait, en supprimant les différences, affirmer que toutes choses sont égales. Ici le rapport du cercle et de l'ellipse c'est d'être des courbes, et leur différence c'est d'être des courbes déterminées, l'une par un centre, et l'autre par deux (1).

(1) Un des vices de l'analyse mathématique est de supprimer les différences essentielles des choses, et de prétendre expliquer les choses par ce procédé. Le procédé général est celui-ci : Lorsqu'on a deux grandeurs différentes, — la ligne brisée et la ligne courbe, par exemple, — on décompose les deux grandeurs en leurs éléments, et l'on cherche l'élément commun, l'élément générateur des deux grandeurs. Cet élément est, ou le point, ou la tangente, ou la limite, ou l'infiniment petit. Or, quelle que soit la méthode que l'on emploie pour construire, à l'aide de cet élément commun, les deux grandeurs, toujours est-il qu'il y a une différence, et une différence essentielle entre les deux grandeurs. Ce sera, si l'on veut, une différence de forme, ou de position. Mais si la forme est essentielle aux êtres, elle est surtout essentielle à la grandeur ; car on peut dire que toute son essence réside dans la forme ; de sorte qu'en supprimant la forme dans une grandeur, on n'a plus la même grandeur. — Il n'est pas vrai, ainsi qu'on l'enseigne, que a soit $= a + a'' + a'''$.... ou que $\frac{1}{1-x}$ soit $= 1 + x + x^2 + x^3$... pas plus qu'il n'est vrai que le corps est la somme d'un certain nombre de molécules, ou d'atomes ou des parties matérielles. Car $a' + a + a'' + a'''$ réunis dans a sont autre chose que lorsqu'ils sont séparés, et a qui les contient est autre chose que leur assemblage, et la fraction a une forme propre qui disparaît dans la série infinie. De même, lorsqu'on compare la ligne courbe et la ligne brisée dans le cercle et dans le polygone, l'on se représente le cercle comme un polygone d'un nombre infini de côtés, ou comme une limite entre le polygone inscrit et le polygone circonscrit. Or, un polygone d'un nombre infini de côtés, s'il est un cercle, n'est pas un polygone, et s'il est un polygone, il n'est pas un cercle. L'angle infiniment petit dans lequel on résout les côtés du polygone, cesse d'être un angle lorsqu'on ne laisse que le point d'intersection des deux côtés, et si on laisse les deux côtés, il ne cesse pas d'être un angle. D'ailleurs, l'angle idéal, l'angle dans sa notion, n'est ni l'angle *infiniment petit*, ni l'angle *infiniment grand* (deux notions indéterminées, car l'*infiniment* petit et l'*infinimen* *grand* ne sont autre chose que l'*indéfini*), mais l'angle déterminé ; de telle sorte que si on lui enlève sa détermination propre, il n'est plus un angle Maintenant, prendre le cercle, le placer entre deux polygones, et puis mon

Si des figures planes nous passons aux solides, ici aussi nous sommes en droit de demander, si le centre des figures solides est le même que celui des figures planes. Car, par cela même que la sphère diffère du cercle, le centre du premier doit aussi différer de celui du second. Et lorsqu'on se représente la sphère comme formée par la révolution du cercle, ou comme un assemblage de cercles, on n'a pas là la sphère véritable, mais la sphère telle que la donne une méthode artificielle, ou l'analyse. Car la sphère n'est pas plus un assemblage de cercles, que la ligne n'est un assemblage de points. Par conséquent, lorsqu'on ramène la

trer, soit par des lignes, soit par le calcul, que le cercle n'est, ni l'un, ni l'autre, mais une limite entre les deux, c'est là un procédé plus rationnel en ce qu'il laisse au cercle sa détermination propre. Le cercle n'est pas le polygone, mais c'est une limite vers laquelle les deux polygones convergent indéfiniment. Cependant ce procédé est, lui aussi, un procédé artificiel, et, pour ainsi dire, mécanique. Et, en effet, c'est un procédé mécanique que de prendre deux polygones dont l'un est plus grand, et l'autre est plus petit, et ensuite placer un cercle entre ces deux polygones, et se représenter le cercle comme une figure qui n'est, ni l'un, ni l'autre, mais qui est une grandeur intermédiaire. Mais le cercle idéal n'est pas ainsi constitué, et il n'est pas plus la limite du polygone, que le polygone ne l'est du cercle, et surtout n'est-il pas la limite de deux polygones, c'est-à-dire, d'une seule et même figure, qu'ici l'on partage en deux pour le besoin de la démonstration. Ou bien, si c'est une limite, c'est une limite *qualitative*, et non une limite quantitative, ou de grandeur. Je veux dire que s'il est la limite du polygone, ce n'est pas, parce qu'il est plus grand, ou plus petit que lui, ou parce qu'il contient l'un, et est contenu dans l'autre, mais parce qu'en lui tout angle a disparu, et qu'il s'est produit dans la ligne, et dans les éléments qui la constituent, une nouvelle combinaison, et une forme nouvelle. On détruit, par conséquent, cette forme, et avec la forme, la figure elle-même, en voulant ramener une figure à une autre figure, ou en n'établissant, et en ne laissant entre elles que des rapports de quantité et de grandeur. Que ces procédés soient utiles, et même nécessaires au mathématicien et au géomètre, c'est ce qu'on peut admettre, sans qu'il suive de là qu'ils sont parfaitement

sphère au cercle, et le centre de la sphère au centre
du cercle, on supprime l'élément différentiel et constitutif de la sphère, ainsi que de son centre. Mais les
difficultés deviennent plus grandes encore, lorsque
nous venons à considérer le centre dans la nature.
Et, en effet, qu'est-ce que le centre dans la nature,
et où faut-il le placer? Et y a-t-il un seul centre, ou
bien y en a-t-il plusieurs? Et s'il y en a plusieurs, ne
faudra-t-il pas admettre qu'il y a un centre absolu
qui les enveloppe tous, et qui fait leur unité? Et quels
sont ces différents centres, et quel est ce centre absolu? Voilà des questions auxquelles, ni la géométrie,
ni l'observation ne sauraient répondre. Car, d'une

rationnels. Les mathématiques sont des sciences imparfaites, et elles sont
imparfaites, parce que leur objet, ainsi que leur méthode, sont imparfaits.
Cette méthode peut bien répondre à l'objet limité que se propose le mathématicien; mais, par cela même qu'elle n'est pas la méthode absolue, elle est
une méthode qui ne donne qu'une vue imparfaite de son propre objet, et à
plus forte raison, des rapports que cet objet soutient avec les autres parties
de la connaissance. Et lorsque l'on juge de la valeur des méthodes mathématiques par les résultats, ou par l'application, on adopte un critérium
qui ne nous fournit nullement la véritable mesure de ces méthodes. Dans
l'application, la formule mathématique n'est plus la formule mathématique,
mais c'est une formule à laquelle sont venus s'ajouter des éléments, des notions et des forces qui lui sont étrangers, et qui lui donnent un sens et
une valeur qu'elle ne possède pas en elle-même. Et en appliquant sa formule, le mathématicien ne plie pas l'objet à la formule, mais celle-ci à
l'objet. Car il présuppose l'objet avec toutes ses propriétés et ses rapports,
et tel qu'il lui est donné par l'observation, ou par l'induction, ou par des
notions primitives et absolues, dont il se sert le plus souvent à son insu,
et, après avoir présupposé l'objet, il lui applique sa formule, et si l'objet
ne cadre pas avec elle, il la corrige; de sorte que l'on peut dire que ce
n'est pas la formule qui explique et justifie l'objet, mais que c'est l'objet qui
explique et justifie la formule. — Conf. *Logique*, Ire part., § 99 et suiv., et
IIIe part., § 218 et suiv.; *Grande logique,* liv. Ier, IIe part., p. 283-379, et
mon *Introd. à la Philosophie* de Hegel, ch. IV, § v.

part, le centre géométrique ne saurait constituer le centre physique, et, d'autre part, le centre dépasse les limites de toute observation et de toute expérience. Et lorsqu'on se représente le centre comme un corps central, comme le soleil, par exemple, dans notre système, il est évident qu'on ne lève pas la difficulté, car ce corps central n'est pas le centre, puisqu'il a lui-même un centre. Et, d'ailleurs, il est en rapport avec d'autres corps, qui ont eux aussi des centres ; de sorte qu'il faudrait expliquer, non-seulement ce qu'est le centre dans le corps central, mais ce qu'est le centre dans le corps avec lequel le corps central est en rapport. Et si l'on se représente ce corps central comme un centre absolu, on aura d'un côté un centre absolu, et de l'autre des centres relatifs, et il faudra expliquer aussi quel est le rapport, et qu'elle est la différence de ces centres (1). Enfin la notion du centre s'étend non-seulement à la nature, mais à l'esprit. La société, par exemple, est un système de centres, où les centres relatifs (les individus et les intérêts individuels) viennent se rattacher à un centre absolu, à l'État. En tant que système de centres, la société ne diffère pas du système planétaire, et si elle

____

(1) On sait que, par suite de la position respective de Jupiter et de Saturne, dans notre système planétaire, le centre de gravité tombe, tantôt dans l'intérieur, tantôt hors du soleil. Ce qui prouve que le centre n'est ni le corps central, ni le prétendu centre du corps central, mais qu'il se distingue d'eux. C'est ce qui est aussi confirmé par les étoiles doubles, dont il faudrait dire qu'elles n'ont pas de centres, si on devait se former du centre la notion que s'en forment ordinairement les géomètres et les physiciens.

en diffère, c'est parce qu'il y a d'autres propriétés, d'autres déterminations et d'autres rapports qui viennent s'y ajouter.

Ainsi donc, la notion de centre est une notion universelle et absolue qui, non-seulement échappe à toute expérience et à toute induction, mais à toute formule mathématique. On pourrait même dire que la formule mathématique la fausse et la cache plutôt qu'elle ne l'explique. Le centre véritable, c'est l'idée absolue du centre, telle qu'elle se trouve déterminée dans la logique de Hegel (§ 195 et suiv.), c'est l'idée suivant laquelle tous les centres sont construits. Elle n'est pas déterminée par le nombre et la quantité, mais le nombre et la quantité sont, au contraire, déterminées par elle. Elle n'est ni un point, ni une masse, ni un corps central, mais une idée absolue, ou, si l'on veut, un rapport absolu suivant lequel les masses, les forces et tout système de forces matérielles et spirituelles se groupent et se combinent (1).

---

(1) Il ne faut pas oublier que les rapports de centralité ne sont pas de simples rapports de distance ou de masse, mais des rapports qui les dépassent, et à l'égard desquels ils sont, à quelques égards, indifférents. Dans un système de centres, l'essentiel n'est pas que la masse la plus grande soit le centre de la masse la plus petite, ou que le centre de la masse la plus petite tombe en dedans de la masse la plus grande, mais qu'il y ait des centres conformément à l'idée absolue de centralité. Les masses et les distances sont subordonnées à elle, et sont déterminées par elle. En supposant l'universalité et la valeur absolue de la loi newtonienne touchant la proportionnalité des masses et des distances, il ne suit nullement de là que les centres doivent obéir à ces rapports. Je dis, en supposant, car des doutes commencent à s'élever sur ce point, même parmi les astronomes, et parmi les plus

Des considérations analogues nous montreront que
l'idée de *force* est aussi une idée logique. Et, en effet,
lorsque nous disons que l'âme est une force, et que
le corps est une force, ou que, dans la sphère de
l'âme, nous disons que la volonté, ou la raison, ou les
passions sont des forces, et que, dans la sphère du
monde matériel, nous disons que l'attraction, la chaleur, l'électricité, etc., sont des forces, nous admettons que toutes ces choses sont également des
forces, et qu'en tant que forces, elles participent
toutes à une seule et même idée absolue, et qu'elles
sont déterminées par elle. Et si elles diffèrent entre
elles, ce n'est pas en tant que forces, mais parce qu'à

éminents. Ainsi Bessel pense que la force d'attraction dans les étoiles doubles pourrait être spécifique, et non proportionnelle aux masses. Et la co-
mète à périodes raccourcies d'Encke, dont les révolutions ne peuvent s'expliquer ni par la théorie des perturbations, ni par l'attraction solaire, a
fait penser à l'existence d'une force polaire, ou d'un fluide extrêmement
ténu qui agirait indépendamment du soleil et de sa masse.

C'est parce qu'on se représente le centre comme un point géométrique,
ou comme une molécule, ou comme une agglomération de molécules, que
l'on ramène les rapports de centralité aux rapports de quantité. Mais, dans
un système de centres, chaque élément a un centre, chaque groupe a un
centre aussi, et le centre absolu est le rapport absolu, ou l'unité de tous les
centres. Car c'est là la gravitation universelle. Il est, par conséquent, indifférent que, dans notre système planétaire, le centre tombe dans le soleil
ou hors du soleil, ou qu'il tombe tantôt en dedans, et tantôt en dehors, ou
que, dans notre strate stellaire, il tombe dans la constellation de Persée,
comme le pense Argelander, ou dans une des Pléiades, dans Alcyone, comme
le pense Mœdler. S'il tombe dans un de ces astres, et s'il y tombe soit au
milieu, soit dans une toute autre partie, il y tombe indépendamment de la
masse et de la distance. Car le centre absolu n'est le centre absolu que
parce qu'il atteint et enveloppe tous les centres, quelles que soient d'ailleurs
leur masse et leur distance. Du reste, Mœdler, en choisissant Alcyone comme
centre, a rejeté l'idée d'un corps central, qui ne serait tel qu'à cause de la
prépondérance de sa masse. — Dans les rapports de centralité, qu'on trouve

la détermination de la force sont venues s'ajouter des déterminations nouvelles qui constituent leur élément distinctif et spécifique. En d'autres termes, les déterminations logiques de la force leur sont communes à toutes, de telle sorte qu'elles ne sauraient être, ni être pensées en dehors de ces déterminations ; et lorsqu'on dit que la lumière n'est pas l'être organique, ou que l'être organique n'est pas l'être vivant, on ne veut point dire que la lumière, l'être organique et l'être vivant ne sont pas des forces, mais seulement qu'outre les déterminations de la force, elles possèdent d'autres déterminations, qui sont propres à chacune d'elles, et qui les différencient (1).

Maintenant, saisir ces idées pures, universelles et absolues (2), et les saisir par la pensée pure, par la

dans l'organisme social, les individus sont des centres qui s'agglomèrent en centres particuliers (classes, états, corporations), lesquels sont ramenés à l'unité par le centre absolu, le gouvernement et l'État. Or, ici aussi, il est indifférent que le centre absolu tombe dans une masse plus ou moins grande, ou plus ou moins petite, qu'il tombe, veux-je dire, dans la multitude (gouvernements démocratiques ou mixtes), ou dans un seul (gouvernement monarchique), ou dans une classe (gouvernement oligarchique). L'essentiel est que l'idée de centralité y soit réalisée.

(1) Conf. sur ce point mon *Introd. à la Philosophie* de Hegel, ch. V, § ii, où j'ai montré que l'idée est une force. Mon objet, dans ce chapitre, est d'établir qu'il y a une idée de la nature, et que ce qu'on appelle des forces sont, dans leur principe, des éléments purement intelligibles. Il ne faudrait pas cependant se représenter l'idée comme une pure force, car on n'aurait là qu'une conception fort inadéquate de l'idée. L'idée est la force, mais elle est aussi, et plus encore, la *substance*, la *cause*, le *bien*, la *pensée*, déterminations vis-à-vis desquelles la force ne constitue qu'un moment subordonné.

(2) On peut dire que toute idée est universelle et absolue, dans le sens qu'elle embrasse dans sa circonscription tous les individus, et tous les phénomènes qui se rapportent à elle. Ainsi, l'idée du beau est une idée univer-

pensée qui s'est affranchie de tout élément, contingent, relatif et sensible, c'est là l'objet de la logique, ou, pour mieux dire, la logique n'est autre chose que l'ensemble de ces idées, ou, si l'on veut encore, que l'idée logique, c'est-à-dire, l'idée qui n'est pas encore descendue dans la nature, dans les déterminations et les rapports de l'espace, du temps, du mouvement, de la matière, etc., et qui a tout son être, toute sa réalité et toute sa vérité en dehors, et au-dessus de ces déterminations et de ces rapports, lesquels, par cela même, lui sont subordonnés, sont façonnés par elle, et ne peuvent être que conformément à elle. Or, la pensée qui pense l'idée logique, et qui la pense telle qu'elle est dans son existence idéale et absolue, est la pensée *spéculative*, et la *méthode spéculative* est, par conséquent, la méthode absolue, la méthode par excellence. Vis-à-vis de cette méthode, l'ancienne méthode déductive peut être appelée la *méthode de l'entendement*. Et, en effet, l'entendement s'élève bien aux idées, mais il les disperse, il les mutile, et il brise leur unité. Il prend les idées au hasard, et il les

selle par rapport aux choses belles; l'idée de la lumière est aussi une idée universelle, par rapport aux phénomènes lumineux, comme les idées logiques de quantité, et de causalité sont des idées universelles, par rapport aux quantités et aux causes finies. Mais les idées logiques sont universelles et absolues dans un sens plus large, en ce qu'elles se reproduisent comme déterminations, et comme éléments intégrants dans les idées physiques et dans les idées spirituelles (la nature et l'esprit). Ainsi, par exemple, la causalité et la quantité se reproduisent dans la vie, dans l'être organique, dans l'âme, dans la beauté, etc. Conf. plus haut, et *Introd. à la Philosophie* de Hegel, ch. V, § ii, et ch. VI, § iii.

unit ou il les sépare également au hasard, ou il admet
une idée, et il en rejette une autre, ou il admet la moitié d'une idée, et il en rejette l'autre moitié, ou bien,
lorsqu'il les admet toutes les deux, il veut les admettre
dans un sens, et il ne veut point les admettre dans un
autre, ne s'appuyant, pour justifier ces procédés, que
sur le principe de contradiction, ou de l'identité abstraite et vide (1). Ainsi, il admettra *l'être*, mais il ne
voudra point admettre le *non-être*, en disant que,
puisque l'être est, le non-être, qui est le contraire de
l'être, ne saurait être (2) ; ou il admettra tantôt la

(1) Conf. plus haut, ch. III, VI, VII, XI.

(2) La difficulté qu'on éprouve à saisir la coexistence de l'Être et du Non-
Être, vient de la fausse notion que l'on se fait de l'Être et du Non-Être,
ainsi que de leur rapport. Et d'abord on se représente l'Être comme la
notion qui exprime et contient la réalité la plus haute et la plus concrète, et
en partant de ce point de vue l'on dit : « *Dieu est l'Être.* » Mais si on y regarde de près, l'on verra que loin que la notion de l'Être soit la notion la
plus concrète, elle est la notion la plus abstraite et la plus vide, et que si on
la considère comme la notion la plus concrète, c'est que, par suite de l'absence d'une connaissance systématique, on y ajoute des déterminations et
des propriétés qui ne lui appartiennent point, ce qui fait que, tout en croyant
parler de l'Être, on parle de toute autre chose que de l'Être. Car l'Être pur
n'est que l'Être pur, et il n'est ni la quantité, ni la cause, ni la substance, etc., déterminations qui appartiennent à une sphère plus concrète
de l'idée. Ainsi, lorsqu'on dit que *Dieu est l'Être*, ou que *l'homme est un
être*, on donne les définitions les plus abstraites et les plus vides et de
Dieu et de l'homme. Car, en tant qu'être, l'homme ne se distingue pas de
la pierre, du soleil, de la plante, qui sont des êtres comme lui, ou,
pour mieux dire, tous les êtres, en tant qu'ils sont des êtres, ne se
distinguent pas les uns des autres. Et si Dieu est l'Être, et qu'il n'est que
l'Être, tout ce qu'on pourra dire de lui, c'est qu'il est l'Être, et s'il n'est
que l'Être, la définition qu'il faudrait donner de lui n'est pas : « *Dieu est
l'Être, mais l'Être est Dieu.* » Quant au Non-Être ou au Néant, on se le
représente comme ce qui n'est absolument pas, ou comme un absolu *rien*,
si je puis ainsi m'exprimer, et de même que l'on dit : l'*Être est, et il ne
peut ne pas être*, de même l'on dit : *le Néant n'est pas, et il ne peut pas*

cause sans l'effet, tantôt l'effet sans la cause, ou s'il les admet tous les deux, il les unira d'une manière arbitraire et extérieure, en disant que l'effet ne saurait exister sans la cause, mais que la cause peut très-bien exister sans l'effet (conf. ch. précéd.) ; ou bien il affirmera que ce qui existe c'est le positif, et que le négatif n'est pas, ou qu'il n'est qu'un accident, et, en partant de ce principe, il enseignera que le froid n'est qu'une privation, ou que le plaisir n'est qu'un accident vis-à-vis de la vertu ; ou que la force centrifuge

être. Et invoquant l'expérience et l'être sensible à l'appui de ce raisonnement, l'on ajoute que d'un être qui est, on peut dire seulement qu'il est, et non qu'il n'est pas ; et d'un être qui n'est pas, on peut dire seulement qu'il n'est pas, et non qu'il est. — Mais, d'abord, il faut remarquer que s'il y a pensée inintelligible et impossible, c'est bien la pensée du Non-Être ou du Néant, conçu comme un absolu *Rien*. Car l'absolu *Rien*, non-seulement ne pourrait être, mais il ne pourrait être ni nommé, ni pensé, ni entendu. Et cependant on nomme le Non-Être, on le pense et on l'entend, et on le pense et on l'entend comme on pense et on entend l'Être, c'est-à-dire à l'aide d'une notion également universelle et absolue. Et si l'on dit qu'on ne l'entend que négativement et comme une privation de l'Être, cela veut dire, au fond, qu'on ne l'entend pas comme on entend l'Être, mais comme quelque chose qui est autre que l'Être, de même qu'on entend le froid, l'ombre, la répulsion, la douleur, la mort, comme des choses qui sont autres que la chaleur, la lumière, etc. Seulement ici on a des déterminations plus abstraites, c'est-à-dire l'Être et le Non-Être, lesquelles sont aussi les déterminations les plus abstraites, car c'est par elles que commence la logique. Et c'est là ce qui rend le passage de l'une à l'autre plus difficile à saisir, car il n'y a pas encore de médiations ou des moyens termes, ainsi que cela a lieu dans les déterminations plus concrètes de la notion, telles que la *qualité* et la *quantité*, le *tout* et les *parties*, la *cause* et l'*effet*, la *substance* et les *accidents*, etc., où le passage d'un terme à l'autre se fait à l'aide de médiations. Par conséquent, puisque le Non-Être n'est pas le Rien absolu, il est quelque chose, mais quelque chose qui n'est pas l'Être ; c'est quelque chose autre que l'Être, ou la négation de l'Être, c'est-à-dire le Non-Être. Ou bien encore : l'Être pur est l'Être, mais l'Être qui n'est que l'Être, et qui, par cela même qu'il n'est que l'Être, appelle le non-Être, ou le *n'être-pas* de l'Être, ou, si l'on veut, ce que l'Être *n'est pas*. Mais, de son côté, le Non-Être n'est pas

n'est aussi qu'une force accidentelle vis-à-vis de la force centripète (1) ; ou que la nature entière n'est qu'un accident vis-à-vis de l'esprit, composant ainsi la moitié des êtres et de l'univers de privations et d'accidents, et non-seulement s'interdisant par là toute connaissance vraiment systématique et rationnelle, mais tombant, pour éviter la contradiction, dans des contradictions irréfléchies bien plus insolubles. La méthode spéculative, au contraire, pose la contradiction, et elle montre la coexistence et la nécessité des

le *ne-pas-être* de *Rien*, mais il est le *ne-pas-être* de l'Être. Et ainsi l'Être, tout en étant, n'est pas, et le Non-Être tout en n'étant pas, est. En d'autres termes, la notion de l'Être et la notion du Non-Être sont inséparables ; l'une étant donnée l'autre est donnée, aussi, et ce qu'est l'une, l'autre l'est aussi. Elles forment, par conséquent, une seule et même notion, et cette notion est le *devenir*. L'Être et le Non-Être se posent et s'opposent pour se combiner dans le devenir ; car ni l'Être sans le Non-Être, ni le Non-Être sans l'Être ne pourraient devenir ; et, d'un autre côté, l'Être et le Non-Être ne pourraient être ramenés à l'unité qu'en devenant, ou dans le devenir. — Le devenir achève, par conséquent, la sphère de l'Être et du Non-Être, et forme le passage aux sphères plus concrètes de l'Idée, où, par l'addition de déterminations nouvelles, l'Être et le Non-Être deviennent, ou, pour mieux dire, sont devenus la *qualité*, la *quantité*, l'*essence*, etc. Ici l'opposition de l'Être et du Non-Être passe dans les oppositions plus concrètes du *même* et de l'*autre*, de l'*un* et de *plusieurs*, de la *qualité* et de la *quantité*, de l'*identité* et de la *différence*, du *positif* et du *négatif*, etc., etc.

(1) Ne pouvant, en effet, déduire la force tangentielle, ou le mouvement tangentiel de la notion même de la matière ou du mouvement, le physicien a recours, pour expliquer la force centrifuge à une impulsion initiale, imprimée on ne sait comment, ni quand, ni par qui. Il faut supposer que c'est Dieu qui a imprimé ce mouvement, et qu'il l'a imprimé à l'origine des choses. Mais quelle que soit la supposition à laquelle on a recours, si le mouvement tangentiel n'est pas déduit de la constitution même de la matière, ou du mouvement, il n'est qu'un mouvement extérieur et accidentel. Voy. sur ce point Hegel, Logique, § 98 et suiv., et surtout *Grande logique*, liv. Ier, Ire part., ch. III, et IIIe part., ch. III, *Remarques sur la force centripète et centrifuge*, sa *Physique* dans l'*Encyclopédie*, et mon *Inquiry into speculative and experimental science*.

termes opposés, comment l'un est aussi nécessaire que l'autre, et comment l'un sans l'autre n'est qu'une abstraction. Mais elle ne s'arrête pas à la contradiction; car en montrant la nécessité des deux termes, elle montre qu'ils appartiennent tous les deux à une seule et même notion, et que, loin que la contradiction soit la négation absolue, elle est le principe vivifiant de l'idée, et partant des choses, le principe qui stimule l'idée, si l'on peut ainsi s'exprimer, et qui la fait passer de l'état abstrait à l'état concret, d'un état d'imperfection à un état de plus en plus parfait. Et, en démontrant la coexistence des termes et leur unité, la méthode spéculative ne *présuppose* pas les termes qu'elle démontre, comme le fait l'ancienne méthode, mais elle les *pose,* et elle les pose en les démontrant, et les démontre en les posant. Et, par cela même qu'elle ne présuppose pas les termes, elle est une méthode, pour ainsi dire, continue, où les termes s'enchaînent et s'enveloppent les uns les autres, suivant leur nature objective et absolue, une méthode qui ne va pas au hasard de l'être à la cause, ou de la cause au bien, ou du bien à la science ; mais qui pose l'être et qui, en posant l'être, démontre pourquoi elle le pose, et comment l'être étant posé le non-être se trouve aussi posé, et comment la position de l'être et du non-être amène le devenir ; elle est, en d'autres termes, une méthode qui ne va pas d'un terme à l'autre, en supprimant ou en omettant les différences, les oppositions et les intermédiaires, mais en posant et en démontrant ces

différences, ces oppositions et ces intermédiaires, qui
constituent eux aussi, et chacun d'eux successivement, un moment de l'idée, de la pensée et des choses, et sans lesquels le terme qu'on veut connaître ne
saurait ni être connu, ni exister. En outre, et par la
même raison, c'est-à-dire parce qu'elle ne présuppose
aucun terme, sa marche consiste à aller de l'abstrait au
concret, et d'un terme immédiat à un terme médiat;
car le terme concret et médiat enveloppe et présuppose le terme abstrait et immédiat que la méthode
spéculative a dù poser et démontrer. C'est ainsi, par
exemple, qu'elle va de l'être à la quantité, et non de
la quantité à l'être, ou de la quantité à la cause, et
non de la cause à la quantité, de même que dans la
sphère de la nature, elle va de l'espace pur à la matière pure, de la matière pure à son état mécanique
et au système planétaire, et du système planétaire aux
formes plus concrètes et plus profondes de la nature (1).

On peut voir par là que la méthode spéculative résume en elle, et dépasse en les résumant toutes les
autres méthodes, et toutes les formes de la pensée;
car elle contient le moment de l'identité abstraite, et
le moment de la différence également abstraite de
l'entendement, ou le moment *dialectique*, qu'on pourrait aussi appeler le moment *sceptique* de la pen-

____

(1) Voilà pourquoi la Logique commence par l'Être, car l'Être est la notion que toute autre notion présuppose, et qui n'en présuppose aucune.

sée (1), et enfin le moment *spéculatif* proprement dit, qui efface la contradiction, mais qui l'efface en l'enveloppant dans une unité plus haute et plus concrète. Ainsi entendue, la *spéculation* est la forme absolue de la pensée, et, partant, la forme absolue des choses. Car penser n'est pas poser l'identité abstraite et vide; ce n'est pas non plus aller du même au même, ou du même à l'autre, en laissant subsister l'opposition, ou en ne liant les contraires que d'une manière accidentelle, arbitraire et extérieure; mais penser, c'est poser les contraires et les concilier, ou, si l'on veut, c'est poser la différence et l'unité, et poser l'unité dans la différence, et la différence dans l'unité. Et c'est là aussi déduire dans le sens éminent du mot; car la déduction absolue ne va pas d'un principe à sa conséquence, ou d'un principe qui contient à un principe qui est contenu, mais elle va de contraire à contraire, et de la contradiction à l'unité (2).

---

(1) Voy. sur ce point plus bas, *Introduction* de Hegel, et mon *Introduction à la philosophie* de Hegel, ch. IV, § V. — Le moment de l'identité abstraite est l'affirmation par laquelle l'entendement pose l'identité sans la différence, la cause sans l'effet, l'Être sans le Non-Être. Le moment de la différence également abstraite est la négation par laquelle l'entendement pose la différence sans l'identité. On a là une affirmation et une négation également abstraites, en ce que ni l'une ni l'autre ne savent concilier les contraires, et que, par suite de cette impuissance, la première les supprime ou les dissimule, et la seconde les nie et s'arrête à la négation, et cela à la différence de la méthode spéculative qui pose les contraires et les concilie. Le moment de la négation est le moment *dialectique*, en ce que la pensée va d'un terme à l'autre sans les concilier, et le dialectique se change en scepticisme, si la pensée, dans l'impuissance de concilier les contraires, s'arrête à la négation. Conf. plus haut, ch. XI.

(2) Soit un argument construit d'après les règles de l'ancienne Logique.

On peut appeler la méthode spéculative un syllogisme. Mais si c'est un syllogisme, c'est un syllogisme
qui se distingue du syllogisme de l'ancienne logique
par la forme et par le contenu, par la nature des
termes que l'on combine, comme par le mode dont
on les combine. Dans l'ancien syllogisme, en effet,
la pensée demeure, en quelque sorte, étrangère à
son objet, la forme suivant laquelle elle unit les termes
n'est pas la forme même de ces termes ; ce n'est pas
la forme qui jaillit de leur nature intime, mais c'est

*« Tout être organique possédant un mouvement propre et spontané, est
doué de vie, l'animal est un être organique possédant un mouvement
propre et spontané, donc, etc. »* Et d'abord, l'essentiel dans cet argument
est de déterminer l'idée de la vie, car une fois l'idée de la vie déterminée,
tout le reste se réduit à une opération extérieure, et, pour ainsi dire, mécanique. (Il faut supposer, bien entendu, que l'idée d'animalité a été déjà déterminée, et que l'animalité se distingue de la vie, car autrement l'argument
ne pourrait pas être construit.) Cette opération équivaut à ceci : « Les angles d'un triangle sont égaux à deux angles droits, *cette figure que j'ai devant moi*, ou bien *le triangle iscoscèle*, est un triangle, donc, etc., —
Or, la méthode spéculative détermine d'abord l'idée de la vie, et par là, le
principe dans lequel se trouvent enveloppés tous les êtres vivants. Ensuite,
à côté de l'idée de la vie, il y a l'idée de la mort, qui est l'opposé de la vie,
mais qui est aussi en rapport avec elle. Par conséquent, si l'on détermine
l'une de ces idées sans déterminer l'autre, et sans déterminer leur rapport,
on n'aura que la moitié d'un tout ; on n'aura ni l'idée complète de la vie, ni
l'idée complète de la mort, et partant, on ne pourra dire pourquoi l'animal
vit, ou pourquoi il meurt, ou pourquoi il vit et il meurt à la fois. Mais si
l'on détermine, comme le fait la méthode spéculative, l'idée de la vie et l'idée
de la mort, ainsi que la nécessité de leur coexistence, on aura le principe
absolu de la vie et de la mort de l'animal. Du reste, ces considérations s'appliquent également à l'être animé et à l'être inanimé, à l'être organique et
à l'être inorganique, etc., dont il faudra déterminer les idées et les
rapports. En d'autres termes, et en généralisant l'exemple, dans l'idée, et
dans la déduction des idées telles qu'elle a lieu dans la méthode spéculative,
se trouvent déterminée la forme et le contenu absolu des principes, et partant, la forme et le contenu relatifs des choses.

une forme subjective et artificielle, qui n'atteint pas l'objet, et qui est indifférente à sa forme réelle, et partant à son contenu (1). De plus, par là même qu'il ne *pose* pas les termes, mais qu'il les *présuppose*, et qu'il les reçoit d'autres sciences, d'autres facultés et d'autres modes de connaître, l'ancien syllogisme unit les termes d'une manière fortuite et extérieure, de façon que les termes ne se trouvent rapprochés qu'accidentellement, que ni le moyen est nécessairement uni aux extrêmes, ni les extrêmes sont nécessairement unis au moyen, et que, partant, la conclusion n'est pas une conclusion nécessaire et démonstrative, mais une conclusion purement subjective, extérieure à son objet ou, tout au plus, possible. On pourrait même dire que l'ancienne syllogistique n'est que la syllogistique des suppositions et des présuppositions (2). Dans le syllogisme spéculatif, au contraire, la forme et le contenu sont inséparables, et la forme de la pensée est la forme même de son objet. Ici la forme se fait et se développe avec son contenu, les termes que l'on démontre ne viennent pas du dehors, et ne sont pas tirés d'une autre science, ou d'autres procédés de la pensée, mais ils

(1) Conf. plus haut, ch. V et VI.

(2) En effet, elle présuppose les termes, et elle suppose qu'ils sont tels qu'ils lui sont donnés par d'autres sciences, par d'autres facultés et d'autres opérations. Or, si l'on fait réflexion que les termes qui lui sont donnés, lui sont donnés avec leur forme et leur contenu, c'est-à-dire avec leur nature entière, on comprendra aisément tout ce qu'il y a d'artificiel et d'irrationnel dans l'ancienne logique, et la nécessité d'une logique supérieure, ou de la logique hégélienne.

apportent avec eux-mêmes leur forme et leur contenu, et, partant, leur propre démonstration. D'où il suit que le rapport des termes est ici un rapport nécessaire et absolu, que les extrêmes ne sont pas des extrêmes qui peuvent être unis par tel ou tel moyen, et que le moyen n'est pas un moyen qui peut être uni à tel ou tel extrême, mais que les extrêmes sont invariablement et absolument liés au moyen, et le moyen est invariablement et absolument lié aux extrêmes. D'où il suit aussi que le moyen est à la fois moyen et conclusion, et que, loin que le moyen ne doive pas se trouver dans la conclusion, comme l'enseigne l'ancienne logique, il doit former la conclusion tout entière. Dans l'ancienne logique, le moyen ne se trouve pas dans la conclusion, précisément parce que le moyen et les extrêmes ne sont pas liés par un rapport nécessaire, et qu'ils ne forment pas une seule et même notion, un seul et même tout. Cela fait que, dans la conclusion, le moyen se retire des extrêmes, et que les trois termes demeurent après ce qu'ils étaient avant, des termes étrangers et indifférents l'un à l'autre, qu'une pensée subjective et artificielle avait accidentellement unis, d'abord sous forme de proposition en joignant l'attribut au sujet, et puis sous forme de prémisses en joignant le moyen au sujet et à l'attribut. Et le moyen se retire de la conclusion, parce qu'il ne peut pas démontrer qu'il renferme nécessairement et absolument les extrêmes, que ceux-ci ne font qu'un avec lui, et qu'il ne fait qu'un

avec eux. On peut donc dire que la conclusion
demeure toujours à l'état de question, et qu'elle demeure à l'état de question parce que le moyen n'arrête pas le mouvement de la pensée, en démontrant
l'unité des termes opposés dans sa propre unité.
Dans le syllogisme spéculatif, au contraire, le
moyen n'est moyen que parce qu'il est conclusion, et
il n'est conclusion que parce qu'il est moyen. La
fonction du moyen n'est pas de démontrer qu'un
extrême est contenu dans un autre extrême, mais
qu'il est lui-même l'unité des deux extrêmes, et
qu'étant leur unité, il les contient tous les deux, et
qu'il les contient, non comme ils sont séparément et
dans leur état d'opposition, mais comme ils sont
combinés avec lui. Car s'il ne contient pas les deux
extrêmes, et s'il ne les contient pas dans l'unité de
son idée (1), les deux extrêmes ne seront réunis que
d'après une ressemblance accidentelle et extérieure,
et il n'y aura pas de démonstration objective et absolue. Mais s'il les contient, il fait cesser leur différence et leur opposition, et il constitue leur vraie et
réelle conclusion (2). C'est là, en effet, la vraie nature

---

(1) Conf. plus haut, p. 88 et suiv.

(2) Le moyen *simple*, par exemple, ne peut démontrer l'immortalité de
l'âme, parce que *âme* et *immortalité* ne se trouvent pas réunis dans la
simplicité comme l'*être* et le *non-être* se trouvent réunis dans le *devenir*,
comme la *qualité* et la *quantité* se trouvent réunies dans la *mesure*, ou
comme le *mouvement tangentiel* et le *mouvement vertical* se trouvent réunis dans le *mouvement circulaire*; ce qui veut dire, en d'autres termes,
que la simplicité ne contient pas *âme* et *immortalité*, et que par là même
qu'elle ne les contient pas, ne peut pas faire disparaître les différences et

du moyen, c'est là sa fonction éternelle et absolue.
Le moyen n'est moyen que parce qu'il enveloppe les
extrêmes, et qu'il les enveloppe, non comme deux
termes qui lui sont étrangers, ou qui ne sont qu'accidentellement unis avec lui, mais comme deux
termes qui sont faits pour lui, et pour lesquels il est
fait à son tour. La conclusion montre ce rapport absolu du moyen et des extrêmes. Car elle montre que
les termes opposés, qui ont été présupposés au moyen,
sont incomplets, et qu'ils ne se complètent que dans
et par leur union avec le moyen, lequel, à son tour,
n'est ce qu'il est que parce qu'il unit les extrêmes, et
qu'il les contient (1). Et le terme que l'on présuppose
n'est pas ici une supposition; il n'est pas la supposition d'un extrême par rapport à l'autre extrême, ou
la supposition des deux extrêmes par rapport au

les oppositions qui existent entre l'âme et l'immortalité. La simplicité n'est,
par conséquent, relativement à ces deux extrêmes, qu'un moyen terme
subjectif, résultat de la réflexion extérieure, ou de ce qu'on appelle analyse
psychologique, qui prend les termes au hasard, sans s'attacher à leur nature
objective et à leur rapport absolu, et qui, par cela même qu'elle les prend
au hasard, est amenée à affirmer le même terme, indifféremment de choses
différentes, de l'âme, de la pensée, des principes et de l'unité. Car on peut
dire que toutes ces choses sont simples. Mais si elles sont simples, on pourra
dire de chacune d'elles qu'elle est immortelle. Ainsi on pourra dire : « Tout
ce qui est simple est immortel, les principes sont simples, donc, etc. »
Et si l'on démontre que la matière elle-même est simple dans son principe, on pourra construire avec le même moyen un syllogisme qui démon-
trera que la matière est aussi immortelle que l'âme, ce qui annulera l'argument a l'aide duquel on veut établir l'immortalité de cette dernière, et ce
sera le même moyen qui l'annulera.— Conf. sur ce point plus haut, ch. IX,
p. 64, et mon *Introduction à la phil.* de Hegel, ch. V, § II, et appendice II.

(1) Conf. plus haut, ch. XI.

moyen, parce qu'en présupposant les termes on
montre pourquoi on les présuppose, c'est-à-dire on
montre pourquoi et comment la présupposition d'un
terme est sa position et la position de son contraire,
comment la présupposition des deux contraires est
leur position et la position du moyen, et comment
dans la position du moyen se trouvent enveloppées
la présupposition et la position des extrêmes (1).

(1) Autre chose est prendre une proposition, et puis chercher un moyen
terme pour la démontrer, autre chose est poser un terme et montrer pourquoi on le pose, et comment, en le posant, on pose nécessairement un autre
terme, et enfin, comment, les deux premiers étant posés, un troisième se
trouve aussi posé. Dans le premier cas, tout est présupposé et supposé, les
extrêmes comme les moyens, tout se trouve réuni d'une manière extérieure
et accidentelle, et rien ne se trouve démontré. — Soit la proposition : « *le
devoir est la loi suprême de nos actions,* » qu'on se propose de démontrer. D'abord on suppose que le devoir existe, et qu'on sait ce qu'il est. On
suppose aussi qu'il y a une règle suprême de nos actions, et qu'on sait en
quoi elle consiste. On suppose tout cela comme connu; mais, en réalité,
on l'ignore, et l'on verra tout à l'heure ce qui prouve qu'on l'ignore. Et
cependant on ne devrait pas l'ignorer ; car même pour poser la question qui
donne lieu au syllogisme, il faut connaître la valeur et la nature des termes
que l'on veut démontrer. — Maintenant on nous dit que pour résoudre la
question, il faut chercher par l'analyse un terme moyen qui convient également aux extrêmes, et qu'il faut le chercher dans et entre les deux extrêmes
eux-mêmes. — Mais d'abord, de ce qu'il y a un terme qui convient à la fois
aux deux extrêmes, à *devoir* et *loi suprême,* par exemple, il ne suit nullement que les deux extrêmes se conviennent nécessairement, ou que le
devoir soit la loi suprême de nos actions. Car ce même moyen peut convenir à d'autres termes, et même au contraire de l'extrême dont on veut démontrer l'autre extrême. Ainsi, si je fais ce raisonnement, « *Tout ce qui est
conforme à notre nature doit être la loi suprême de nos actions, le devoir
est conforme à notre nature ; donc,* etc. » Ce même moyen peut me servir à démontrer que le plaisir est la loi suprême de nos actions, car le plaisir aussi est conforme à notre nature. Ou bien si je dis : « *Tout ce qui a
commencé doit périr, le corps a commencé, donc,* etc. » Ce même
moyen peut me servir à démontrer que l'âme doit périr, parce qu'elle a
aussi commencé. Et notez que, pour simplifier la question, je suppose que
le moyen est connu et bien défini. De plus, entre deux termes, il y a plu-

Tel est le syllogisme spéculatif, qu'on peut appeler
le syllogisme absolu de la connaissance et de l'existence, car il est la forme même de l'idée, la forme à
travers, et dans laquelle l'idée logique développe son
contenu.

Si maintenant on compare la forme et le contenu, la forme apparaîtra d'abord comme l'élément
qui constitue l'unité de l'idée, et le contenu comme

sieurs moyens. Quel est celui qu'on doit choisir pour obtenir la démonstration que l'on cherche, et quelle est la règle qu'on doit suivre dans ce choix?
On enseigne, il est vrai, qu'il faut prendre le moyen qui est propre à la
chose qu'on veut démontrer. Mais qui nous dira quel est le moyen propre
aux deux extrêmes? Qui nous dira que le moyen que je considère comme
exclusivement propre aux deux extrêmes ne convient pas à d'autres extrêmes? J'aurai beau analyser les deux termes; en admettant même que
mon analyse soit complète, rien ne peut m'assurer que le moyen qu'elle
me donne soit le vrai et absolu moyen des extrêmes. Tout porte à croire,
au contraire, que ce ne sera pas le vrai moyen, par cela même qu'on
cherche ce terme entre deux extrêmes qu'on a réuni accidentellement, et
d'une manière extérieure dans la question. Et, en effet, lorsqu'on pose une
question, ou l'on connait à l'avance les termes de la question pris séparément, ou on ne les connait point. Mais si on ne les connait point, comment
peut-on poser la question? Comment puis-je me demander si *l'âme est immortelle*, ou si *la vertu est aimable*, si je ne sais ce que c'est que l'âme, et
ce que c'est qu'être immortel. Tout autant vaudrait-il demander si l'âme est
blanche, ou si la vertu est pesante. Mais si je sais ce que c'est que l'âme, et
ce que c'est qu'être immortel, je sais par là même si l'âme est ou n'est pas
immortelle, et le syllogisme devient superflu. On pourra dire, il est vrai,
qu'on sait *tout* de l'âme, et qu'on sait *tout* d'*immortel*, excepté si les deux
termes se conviennent, et que c'est pour cette raison qu'on pose la question.
Mais cela ne fait que déplacer la difficulté, au lieu de la lever. Et en effet,
comment a-t-on appris ce qu'on sait de l'âme et de l'immortalité? L'a-t-on
appris par un syllogisme antérieur, construit d'après les mêmes règles et
avec les mêmes éléments? En ce cas la difficulté n'est que reculée. Si, au
contraire, on a obtenu ces connaissances par d'autres procédés, et si l'on sait,
par exemple, en vertu de ces procédés, que l'essence de l'âme est la pensée, ou que le principe de l'âme est éternel, ou que l'âme est libre, et
comment et dans quel sens elle est libre, on ne voit pas pourquoi on

l'élément qui constitue sa différence et sa variété, et qui amène son développement, ou le passage d'une détermination à une autre détermination, de la *qualité* à la *quantité*, de la *qualité* et la *quantité* à la *mesure*, etc. Et, en effet, l'idée se pose, se différencie, et se concilie à tous les degrés de son existence, dans la sphère de la *qualité*, comme dans la sphère de la *quantité*, dans la sphère de la *notion*, comme dans la sphère de l'*essence*. Ce qui semble, par conséquent, amener ces différents degrés de l'idée, ce n'est pas la différence de sa forme, mais la différence de son contenu. Ainsi par exemple, si l'idée, après avoir posé la conciliation de l'*être* et du *non-être*, ne s'arrête pas au *devenir*, c'est que ces trois déterminations ne constituent qu'un degré limité de son existence, et si, après avoir traversé les déterminations de la qualité et de la quantité, elle s'élève à d'autres déterminations plus concrètes, c'est que la qualité et la quantité n'épuisent pas la richesse de

---

n'aurait pas recours à ce même procédé pour s'assurer si l'âme est ou n'est pas immortelle, et pourquoi on se servirait du syllogisme. — Ainsi, l'on peut dire que la question est la forme essentielle de l'ancien syllogisme, et que ce syllogisme est, en quelque sorte, une question qui demeure sans réponse. Et en effet, la position de la question trahit son insuffisance et son impuissance à rien démontrer. Car elle n'est que la présupposition irréfléchie et accidentelle de termes que l'on suppose être connus, mais qu'on ignore, et auxquels on ajoute un troisième terme qui n'est pas plus connu qu'eux, et qui n'a avec eux qu'un rapport subjectif, extérieur et indéterminé. D'ailleurs, le vrai moyen n'est pas le moyen qui est entre les extrêmes, à titre d'espèce, ou de grandeur moyenne (Conf. ch. V), mais c'est le moyen qui enveloppe les deux extrêmes, et qui les enveloppe dans son unité, qui est l'unité même de son idée.

sa nature, c'est, en d'autres termes, qu'elles sont des parties de l'idée, mais qu'elles ne constituent pas l'idée logique en son entier, ou mieux encore, qu'elles sont des idées, mais qu'elles ne sont pas l'idée.

Cependant si l'on envisage ainsi l'idée, on ne saisira qu'imparfaitement sa nature et la loi de ses développements. Car s'il est vrai qu'en elle la forme et le contenu sont inséparables (1), son unité et sa variété doivent résider dans l'unité et la variété de sa forme et de son contenu tout à la fois. Et, en effet, si on la considère du côté du contenu, on verra que l'idée est la même, et qu'elle n'est pas la même à tous les degrés de son existence. Car elle est la même en ce que c'est une seule et même idée qui pose les différentes déterminations, ce qui fait qu'elle se retrouve elle-même, si l'on peut dire ainsi, à chaque degré de son existence, et qu'à chaque degré elle résume et concentre tous les degrés précédents. Mais elle n'est pas la même, en ce sens qu'à chaque degré, à chaque moment de son développement elle ajoute un élément nouveau, une nouvelle propriété qui amène une nouvelle détermination, et une sphère nouvelle de son existence. Si on la considère du côté de la forme, on verra aussi que l'idée est la même, en ce sens que les trois moments qui composent chacune de ses évolutions se reproduisent à tous les degrés,

____

(1) Voy. plus haut, ch. XI.

mais qu'elle n'est pas la même en ce sens qu'ils ne se reproduisent pas de la même manière. Dans la sphère de l'*essence*, les oppositions ne s'accomplissent pas de la même manière que dans la sphère de l'*être*, et dans la sphère de la *notion*, elles ne s'accomplissent pas de la même manière que dans celle de l'*essence*.

Plus l'on avance, plus les oppositions sont complexes et profondes, et, par cela même, plus les conciliations sont larges et parfaites. Dans la sphère de la *centralité*, les oppositions sont plus complexes que dans la sphère de la *quantité*, et dans la sphère de la *vie* elles sont plus complexes que dans celle de la *centralité*, et, partant, l'unité elle-même de ces oppositions est plus compréhensive et plus parfaite. Par conséquent, l'idée, en passant d'une détermination à l'autre, se transforme tout entière avec sa forme et son contenu, mais elle se transforme sans s'abandonner elle-même, si je puis ainsi m'exprimer, et sans sortir de l'unité de sa nature. Et c'est ainsi que le premier est le dernier, et que le dernier est le premier, sans que le premier soit le dernier, ni que celui-ci soit le premier.

C'est ainsi que tout est dans tout. Tout est dans tout, non dans le sens que toutes choses sont égales, quant au fond, et qu'elles ne diffèrent que par la forme, ou par des différences purement quantitatives, mais en ce que chaque moment de l'idée, tout en constituant une détermination propre et

distincte, et quant à la forme, et quant au contenu,
résume tous les moments précédents et les combine
dans son unité. L'être et le non-être diffèrent de
la cause et de l'effet par la forme et par le contenu,
mais ils se retrouvent dans la cause et dans l'effet,
enveloppés qu'ils sont dans les déterminations
propres de ces derniers; de même que dans la nature, le système planétaire se reproduit et se continue, tout en se transformant dans les autres sphères
de la nature, dans l'organisme, dans la vie et dans
l'âme.

Si, maintenant nous nous représentons par la
pensée ce mouvement de l'idée, cette série d'évolutions par lesquelles l'idée passe d'un état à l'autre,
d'une détermination abstraite à une détermination
concrète, nous verrons que la nécessité de ce
mouvement réside dans la limitation même de ces
déterminations. Chaque détermination ne constitue
qu'un moment de l'idée. L'idée pose une détermination et elle s'y arrête; mais, par cela même que c'est
une détermination limitée, elle l'annule après s'y
être arrêtée, et s'élève à une détermination plus haute
et plus parfaite. Vis-à-vis de cette dernière, les déterminations précédentes ne sont que des présuppositions, mais des présuppositions nécessaires que
l'idée elle-même a posées pour atteindre jusqu'à
elle.

Le système planétaire, tous les degrés de la nature
inorganique et organique sont des présuppositions

vis-à-vis de la vie, des présuppositions que l'idée pose et franchit pour s'élever à une sphère supérieure, qui est ici la vie.

On pourrait appeler ce mouvement de l'idée un mouvement de *finalité*, d'une finalité où les moyens et la fin n'appartiennent pas à deux notions ou à deux principes différents, et qui existent l'un hors de l'autre, l'un indépendamment de l'autre; mais où les moyens et la fin existent et se développent au dedans d'un seul et même principe, et où les moyens sont les vrais et absolus moyens de la fin, et la fin est la fin vraie et absolue des moyens. Mais la finalité n'est, comme on le verra (1), qu'une détermination de l'idée logique, elle n'est qu'un degré que l'idée logique pose et franchit pour atteindre à sa parfaite unité. Il faut, en effet, un terme à ce mouvement, il faut un point où l'idée, après avoir déployé toute la variété et toute la richesse de sa nature, puisse s'arrêter, et s'arrêter en s'entendant elle-même, et en se saisissant comme idée pure, et comme principe générateur de toutes choses, et se reposer ainsi dans la contemplation d'elle-même et dans la plénitude de son existence. Mais quel est dans le monde des idées, et dans la vie de l'absolu, ce terme dernier, cette idée suprême vers laquelle aspirent toutes les autres idées, pour laquelle elles sont faites, et dans laquelle elles trouvent leur perfection et leur

____

(1) *Logique*, § 240 et suiv.

unité (1)? La réponse à cette question dépasse évidemment les limites de la logique.

(1) Voy. sur ce point, *Introduction à la Philosophie* de Hegel, ch. VI, § et *præsertim*, p. 243 et suiv., où il est démontré : 1° qu'il y a différence et unité en Dieu ; 2° qu'il y a plusieurs degrés dans la vie divine ; et où se trouve tracée, 3° une théorie de la perfection.

CHAPITRE XIII.

LA LOGIQUE, LA NATURE ET L'ESPRIT.

La logique est un degré, une face, une sphère de
l'idée, mais elle n'est pas l'idée, et c'est parce qu'elle
n'est pas l'idée qu'après avoir épuisé, si l'on peut dire
ainsi, sa substance logique, l'idée entre dans la sphère
plus concrète de la nature, pour s'élever ensuite à son
existence absolue dans l'esprit. L'idée logique est l'idée
qui, comme nous l'avons vu, n'est pas encore descendue dans l'espace, et le temps, dans la sphère du
mouvement, de la matière, etc., et dont tout l'être et
toute la vérité résident dans sa nature même, en dehors,
et indépendamment de ces déterminations et de ces
rapports (1). Mais, par cela même que la logique n'est

(1) C'est là ce qui fait la difficulté de la saisir dans sa pureté et sa vérité. Car on y introduit ces éléments et ces rapports, et en les y introduisant, on n'a plus l'idée logique, mais l'idée telle qu'elle existe dans la nature, ou dans l'esprit, et par là on mêle et on confond ces sphères diverses
de l'idée, au lieu de saisir leur différence et leur unité. C'est comme le mathématicien qui, en introduisant dans sa formule des éléments étrangers et
empruntés à l'expérience, n'a plus sa formule à l'état de pureté, mais à l'é-
tat de mélange, si je puis dire ainsi. Si, par exemple, on introduit dans l'i-
dée absolue de causalité des éléments tirés de l'observation intérieure ou
extérieure, et même d'idées métaphysiques étrangères, ou préconçues,
et nullement démontrées, la création *ex nihilo*, par exemple, on n'aura
plus l'idée de causalité dans son universalité et dans sa vérité. (Conf. plus
haut, ch. X.)

pas l'idée, celle-ci, après avoir posé l'idée logique, se
sépare d'elle, et pose la nature. Le passage de la
logique à la nature amène une différence et une
scission dans l'idée, scission qui fait que celle-ci
paraît comme se séparer d'elle-même, et amener
une détermination qui lui est étrangère, et à laquelle
elle est étrangère. Mais, par là même que l'idée passe
de la logique dans la nature, elle doit poser celle-ci
autre que la logique, et elle doit paraître, et être dans
la nature autre qu'elle n'est dans la logique. Dire,
par conséquent, que l'idée se sépare d'elle-même,
c'est dire, au fond, que l'idée est autre dans la logique, et autre dans la nature. Et, en effet, l'idée logique est bien l'idée universelle et absolue, mais en
tant que possibilité absolue. Rien ne saurait être sans
elle, et tout doit être conformément à elle. Et c'est là
aussi ce qui fait sa nécessité (1). Mais, par là même
qu'elle n'est que la possibilité de toutes choses, elle
n'embrasse pas le cercle entier des idées, et les
autres sphères, où en se combinant avec d'autres
idées, la possibilité s'actualise, et, en s'actualisant,
se complète et se manifeste. De plus, et par là même
qu'elle n'est qu'une possibilité, l'idée logique est
l'idée aveugle, sans conscience et sans pensée. Elle
est l'idée, mais elle n'est pas l'*idée* de l'*idée*. C'est
dans cette imperfection de l'idée logique qu'il faut
chercher le passage de la logique à la nature, ainsi

____

(1) Voy. plus haut, ch. XII.

que la loi dernière et la nécessité de ce passage (1).

Vis-à-vis de la logique, la nature n'est pas une déchéance, comme on a l'habitude de se la représenter,

(1) On a reproché au système de Hegel de tout ramener à des entités, ou à des rapports logiques, et de n'être au fond qu'une logique déguisée sous le nom de *Philosophie de la nature* et de *Philosophie de l'esprit*. Un autre reproche qu'on lui a adressé, c'est de ne pas justifier le passage de la logique à la nature. Pour ce qui concerne le premier reproche, la meilleure réponse qu'on peut faire à ceux qui le lui adressent, c'est de les renvoyer au système de Hegel lui-même, en les engageant à l'étudier longuement et sérieusement. Le système de Hegel se compose de trois parties: de la *Logique*, de la *Philosophie de la nature*, et de la *Philosophie de l'esprit*, et Hegel, en traçant ces trois parties, a très bien déterminé leur différence et leur rapport. Ce qui fait croire que la philosophie de la nature, et la philosophie de l'esprit ne sont qu'une répétition de la logique, ou qu'une logique de la nature et de l'esprit, c'est que l'idée logique se reproduit comme détermination essentielle dans la nature et dans l'esprit, et qu'elle s'y reproduit avec sa forme et son contenu. Mais il faut bien qu'elle s'y reproduise, car c'est là la vraie unité, l'unité systématique de l'univers. (Voyez plus haut chap. X et XI). Seulement elle s'y trouve combinée, et comme actualisée et particularisée avec d'autres éléments, c'est-à-dire, avec les idées qui constituent la sphère de la nature, et la sphère de l'esprit. C'est ainsi, par exemple, que la quantité pure, ou logique se reproduit dans l'espace pur, dans la matière et dans l'esprit, ou que l'idée logique de l'attraction et de la répulsion détermine la forme universelle et absolue de toute attraction et de toute répulsion, de l'attraction et de la répulsion planétaires, des attractions et des répulsions polaires, magnétiques et électriques, et dans l'esprit, de l'amour et de la haine, de l'individu et de la société, etc. (Voy. plus haut, pages 90, 110 et suiv.). Ainsi, cette objection dirigée contre le système de Hegel vient principalement de l'absence d'une connaissance systématique, et de ce que l'on ne se fait pas une notion exacte d'un système, et de la manière dont les éléments qui le composent y sont disposés et combinés. — Quant à la seconde objection, il est plus difficile d'y répondre, c'est-à-dire de montrer qu'elle n'est pas plus fondée que la première, parce que, parmi ceux qui la font, il y en a qui ne veulent point admettre que les idées soient des principes, et des principes réels et objectifs, et qu'il y en a d'autres qui, tout en reconnaissant d'une manière générale et indéterminée que les idées sont des principes, apportent dans cette question certaines notions préconçues, telle que la notion de la création *ex nihilo*, et l'impossibilité de l'expliquer. — Pour ce qui concerne les premiers, on conçoit que nonseulement ce passage de l'idée, de la logique à la nature soit, à leurs yeux,

mais une simple opposition, et, à ce titre, elle marque plutôt un progrès et un bien ; car toute opposition rationnelle et nécessaire est un progrès et un bien.

inexplicable et impossible, mais que la logique de Hegel elle-même, bien plus, tout idéalisme soit un assemblage de mots, ou une aberration de l'esprit. Par conséquent, la philosophie idéaliste se trouve dans l'impuissance de rien démontrer à ceux qui se font une telle notion des idées, et tous les arguments qu'elle pourrait employer pour leur démontrer ce passage idéal de la logique à la nature produiraient dans leur esprit l'effet d'un général qui, pour battre en brèche les murs d'une forteresse, se servirait du son, au lieu de se servir de boulets. Tout ce qu'elle peut faire à leur égard, c'est de leur montrer qu'ils ne peuvent rien concevoir, ni rien penser sans les idées, et que, lors même qu'ils croient penser autre chose que les idées, ou par autre chose que par les idées, celles-ci sont au fond de leur pensée, et elles lui communiquent toute sa signification et toute sa valeur. C'est là tout ce qu'elle peut faire à leur égard, en les engageant ainsi à réfléchir sur les idées, et à s'efforcer d'en saisir l'importance et la nature.— Pour ce qui concerne les seconds, on peut d'abord leur demander s'ils admettent une *idée de la nature*. Et, s'ils admettent que les idées sont des principes, comment et pourquoi n'admettront-ils pas que les idées sont aussi des principes, par rapport à la nature? Et s'ils admettent qu'elles sont des principes pour les choses de l'esprit, pourquoi n'admettront-ils pas qu'elles sont des principes pour les choses de la nature? Faudra-t-il dire, par exemple, que la quantité et les rapports de quantité qui sont dans l'esprit et dans des choses de l'esprit, et la quantité et les rapports de quantité qui sont dans la nature et dans les choses de la nature découlent de deux principes différents? Ou bien que la beauté qui est dans l'esprit et dans les œuvres de l'esprit, et la beauté qui est dans la nature et dans les choses de la nature, n'ont pas une seule et même origine? En d'autres termes, faudra-t-il dire que l'idée est tantôt un principe, et tantôt elle ne l'est pas? qu'elle est un principe pour tel ordre de faits et d'êtres, et qu'elle n'est pas un principe pour un autre ordre de faits et d'êtres? Mais ce serait là une opinion inadmissible. Il faut donc reconnaître qu'il y a une idée de la nature. C'est là d'ailleurs un point que je crois avoir établi dans mon *Introduction à la philosophie* de Hegel (ch. V, § II). Mais, s'il y a une idée de la nature, le passage de la logique à la nature ne peut être qu'un passage idéal, je veux dire, un passage fondé sur la nature même de l'idée. Quant à la création, nous demanderons d'abord ce qu'on entend par création, ou, pour mieux dire, nous demanderons si l'on entend ce qu'est, et ce que peut être la création. Car si on l'entend, on pourra nous l'expliquer, et nous montrer que l'idée n'a rien à voir dans la création, si je puis ainsi parler. Mais on

La nature c'est l'idée, mais l'idée qui, de la sphère
de la possibilité abstraite et immobile, passe dans la
région de la réalité extérieure et du mouvement. Ce

ne nous l'explique point, tout au contraire, on nous dit que la création est
un mystère inexplicable, mais qu'il faut admettre pour expliquer autre
chose. Mais d'abord, si on ignore ce que c'est que la création, comment peut-on penser la création, et comment peut-on dire, à plus forte
raison, qu'elle est un mystère? Et ce qui est plus étrange encore, comment peut-on dire que c'est un mystère qu'on doit admettre pour expliquer
d'autres vérités, et cela après nous avoir enseigné dans la logique que les
principes par lesquels on démontre doivent être plus clairs et plus connus
que les choses qu'ils démontrent? Car d'un mystère nous ne pouvons avoir,
à strictement parler, la moindre notion; et, lors même qu'on admettrait que
nous en avons une notion obscure et indéterminée, ce n'est pas cette notion qui pourra nous éclairer sur d'autres points plus obscurs qu'elle, et
nous servir de principe de démonstration. Et, si on devait adopter cette
manière de traiter les questions, il faudrait renoncer à la science; car tout
est mystère pour celui qui ne peut, ou qui ne veut point voir, tout est mystère
pour celui qui se place en dehors de la science, et qui n'envisage pas les
choses de leur véritable point de vue, dans leur rapport et dans leur unité.
Le rapport de l'âme et du corps, de la liberté et de la loi de la liberté
et de la Providence, le bien et le mal, le système planétaire comme
l'insecte qui rampe sur le sol, sont, à ce titre, des mystères aussi im-
pénétrables que la création, et, pour achever cette chaîne de mystères,
on pourrait dire que l'homme lui-même est le plus impénétrable de tous.
On ne voit pas trop, après cela, quelle est la lumière que le mystère de
la création peut faire pénétrer dans cette autre région sombre et inaccessible de mystères. — Mais c'est surtout pour sauvegarder la puissance et la
liberté divines qu'on a recours à la création *ex nihilo*. Car si Dieu n'a pas
créé le monde, nous dit-on, le monde est nécessaire et éternel, et, par conséquent, Dieu n'est, ni tout-puissant, ni libre, libre de le créer, ou de ne pas
le créer. Mais d'abord il faut remarquer que, dans cet argument, l'on emploie
tous les termes dont il se compose, Dieu, le monde, la toute-puissance et
la liberté, comme s'ils étaient parfaitement connus et parfaitement définis;
je veux dire, qu'on suppose que l'on sait ce que c'est que Dieu, et ce que
c'est que le monde, et que Dieu et le monde sont complétement séparés, et
que l'on sait également ce que c'est que la toute-puissance, et ce que c'est
que la liberté divine. C'est là ce qu'on suppose, mais ce qu'on ne sait point.
Mais, sans insister ici sur ce côté vulnérable de l'argument, voyons s'il atteint l'objet qu'il se propose, c'est-à-dire, si, en réalité, il sauvegarde les
perfections divines. Et d'abord, si la liberté divine est une liberté de choix,

passage est un progrès, en ce que la réalisation de l'œuvre complète et actualise la possibilité, l'idée abstraite de l'œuvre, ou en ce que le bien qui se réalise s'ajoute au bien purement possible, et, en s'y ajoutant, l'achève. Mais, en entrant dans la région de la réalité extérieure, dans la région de l'espace, du temps et de la matière, l'unité de l'idée se brise, et devient une unité extérieure. C'est là ce qui fait que l'idée est comme cachée et voilée dans la nature. Entre le soleil, les planètes, la terre et les êtres

Dieu est placé, comme l'homme, entre le *meilleur* et le *moins bon*, et ce meilleur et ce moins bon ne peuvent pas être hors de lui, puisqu'on dit qu'il a tiré le monde de néant, mais bien en lui, dans sa pensée et dans sa nature. Et s'il a choisi le *meilleur*, il a laissé le *moins bon* dans sa nature; et s'il a choisi le *moins bon*, sa liberté, et, partant, sa nature entière, est imparfaite et finie. Quant à sa puissance, si elle est la puissance de *tout faire*, et non la puissance d'agir conformément à la raison et à la nature éternelle des choses, qui est la nature immuable et éternelle des idées, et, partant, de Dieu lui-même, il n'y aura plus ni vérité absolue, ni rapport absolu, ni rien de fixe ni d'immuable dans les choses. Et ainsi la matière ne serait pas pesante, ou elle ne remplirait pas l'espace, parce qu'il est de sa nature d'être pesante et de remplir l'espace, mais parce que Dieu le veut, et, s'il voulait le contraire, il pourrait le faire. Et l'espace lui-même ne serait pas ce qu'il est, avec son étendue, ses trois dimensions et ses autres propriétés, parce que telle est sa nature immuable et absolue, mais parce que Dieu le veut ainsi. Et, en étendant cette manière de raisonner à toutes les vérités, il n'y aurait pas de vérité qui serait telle par sa nature intrinsèque, mais parce que Dieu veut qu'elle soit telle. Après cela, on ne voit pas pourquoi on excepterait Dieu lui-même de ce renversement universel de toute vérité par sa puissance, et pourquoi on ne dirait pas que Dieu est ce qu'il est, parce qu'il le veut, et que, s'il le voulait, il pourrait être autrement qu'il n'est. Ainsi ce mystère de la création *ex nihilo*, que l'on veut admettre pour expliquer d'autres mystères, ou pour sauvegarder la perfection divine, non-seulement n'explique aucun mystère, non-seulement il ne sauvegarde pas les perfections divines, mais il trouble tous les rapports, bouleverse toutes les vérités, et va jusqu'à atteindre l'unité, l'immutabilité et la nécessité de la nature divine.

qui la couvrent, entre les diverses parties de la nature, en un mot, il y a bien une connexion, et il faut
qu'il y en ait une, car ni le tout, ni les parties ne sauraient se concevoir sans elle ; mais c'est une connexion
où, non-seulement le tout est extérieur aux parties, et
les parties sont extérieures au tout, mais où chaque
partie est extérieure à elle-même. Car étant dans le
temps et dans l'espace, le tout ainsi que les parties
doivent apparaître, et exister comme des êtres séparés,
rés, chaque partie doit apparaître comme composée
de parties, et comme un agrégat, et l'idée doit se
manifester sous la forme d'une individualité limitée.
On peut comparer la nature à une œuvre mécanique dont le but et l'unité ne sont pas en elle, mais
hors d'elle, et dans l'idée suivant laquelle elle a été
conçue et exécutée ; de telle façon que chaque pièce
du mécanisme est renfermée dans un espace limité,
et agit dans l'ignorance de sa propre fonction et de
son but particulier, ainsi que de la fonction et du but
du mécanisme entier, et que celui-ci, à son tour, a
son but et son centre hors de lui, et dans un autre
principe que lui. Et, en effet, le centre et l'unité
de la nature ne sauraient se trouver nulle part dans
la nature. On peut dire que la nature gravite vers un
centre absolu, sans pouvoir l'atteindre, et qu'elle est
poussée par un effort, une tendance, une nécessité
interne vers un idéal qu'elle pressent, et qui s'agite
obscurément en ·elle, mais qu'elle ne peut pas
réaliser. Le mouvement, le changement, la vie et

la mort peuvent être considérés comme les formes
générales, et les expressions de cette aspiration universelle. Car l'être qui se meut, se meut parce que
le principe vers lequel il se meut, et par lequel il
est mû, demeure hors de lui. Et, si on le considère
par rapport à l'espace, il se meut, parce qu'il ne
remplit pas l'espace. Et, si on le considère par
rapport au temps, il se meut, parce qu'il diffère de
lui-même dans des temps différents, ou parce qu'il
ne peut être dans un temps ce qu'il est dans un autre. Et, enfin, si on le considère par rapport aux
perfections en général, il se meut parce qu'il ne possède pas l'absolue perfection. Cette gravitation universelle de la nature marque ses limites, et la position qu'elle occupe par rapport à l'idée. Elle montre
que l'idée est en elle, et qu'elle n'est pas en elle,
qu'elle est en elle, non comme elle *est*, mais
comme elle *apparaît*, non comme elle existe dans
l'unité, l'immutabilité et l'éternité de sa nature, mais
comme elle se manifeste dans le temps et dans l'espace, et dans la variété et la succession des êtres et
des événements.

On pourrait dire encore : L'idée logique est la possibilité absolue, et, partant, la possibilité de la nature
elle-même. De plus, elle est l'idée pure, l'idée qui
n'a rien perdu de la simplicité et de l'indivisibilité de
son essence, et dont rien ne vient troubler la trans-
parence et la clarté. C'est là toute sa réalité. Mais par
là même qu'elle n'est que la possibilité, elle n'est pas

le *tout*. Elle *peut* être toutes choses, et celles-ci ne peuvent être que conformément à elle; mais elle n'est pas toutes choses. C'est là ce qui amène la nature. La nature, c'est encore l'idée, mais l'idée en tant que nature, c'est-à-dire. l'idée qui pose la sphère de la réalité extérieure, ou de l'*extériorité* (1), pour me servir de l'expression hégélienne, et qui par là se manifeste; et qui, en posant la sphère de l'extériorité, et en se manifestant, ne devient pas extérieure à un autre, et ne se manifeste pas à un autre, ou pour un autre qu'elle; mais devient extérieure à elle-même, et se manifeste à elle-même, et pour elle-même (2). L'opposi-

(1) L'espace est le premier moment de l'extériorité de l'idée, lequel se retrouve combiné avec d'autres éléments dans le temps, dans le mouvement et la matière. Chaque partie de l'espace est extérieure à une autre partie, comme chaque partie du temps, ou du mouvement ou de la matière, est aussi extérieure à une autre partie du temps, etc. L'extériorité est, par conséquent, comme la base sur laquelle est fondée la nature. Voy. Hegel, *Philosophie de la Nature.*

(2) La notion que l'on se fait généralement de la *manifestation*, consiste en ce que l'on se représente la chose, ou l'être qui se manifeste comme se manifestant, non pour lui-même, mais pour un autre, ce qui fait qu'on ne considère pas les manifestations d'un être comme un élément essentiel de son existence et de son essence, mais comme un accident. Cela vient de cette absence d'une connaissance systématique qui, ainsi que j'ai eu occasion de le signaler plusieurs fois, est la source principale de nos erreurs. Aussi, au lieu de *poser* les termes, on les *présuppose ;* au lieu de construire un être d'après ses propriétés essentielles, et d'après son idée, on le prend tel qu'il est donné par la représentation extérieure, ou par une aperception vague et indéterminée. C'est ainsi que l'on prend l'âme, ou Dieu, par exemple, et qu'on dit : L'âme et Dieu sont des êtres complets, qu'ils se manifestent, ou qu'ils ne se manifestent point, et s'ils se manifestent, ils se manifestent pour les autres, et non pour eux-mêmes. Et après s'être fait cette notion de la manifestation d'un être, lorsqu'on vient à considérer le rapport de Dieu et de la nature, l'on dit bien que la nature est une manifestation de Dieu, mais qu'elle n'est nullement essentielle à la vie divine, et que Dieu n'en serait

tion de la logique et de la nature peut donc se ramener à l'opposition de la possibilité absolue, et de la réalité extérieure. Leur imperfection consiste en ce que l'une est la possibilité sans la réalité, et l'autre est la réalité sans la possibilité, ou bien, l'une est l'idée pure qui ne se manifeste point, l'autre est l'idée qui se manifeste, mais qui ne se manifeste pas en tant qu'idée pure. Cependant, c'est une seule et même idée qui est au fond de toutes les deux. Car l'idée, en se manifestant, manifeste sa possibilité infinie, et en posant sa possibilité infinie, elle pose la possibilité de toute réalité. Par conséquent, l'idée en se manifestant

pas moins parfait sans la nature. — Mais d'abord, une âme qui ne se manifesterait point ne serait qu'une abstraction. On peut dire, au contraire, que tout l'être, toute l'activité de l'âme consiste dans ses manifestations. Et en se manifestant, l'âme ne se manifeste pas seulement à un autre qu'elle-même, mais à elle-même aussi, et elle ne peut se manifester à un autre extérieurement, sans se manifester à elle-même, ou se manifester à elle-même, sans se manifester extérieurement. Et si l'on prétend qu'elle peut se manifester à elle-même intérieurement, sans se manifester extérieurement, c'est qu'on commence par supprimer le corps et la nature, et qu'on suppose le corps et la nature comme n'existant pas, et l'âme comme pouvant se manifester à elle-même, non-seulement sans le corps, mais en dehors de la nature et de tout rapport matériel. Or, c'est là précisément le point qu'il faudrait démontrer, mais qu'on admet comme démontré. Et l'on se comporte de la même manière à l'égard de Dieu. Car on commence par se représenter Dieu comme un être parfait sans, et en dehors de la nature ; et puis, comme il faut bien expliquer la nature et les êtres qui vivent dans la nature, on dit que la nature est bien une manifestation de Dieu, mais une manifestation accidentelle et purement volontaire de ses perfections. — Mais d'abord, si Dieu est un être parfait sans la nature, pourquoi s'est-il manifesté dans la nature ? On nous dit qu'il s'est manifesté, parce qu'il est bon, et parce que, dans sa bonté, il a voulu faire participer à d'autres êtres que lui ses perfections. Mais si Dieu est un être parfait sans la nature, et qu'il trouve en lui-même la plénitude de son être et de ses perfections, on ne voit pas pourquoi sa

extérieurement ne sort pas d'elle-même, elle ne manifeste pas des déterminations qui lui sont étrangères, ou qu'elle abandonne ; mais elle se manifeste, au contraire, pour atteindre à cet état, à cette sphère dernière de son existence, où elle se produit et se reconnaît comme idée absolue, et comme unité de la possibilité et de la réalité, de la logique et de la nature (1).

bonté, ou sa puissance, ou son amour, s'exercerait au dehors, et pourquoi il créerait des êtres, et des êtres imparfaits pour exercer ces attributs, et surtout pour les exercer envers des êtres qui n'existaient pas, et qu'on suppose avoir été tirés du néant. — La raison pour laquelle on ne veut pas admettre que la nature constitue un degré de la vie divine, c'est qu'elle est imparfaite. Mais d'abord la nature n'est que relativement imparfaite, je veux dire, qu'elle n'est imparfaite que parce qu'elle ne constitue pas l'être divin tout entier, et ce qu'il y a de plus excellent en lui. Mais dans ses limites elle est ce qu'elle peut, et ce qu'elle doit être, et elle renferme toute la perfection que comporte son essence (Conf. mon *Introd. à la philosophie de Hegel*, ch. V, § 1). Ensuite, si la nature est imparfaite, comment Dieu, qui est l'Être parfait, a-t-il pu vouloir la créer? Et s'il l'a créée librement et volontairement, comment n'a-t-il pas, par cet acte, diminué, ou, pour mieux dire, annulé ses perfections, et cela ne fût-ce qu'en pensant l'être imparfait? En outre, que devient, dans cette supposition, l'idée éternelle de la nature? Faudra-t-il dire qu'il n'y a pas une telle idée, et que la nature n'est sortie que d'une idée, d'une conception contingente, qui s'est présentée, pour ainsi dire, au hasard à la pensée divine? Mais ce serait là une supposition qui porterait une atteinte plus profonde encore à la perfection divine. Ainsi cette conception de la nature comme un être imparfait, contingent et extérieur à la substance et à la vie divines non-seulement augmente les difficultés et les obscurités par l'acte de la création, mais elle frappe ces mêmes perfections qu'elle prétend justifier et sauvegarder.

(1) La marche de la nature consiste à aller de déterminations abstraites et extérieures à des déterminations de plus en plus concrètes et intérieures, cette marche étant déterminée par la logique, ou par la méthode absolue de l'idée. Les deux déterminations extrêmes de la nature sont, d'un côté, l'espace pur, et, de l'autre, la vie. L'espace pur, c'est l'extériorité pure, et partant la détermination la plus abstraite de la nature. La vie, au contraire, en est la détermination la plus concrète et la plus haute, la détermination

C'est là l'idée dans sa plus haute détermination, je veux dire, dans la pensée (1). Et, en effet, la
pensée est ce moyen terme, cette conclusion absolue
dans laquelle se trouvent enveloppées, et pour laquelle
sont faites la logique et la nature. La pensée n'est pas
seulement ce principe des profondeurs duquel jaillit
toute connaissance, mais elle constitue la plus haute
essence et le point culminant de l'existence. Le vieil
adage que l'homme est un microcosme, n'a de sens
qu'autant qu'il s'applique à la pensée ; car la pensée
possède seule le privilége de se penser elle-même, et
de penser toutes choses, et de penser toutes choses au
dedans d'elle-même, et de les identifier à elle-même
en les pensant.

Il n'y a pas d'être, quelle que soit sa nature,
qui échappe à la pensée, il n'y a pas de point dans

par laquelle la nature touche à l'esprit. Entre ces déterminations extrêmes, il y a une série de déterminations qui peuvent être considérées comme
des évolutions et des involutions, en ce qu'à mesure qu'elle avance l'idée
se manifeste en développant son contenu, mais en se concentrant de plus en
plus en elle-même pour rentrer dans son unité, mais dans une unité plus
concrète et plus profonde. C'est ainsi que des déterminations abstraites et
extérieures de la mécanique, elle passe successivement aux déterminations
plus concrètes et plus internes de la physique proprement dite, de la chimie et de l'organisme. Voy. *Philosophie de la nature.*

(1) L'esprit n'est pas, bien entendu, tout entier dans la pensée, et il ne
s'élève à la pensée que par une suite de déterminations et de développements dont la filiation et l'ensemble constituent l'idée même de l'Esprit,
déterminations et développements qu'il faut voir à leur place. Mais comme
la pensée, et surtout la pensée spéculative, forme le point culminant de ces
développements, il suffira, pour le but que je me propose dans cette rapide
esquisse, de considérer comment cette union de la logique et de la nature
s'accomplit dans la pensée.

l'espace que la pensée ne puisse atteindre. L'infini et le fini, et les choses invisibles et les choses visibles, et celles que l'œil voit, et celles que l'âme voit, et celles qui sont dans le temps et dans l'espace, comme celles qui sont en dehors du temps et de l'espace, et la variété infinie des êtres avec leurs qualités et leurs rapports innombrables, avec leurs différences et leurs oppositions, tout vient se rencontrer dans les profondeurs de la pensée, tout vient s'unir en elle comme dans un centre commun et indivisible.

Bien plus, c'est dans et par la pensée que les choses atteignent à leur plus haute perfection; c'est en étant pensées qu'elles revêtent une beauté, et qu'elles acquièrent une valeur et une dignité qu'elles ne possèdent point en elles-mêmes.

Ce qui manque à l'idée pure (logique) pour devenir la plus haute réalité, c'est l'acte de la pensée, et ce qui manque à la nature pour devenir idée pure, c'est aussi la pensée. Car c'est dans la pensée que la nature atteint son existence idéale et essentielle, tandis que, hors de la pensée, elle n'a qu'une existence imparfaite, fragmentaire, sans lien interne ni unité.

Dans l'homme, tout son être suppose la pensée, ou, pour mieux dire, est la pensée. Enlevez la pensée à l'homme, et il cessera d'être ce qu'il est, et il retombera au rang des choses de la nature. Toute son activité jaillit de la pensée, et

il n'y a pas une seule de ses œuvres et de ses manifestations, depuis les plus profondes recherches
jusqu'à la plus humble occupation, où la pensée ne
tienne pas le premier rang, et où elle ne soit pas le
principe moteur de l'action. La volonté, l'imagination, la mémoire, la conscience et la faculté elle-
même qui est, pour ainsi dire, placée sur la limite de
la nature et de l'esprit — la sensibilité — toutes supposent, comme élément essentiel, la pensée, et ne sont
que des formes différentes, ou des instruments de la
pensée. Car il y a pensée dans la sensation comme
dans tout autre état de l'esprit, et non-seulement
c'est par la pensée que la sensation est intérieurement sentie, mais l'objet extérieur qui produit la
sensation est également perçu par elle. Et ce n'est
pas seulement telle sensation et tel objet, mais ce
sont les idées de la sensation et de l'objet qui sont
saisies par elle.

Mais si la pensée est ce qu'il y a de plus excellent
dans l'homme, elle est aussi ce qu'il y a de plus excellent en Dieu. Dieu est l'absolue et éternelle
pensée, voilà la plus haute définition de Dieu. Toute
autre définition n'exprime qu'un attribut, qu'une
perfection subordonnée de la nature divine. Dieu est
le bien, la vérité, l'amour, mais il est avant tout la
pensée. Car le bien n'est pas la pensée, tandis que la
pensée est à la fois la pensée et le bien, comme elle
est la vérité et l'amour. Et le bien pensé, ou dans la
pensée vaut mieux que le bien non pensé, ou séparé

de la pensée. Car le bien qui n'est point pensé est un bien possible, ou un bien qui s'ignore lui-même, et qui, partant, n'est pas le bien vrai et parfait. Et lorsqu'on dit que Dieu est la lumière, on veut dire que Dieu est la pensée, car la pensée est la lumière de l'âme, et peut seule dissiper les ténèbres de l'ignorance et de l'erreur, et pénétrer dans les profondeurs cachées de la vérité. Et lorsqu'on dit que Dieu aime le monde, on ne veut point dire qu'il *sent* le monde et qu'il l'aime en le sentant, mais qu'il pense le monde et qu'il l'aime en le pensant. Mais s'il pense le monde, il pense l'idée même du monde, et il pense cette idée telle qu'elle existe dans sa pensée. Et c'est cette idée pensée qui est le principe du monde, et la source de l'amour que Dieu a pour lui. Si, d'un autre côté, Dieu se pense lui-même, et qu'en se pensant lui-même il pense son être et ses perfections, sa pensée sera et la lumière, et l'idéal de son être et de ses perfections, et la source de l'amour de lui-même et de sa souveraine félicité.

Telle est la pensée, le plus merveilleux et le plus divin de tous les êtres. En présence de la nature et de ses forces, à l'aspect des masses immenses qui remplissent l'espace, de la vaste étendue des mers, du soleil et des planètes, des corps innombrables qui ornent la voûte céleste, et de la variété infinie des êtres qui peuplent la surface de notre globe, nous sommes saisis d'étonnement et d'admiration. Que la pensée nous paraîtra bien plus digne de notre admi-

ration si nous faisons réflexion que non-seulement
ces êtres, mais l'univers entier, vient se concentrer
en elle, et qu'il trouve en elle et la conscience de lui-
même et sa plus haute perfection (1) !

(1) Conf. sur ce point Hegel, *Philosophie de l'Esprit*, plus bas, *Introduction*, § II, et mon *Introd. à la Philos.* de Hegel, ch. VI, §§ I, III et IV.

DISCOURS

PRONONCÉ PAR HEGEL

LE 22 OCTOBRE 1818

A L'OUVERTURE DE SON COURS, A BERLIN (1).

« MESSIEURS,

« Puisque c'est aujourd'hui que je viens, pour la
première fois, occuper dans cette université la chaire
de professeur de philosophie, à laquelle m'a appelé la
faveur de Sa Majesté le Roi, permettez-moi de vous

(1) Ce discours accompagne l'édition de l'Encyclopédie publiée par les disciples et les amis de Hegel, après sa mort. Outre son importance pour l'histoire de la philosophie hégélienne, il fait connaitre, jusqu'à un certain point,
la manière dont Hegel exposait ses pensées dans sa chaire. C'est là ce qui
m'a engagé à le donner.

dire, dans ce discours préliminaire, que je considère comme une circonstance enviable et heureuse pour moi d'être entré dans un plus vaste champ d'activité académique, et d'y être entré ici, et dans le moment actuel. Pour ce qui concerne le temps, des circonstances paraissent se produire, au milieu desquelles la philosophie peut espérer d'attirer la même attention, de se voir entourée du même amour qu'autrefois, et de faire entendre sa voix, naguère muette et silencieuse. C'étaient, d'une part, les nécessités du temps qui donnaient naguère une si grande importance aux mesquins intérêts de la vie de tous les jours ; et, d'autre part, c'étaient les intérêts plus élevés de la réalité, les luttes, qui avaient pour objet de rétablir, et d'affranchir l'Etat, et la vie politique des peuples, qui s'étaient emparés de toutes les puissances de l'esprit, de l'énergie de toutes les classes, ainsi que de tous les moyens extérieurs ; de façon que la vie intérieure de l'esprit ne pouvait obtenir le calme et le loisir convenables. L'esprit du monde, absorbé qu'il était par la réalité, et déchiré au dehors, ne pouvait se replier sur lui-même, et jouir ainsi de lui-même dans son propre élément. Mais puisque ce torrent de la réalité est maintenant brisé, et que le peuple allemand a rétabli cette nationalité, qui est le fondement de toute vie réelle (1), le temps est aussi arrivé où à côté du gou-. vernement du monde extérieur, on pourra voir s'éle-

____

(1) *Lebendigen Lebens*. Vie vivante, car la vie est incomplète là où il n'y a ni état, ni nationalité.

ver dans l'Etat le libre royaume de la pensée. Et l'esprit a déjà manifesté sa puissance en ce qu'il n'y a que les idées, et ce qui est conforme aux idées qui peut aujourd'hui se maintenir, et que rien n'a une valeur qui ne peut se justifier devant l'intelligence et la pensée. Et c'est surtout cet Etat qui m'a aujourd'hui adopté, qui doit à sa prépondérance intellectuelle d'avoir acquis une influence légitime dans le monde politique et réel, et de se trouver l'égal, en importance et en indépendance, à des Etats qui le surpassaient par leur puissance matérielle. C'est ici que la science se développe et grandit comme un des moments essentiels de la vie de l'Etat. C'est dans cette université, qui est l'université du centre de l'Allemagne, que la science, qui est le centre de toute éducation de l'esprit, de toute science et de toute vérité, la philosophie, veux-je dire, doit trouver sa place véritable, et être étudiée avec plus d'ardeur. Mais à côté de cette vie spirituelle, qui est l'élément fondamental de l'existence d'un Etat, nous avons vu commencer ce grand combat où les peuples se sont associés à leurs chefs pour assurer leur indépendance et la liberté de la pensée, et pour secouer le joug d'une domination violente et étrangère. C'est là l'œuvre de la puissance intérieure de l'esprit, en qui s'est réveillée la conscience de son énergie, et qui, dans ce sentiment, a arboré son drapeau, et a manifesté sa puissance dans la realité. Nous devons considérer comme un bien inestimable que notre généraration ait vécu, et agi dans ce sentiment où se trouvent concentrés tout droit, toute moralité et toute religion. C'est par ces entreprises vastes et profondes que l'esprit s'élève à sa dignité, que ce qu'il y a de vulgaire dans la vie et d'insignifiant dans les intérêts s'efface, et que les opinions et les vues superficielles sont mises à nu et s'évanouissent. C'est cette pensée sérieuse qui, en s'emparant de l'âme, forme le vrai terrain sur lequel se meut la philosophie. La philosophie est impossible là où la vie est absorbée par les intérêts et les nécessités de tous les jours, et où dominent des opinions vaines et frivoles. Dans l'âme que ces nécessités et ces opinions ont asservie, il n'y a plus de place pour cette activité de la raison qui recherche ses propres lois. Mais ces pensées frivoles doivent disparaître, lorsque l'homme est obligé de s'occuper de ce qu'il y a d'essentiel en lui, et que les choses en sont venues à ce point que toute autre occupation est, à ses yeux, subordonnée à celle-là, ou, pour mieux dire, n'a plus de valeur pour lui. C'est sur cette occupation que nous avons vu se concentrer la pensée et l'énergie de notre temps, c'est ce noyau, si l'on peut dire ainsi, que nous avons vu se former, dont les développements ultérieurs, politiques, moraux, religieux et scientifiques, ont été confiés à la génération actuelle.

« Quant à nous, notre tâche et notre mission consistent à développer, en leur imprimant la forme philosophique, ces éléments essentiels que les temps modernes ont vu se reproduire avec une force et une jeunesse nouvelle. Ce rajeunissement de l'esprit, qui s'est d'abord manifesté dans l'action et dans la vie politique, va en se manifestant maintenant dans les besoins plus sérieux et plus importants encore de la vie morale et religieuse, dans ce besoin de recherches solides, et dans cette curiosité philosophique, qui ont pénétré dans tous les rapports de la vie. Le besoin le plus sérieux est le besoin de connaître la vérité. Ce besoin, par lequel l'être spirituel se distingue de l'être purement sensible, est par là même le besoin le plus profond de l'esprit, et, partant, un besoin universel. C'est aux préoccupations sérieuses de nos temps qu'on doit le réveil de ce besoin, qui est surtout la marque distinctive de l'esprit allemand. Chez les autres nations on cultive toujours la philosophie, ou, pour mieux dire, on y trouve toujours son nom ; mais si le nom subsiste, le sens et la chose ont changé, ou disparu, de façon qu'elle n'y est plus qu'à l'état de souvenir, ou de pressentiment. C'est en Allemagne que cette science s'est réfugiée et qu'elle vit. C'est à nous qu'a été confiée la garde de cette lumière divine, et c'est notre devoir de l'entourer de nos soins, de la nourrir, et d'empêcher par là que ce que l'homme possède de plus élevé, la conscience de son essence, ne périsse. Cependant, même en Allemagne, ces habitudes superficielles et vulgaires qui avaient prévalu avant cette renaissance de l'esprit, ont pris une telle racine, qu'il en est encore aujourd'hui qui affirment, et qui prétendent démon-

trer qu'il n'y a pas de connaissance de la vérité, que
Dieu, l'essence du monde et de l'esprit, est un être in-
concevable et incompréhensible. On doit, suivant eux,
s'en tenir à la religion, et la religion doit s'en tenir à la
croyance, au sentiment et à un pressentiment obscur de
son objet, et ne point aspirer à une connaissance rationnelle de la vérité. Suivant eux, la connaissance ne s'applique pas à l'absolu, à Dieu, et à ce qu'il y a de vrai et
d'absolu dans la nature et dans l'esprit, mais à l'être
négatif, puisqu'ils prétendent que ce qui peut être
connu n'est pas le vrai, mais le faux, c'est-à-dire l'être
contingent et périssable; que ce qui fait l'objet de la
science, c'est l'élément extérieur ou historique, les circonstances accidentelles, au milieu desquelles cette
prétendue vérité s'est manifestée, et que même de
telles recherches ne doivent être que des recherches
purement historiques, c'est-à-dire des recherches
qui se bornent à étudier, à l'aide de l'érudition et de la
critique, le côté extérieur des événements, car pour
le contenu et le sens interne de ces événements, nous
ne devons pas, disent-ils, nous en occuper. Ils sont
allés aussi loin que Pilate, le proconsul de Rome,
qui, ayant entendu le Christ prononcer le mot *vérité,*
lui demanda : « Qu'est-ce que la vérité? » comme
quelqu'un qui sait à quoi s'en tenir sur ce sujet, qui
sait, veux-je dire, qu'il n'y a pas de connaissance de
la vérité. Et ainsi, cet abandon de la recherche de la
vérité qui, de tous temps, a été regardé comme la
marque d'un esprit vulgaire et étroit, est aujourd'hui

considéré comme le triomphe de l'esprit. Autrefois le désespoir de la raison était accompagné de douleur et de tristesse; mais l'on vit bientôt l'indifférence morale et religieuse, suivie de près d'un mode de connaître superficiel et vulgaire, qui se donna le nom de connaissance explicative (1), reconnaître franchement et sans s'émouvoir l'impuissance de la raison, et mettre son orgueil dans l'oubli complet des intérêts les plus élevés de l'esprit. De nos jours, la prétendue philosophie critique est venue prêter son appui à cette doctrine, en ce qu'elle assure avoir démontré que nous ne pouvons rien savoir touchant l'éternel et l'absolu. Cette prétendue connaissance s'est cependant attribué le nom de philosophie, et il n'y a rien qui soit aussi bien venu des esprits et des caractères superficiels, rien que ceux-ci n'accueillent avec plus d'empressement que cette doctrine de l'impuissance de la raison, par laquelle leur propre ignorance et leur propre nullité prennent une importance, et devien-

____

(1) *Aufklärung*, explication, éclaircissement. — On comprend généralement sous cette dénomination les écoles théologiques qui, n'ayant aucun système philosophique, et repoussant même la connaissance philosophique, c'est-à-dire la connaissance objective et absolue, prétendent qu'il faut se borner à éclaircir, ou expliquer les choses en général et le christianisme en particulier. Comme si l'on pouvait éclaircir quoi que ce soit sans les principes, et sans des principes absolus! — Mais on comprend plus particulièrement sous cette dénomination les théologiens ou les philosophes qui, en partant de données incomplètes, et en se fondant sur certaines notions exclusives de l'entendement, ramènent le christianisme à la morale, ou au déisme, et faussent par là la notion du christianisme, et surtout sa doctrine de la trinité, du péché et de la rédemption, au lieu de la saisir dans les éléments essentiels qui la composent et dans son unité.

nent comme le but de tout effort et de toute aspiration intellectuelle. Que la connaissance de la vérité nous est refusée, et que ce qui nous est donné de connaître c'est l'être contingent et phénoménal, voilà la doctrine qui a fait, et qui fait toujours du bruit, et qui a la haute main dans la philosophie. On peut dire que jamais, depuis le temps où elle a commencé à tenir un rang distingué en Allemagne, la philosophie ne s'était présentée sous un aspect si fâcheux, parce que jamais une telle doctrine, un tel abandon de la connaissance rationnelle n'avait pris de telles proportions, et ne s'était montré avec autant d'arrogance. Et c'est une doctrine qui, d'une période qui n'est plus, s'est pour ainsi dire traînée jusqu'à nos jours, bien qu'elle soit en opposition avec un sentiment plus profond de la vérité, et les besoins substantiels de l'esprit nouveau. Quant à moi, c'est l'aurore de cet esprit que je salue et j'invoque, et ce n'est que de cet esprit que j'ai à m'occuper, puisque je maintiens que la philosophie a un objet, un contenu réel, et que c'est ce contenu que je veux exposer et mettre sous vos yeux. Mais c'est surtout à l'esprit de la jeunesse que je fais appel, car la jeunesse est ce temps heureux de la vie où l'on n'est pas encore engagé dans les fins limitées de la nécessité extérieure, où l'on peut s'occuper librement de la science, et l'aimer d'un amour désintéressé, où l'esprit, enfin, n'a pas encore pris une attitude négative et superficielle vis-à-vis de la vérité, et ne s'est pas égaré

dans des recherches critiques, vides et oiseuses (1).
Une âme encore saine et pure éprouve le besoin d'atteindre à la vérité, et c'est le royaume de la vérité que la philosophie habite, qu'elle fonde, et auquel nous participons en la cultivant. Tout ce qu'il y a de vrai, de grand et de divin dans la vie, est l'œuvre de l'idée; et l'objet de la philosophie consiste à saisir l'idée dans sa forme véritable et universelle. Dans la nature, l'œuvre de la raison est enchaînée à la nécessité. Mais le royaume de l'esprit est le royaume de la liberté. Tout ce qui forme le lien de la vie humaine, tout ce qui a un prix pour l'homme est d'une nature spirituelle, et ce royaume de l'esprit n'existe que par la conscience du vrai et du bien, c'est-à-dire, par la connaissance des idées.

« J'ose désirer et espérer qu'il me sera donné de gagner et de mériter votre confiance en parcourant la voie dans laquelle nous allons entrer. Mais ce que je vous demande aujourd'hui, c'est d'y apporter la confiance dans la science, et la foi dans la raison. L'amour de la vérité et la foi dans la puissance de l'esprit sont la première condition de la recherche philosophique. L'homme doit avoir le sentiment de sa dignité, et s'estimer capable d'atteindre aux plus hautes vérités. On ne saurait rien penser de trop grand de la grandeur et de la puissance de l'esprit.

______

(1) *Gahaltlosen*, sans contenu. — Il fait allusion à la philosophie critique.

L'essence cachée de l'univers n'a pas de force qui
puisse résister à l'amour de la vérité. Devant lui, l'u-
nivers doit se révéler et déployer les richesses et les
profondeurs de sa nature. »

PRÉFACE

A LA SECONDE ÉDITION

DE L'ENCYCLOPÉDIE [1].

———

Le lecteur qui a bien voulu s'occuper de ma philosophie trouvera dans cette seconde édition des parties qui ont été soumises à un nouveau travail, et
auxquelles j'ai donné plus de développement. J'ai
voulu adoucir par là ce qu'il y a de trop sévère et
d'inflexible dans la forme, et rapprocher, par des
considérations exotériques et plus détaillées, les notions pures des notions de l'entendement ordinaire et

(1) Des trois préfaces que Hegel a mis en tête des trois édi-
tions de son Encyclopédie, j'ai choisi la seconde comme la plus
étendue et la plus importante. Je la donne en entier, à l'exception de trois notes qui ont une importance plus locale et person-
nelle que scientifique, et qu'il aurait fallu d'ailleurs annoter
pour les rendre intelligibles au lecteur.

des représentations sensibles. Mais la brièveté qui est inséparable d'un abrégé conserve à cette seconde édition le caractère de la première, je veux dire, que cette édition ne peut, elle aussi, que servir de texte et de canevas à des leçons qui doivent être complétées par l'exposition orale. Une encyclopédie fait plus de place, il est vrai, à l'arrangement extérieur des parties d'un système, et à l'emploi d'une méthode scientifique moins sévère. Mais la nature même des matières qu'on y traite exige qu'on ne perde jamais de vue le rapport logique des parties.

Il y a eu bien des occasions et bien des raisons qui m'ont engagé à m'expliquer sur la position de ma philosophie vis-à-vis des besoins et des poursuites rationnels et irrationnels (1) de notre temps, ce qui ne peut se faire que d'une manière exotérique dans une préface. Car, bien que ces besoins prétendent se rattacher à la philosophie, ils ne prennent pas une forme scientifique, et ils ne se produisent pas au sein de la philosophie, mais ils lui sont étrangers, et ils ne font qu'y introduire la rhétorique et le verbiage. Il est désagréable, et même dangereux, de se placer sur un terrain étranger à la science, car les explications et les discussions qu'il comporte ne sont pas de nature à conduire à la véritable connaissance. Quelques considérations extérieures pourront, ce-

____

(1) *Geistigen und geistlosen.* Conformes, et non conformes à l'idée et aux besoins de l'esprit.

pendant, être utiles, et, jusqu'à un certain point, nécessaires.

Ce à quoi je me suis appliqué, et m'applique dans mes recherches philosophiques, c'est à arriver à la connaissance *scientifique* de la vérité. C'est là la voie la plus difficile, mais la seule qui possède un intérêt et une valeur pour l'esprit qui, une fois placé sur le terrain de la pensée, ne se laisse pas détourner de son but par de vaines apparences, et **qui** possède la volonté et le courage que donne l'amour de la vérité. Un tel esprit s'aperçoit bientôt que la méthode seule peut lui rendre docile la pensée, le conduire à la connaissance, et le maintenir dans la voie qui y conduit. Ce travail progressif de l'esprit ne fait, il est vrai, que développer et reproduire ce contenu absolu, dont s'est emparé la pensée, et sur lequel elle a concentré ses efforts; mais c'est une reproduction telle, qu'elle a lieu dans l'élément le plus intime et le plus libre de l'esprit.

C'était une situation plus simple, et, en apparence, plus heureuse, que celle où la philosophie se donnait la main avec les sciences, et avec l'éducation, où l'entendement, à l'aide d'explications habilement arrangées, se mettait d'accord avec les besoins de la conscience et avec la religion, où un droit naturel faisait alliance avec l'État et la politique, et où une physique empirique prenait le nom de philosophie de la nature. Mais cette harmonie, qui existait encore il n'y a pas longtemps, n'était qu'à la surface; car ces explications de l'entendement étaient, au fond, en opposition avec la religion, comme ce droit naturel était en opposition avec l'État. L'opposition, en se développant, a amené leur séparation (1). Mais dans le domaine de la philosophie, on a vu s'opérer la réconciliation de l'esprit avec lui-même, ce qui fait que la philosophie spéculative se trouve en opposition avec la première opposition (2) et les efforts que l'on fait pour la dissimuler. On reproche à cette philosophie d'être en désaccord avec la connaissance expérimentale, avec la réalité rationnelle du droit, une religion simple et une piété naïve. Mais ce n'est là qu'une prévention mal fondée, car la philosophie spéculative reconnaît ces formes, et non-seulement elle les reconnaît, mais elle les justifie. La pensée, en pénétrant dans leur contenu, s'éclaire et se fortifie, comme elle s'éclaire et se fortifie dans l'intuition de la nature, de l'histoire et de l'art. Car l'idée spéculative n'est que ce même contenu, en tant que pensé.

(1) Il fait ici allusion, d'une part, à ces doctrines théologiques qui, en se fondant sur des notions incomplètes et exclusives de l'entendement, ne voient dans la religion que la morale, ou une disposition pieuse du cœur (le piétisme), ou une institution politique ; et, d'autre part, au droit naturel tel que l'avaient conçu le dix-huitième siècle et la révolution française, qui a été, pour ainsi dire, la mise en œuvre de ce droit. Voyez sur ces points sa *Philosophie de la Religion,* sa *Philosophie de l'Histoire* et sa *Philosophie du droit.*

(2) Car les doctrines auxquelles il fait allusion sont en réalité opposées à la religion et à l'Etat.

Il n'y a conflit entre la philosophie spéculative et ces formes, que lorsqu'on enlève à ces dernières leur caractère véritable, et qu'on ramène leur contenu à des catégories qu'on ne sait pas ensuite élever jusqu'à la notion, et compléter par l'idée (1).

Le résultat négatif auquel est arrivé l'entendement scientifique, à savoir, que la vérité ne peut être connue à l'aide de notions finies, a produit, en général, des conséquences opposées à celles qui se trouvent immédiatement dans ce point de vue. Je veux dire qu'une telle doctrine, tout en supprimant l'intérêt qui s'attache aux recherches sur les catégories et sur leur application, n'est pas parvenue à éliminer de la connaissance les rapports finis, et qui plus est, comme cela arrive dans une position désespérée, elle se sert des catégories ; seulement elle s'en sert grossièrement, sans discernement et à son insu (2). En partant de cette fausse donnée, que l'insuffisance et la finité des catégories rendent impossible la connaissance objective de la vérité, on arrive à cette conclusion que c'est au sentiment et à l'opinion subjective à prononcer, et au lieu de démontrer on affirme, et on se borne à énumérer ce qu'on appelle des faits de conscience, qui, plus on les analyse et on les épure,

(1) C'est-à-dire que les autres doctrines ne savent pas saisir ces formes, et ces degrés de l'idée dans leur ensemble et dans leur enchaînement rationnel.

(2) Il fait allusion à la doctrine de Jacobi. Voy. plus bas, son *Introduction*, § 61 et suiv.

plus trahissent l’absence de toute critique (1). D’après cette doctrine, on devrait expliquer et déterminer les besoins les plus profonds de l’esprit par une catégorie aussi maigre que celle de la *connaissance immédiate*, et sans aller chercher plus loin. On pourra croire qu’en écartant la philosophie, en l’écartant surtout des choses de la religion, on bannit le mal, et l’on se préserve de toute illusion et de toute erreur; et puis, après avoir écarté la philosophie, on se livrera à la recherche de la vérité en s’appuyant sur des suppositions et sur le raisonnement, c’est-à-dire, en ayant recours aux déterminations ordinaires de la pensée, de l’*essence et de ses manifestations, du principe et des conséquences, de la cause et de l’effet,* etc., qu’on emploie et qu’on combine d’après les règles ordinaires du raisonnement. Ainsi, « on s’est débarrassé des méchants, mais le mal demeure, » et le mal est pire qu’auparavant, parce qu’on s’abandonne à lui sans réserve et sans discernement. Mais ce mal, qu’on veut tenir éloigné, je veux dire la philosophie, n’est, elle aussi, que la recherche de la vérité. Ce qui la distingue de toute autre recherche, c’est qu’elle possède la conscience de la nature et de la valeur des rapports de la pensée, par lesquels tout contenu est lié et déterminé. Ce qui peut

(1) C’est-à-dire qu’on les isole, on les prend au hasard, et l’on s’interdit par là la faculté de les comprendre, d’en saisir la vraie nature, les rapports et l’unité.

arriver de plus fâcheux à la philosophie spéculative,
c'est que ceux qui veulent bien s'en occuper ne la
comprennent qu'à moitié, et qu'ils la jugent d'après la
connaissance imparfaite qu'ils en ont acquise. Ce qui
se trouve défiguré par cette impuissance de la réflexion, et par cette manière inadéquate de comprendre cette philosophie, c'est la réalité concrète (1)
de la vie physique ou spirituelle, et plus encore, de
la vie religieuse. En s'occupant d'elle, on veut élever, il est vrai, cette réalité à la conscience de la
pensée, mais la difficulté se trouve ici dans le passage
de l'objet de la connaissance (2), à la connaissance
qui est l'œuvre de la réflexion 3. Cette difficulté

(1) *Das Factum.*

(2) Le texte porte : *Von der Sache zur Erkenntniss.* De la chose
à la connaissance ; c'est-à-dire que la connaissance qui est l'œuvre de la *réflexion*, ne saisit pas l'objet dans sa réalité.

(3) *Nachdenken* : pensée qui vient après. Et, en effet, autre
chose est penser dans le sens absolu du mot, autre chose est
réfléchir. Dans la pensée absolue, la pensée est devenue à elle-
même son propre objet, ou, si l'on veut, l'objet de la pensée est
l'idée pure et absolue, et l'idée pure et absolue est l'idée pensée.
La pensée qui pense ainsi l'idée et la vérité ne *réfléchit* point sur
elles ; la vérité ne lui est point donnée comme quelque chose d'objectif et d'extérieur, qu'elle doit, ou qu'elle peut s'approprier, mais
elle possède la vérité, et elle est la vérité même. Dans la pensée
réfléchie, ou qui réfléchit, au contraire, l'objet est encore étranger, ou extérieur à la pensée. Son imperfection consiste à présupposer l'objet, au lieu de le construire elle-même, en saisissant les éléments absolus qui le composent, et, après l'avoir
présupposé, à s'appliquer à le décomposer et à le recomposer
arbitrairement. Ainsi, tant que la pensée n'aura pas franchi ce

n'existe pas au sein de la science. Car la réalité de la philosophie spéculative est la connaissance déjà existante et accomplie, et pour une telle philosophie, comprendre ne peut être que réfléchir dans le sens d'une *seconde pensée*, tandis que celui qui veut la comprendre et la juger emploie la réflexion ordinaire. Mais l'entendement qui procède, pour ainsi dire, à l'aventure (1), est si éloigné de la simple appréhension de l'idée, bien que l'idée ait été expliquée et déterminée, et il se défie si peu de ses propres suppositions, qu'il est incapable même de répéter le fait de l'existence d'une telle idée.

Et il est surprenant que cet entendement qui s'étonne en voyant la complète différence, et même la contradiction qui existe entre la manière dont il comprend et emploie les catégories, et les catégories telles qu'elles se produisent dans l'idée, ne se doute pas qu'il pourrait y avoir, et qu'il y a, en effet, une autre manière de penser que la sienne, et que, pour se mettre en rapport avec cette pensée, il faut renoncer aux anciennes habitudes de penser. C'est là ce qui fait que l'on se borne à concevoir l'idée de la philosophie spé-

degré de la connaissance, ou de l'esprit, elle demeurera comme étrangère à l'objet, et lorsqu'elle s'appliquera à le connaître, elle le faussera ou le mutilera, au lieu de le connaître dans sa réalité. Voy. sur la réflexion, et la connaissance réfléchie, *Logique*, § cxii et suiv., et conf. mon *Introduction*, ch. XII.

(1) *Unkritische Verstand* : l'entendement non critique, c'est-à-dire l'entendement qui ne saisit pas les idées et leurs rapports, qui sont le fondement de toute connaissance et de tout *jugement*.

culative dans sa définition abstraite, en partant de ce principe qu'une définition doit être claire et complète, et avoir sa règle et son critérium dans des représentations présupposées, dans l'ignorance où l'on est que la vraie signification, et la preuve nécessaire de la définition ne se trouve que dans ses développements, et que c'est de ces développements qu'elle sort comme résultat (1). Ainsi, comme, d'une part, l'unité de l'idée est une unité concrète, l'unité de l'esprit (2), et que, d'autre part, l'entendement ne saisit les déterminations de la notion que dans leur état abstrait, et, partant, exclusif et fini, l'unité de l'idée est changée par lui en l'identité abstraite, et étrangère à l'esprit (3), en l'identité où il n'y a pas de différence, mais où toutes choses, le bien et le mal, par exemple, ne font qu'un. C'est là ce qui a fait donner à la

(1) C'est-à-dire qu'on croit pouvoir se former une idée claire de la philosophie spéculative en la voyant et en la jugeant, pour ainsi dire, du dehors, et sans se placer au sein même de ses investigations, parce qu'on part de cette règle de la logique formelle, qu'une définition est claire par des notions que l'on présuppose, tandis que la définition d'un objet, c'est-à-dire, sa notion vraie, réelle et entière, n'est qu'un résultat, résultat qui s'obtient par le développement systématique de tous les éléments essentiels qui constituent cette notion.

(2) *Geistige Einheit* : unité spirituelle.

(3) *Geistlosen identität*. En effet, l'identité de l'esprit et de la pensée est la vraie identité, c'est-à-dire l'identité qui enveloppe la différence, la différence de ses déterminations propres, ainsi que celle de la logique et de la nature. Voy. *Logique*, § cxv et suiv., et mon *Introduction*, ch. XI, XIII.

philosophie spéculative le nom de *système de l'iden-tité* ou de *philosophie de l'identité*. Lorsqu'on pro-noncé sa profession de foi : « Je crois en Dieu le Père, *créateur du ciel* et de la terre, » on serait étonné de voir quelqu'un venir dire que, puisqu'on ne croit qu'en Dieu, *créateur du ciel*, on considère la terre et la matière comme éternelles. Le *fait*, qu'on a seule-ment dit que Dieu est le *créateur du ciel*, est vrai, et cependant la manière dont le fait a été compris est complétement fausse, si fausse que l'exemple doit paraître incroyable et absurde. C'est pourtant ainsi qu'on se comporte à l'égard de l'idée philo-sophique ; c'est cette mutilation violente qu'on lui fait subir. Par exemple, pour qu'on ne puisse pas se tromper sur la nature de l'identité, qui, à ce qu'on assure, est le principe de la philosophie spéculative, on enseignera, en accompagnant, bien entendu, cha-que point d'une réfutation, que le sujet diffère de l'objet, le fini de l'infini, etc., comme si l'unité de l'esprit ne contenait pas des déterminations, et était dépourvue de toute différence, ou comme si l'on igno-rait que le sujet se distingue de l'objet, et l'infini du fini, ou comme enfin, si on devait rappeler à la phi-losophie, dont l'attention est dirigée sur la sagesse de l'école, qu'il y a hors de l'école une sagesse à qui cette différence est connue.

Mais si on reproche à la philosophie spéculative d'ignorer la différence des choses, au point d'effacer la distinction du bien et du mal, on veut bien avoir l'équité et la condescendance d'accorder « que les philosophes ne voient pas toujours les conséquences (ils ne les voient peut-être pas, parce qu'elles n'y sont pas contenues) de leurs principes 1 . » La philosophie spéculative repousse cette espèce d'indulgence et de miséricorde qu'on veut bien lui accorder ; car elle n'en a point besoin. Elle n'en a besoin, ni pour justifier sa morale, ni pour justifier les conséquences qui découlent de ses principes, conséquences que d'ailleurs elle connaît parfaitement.

Pour montrer ce qu'il y a de superficiel dans la manière de comprendre ainsi cette philosophie, plutôt que pour la justifier, je veux examiner ici brièvement ces prétendues conséquences, suivant lesquelles, à ce qu'on dit, la différence du bien et du mal ne serait qu'une apparence. Je considérerai le spinozisme, cette doctrine où Dieu est déterminé comme substance, et non comme sujet et esprit. Cette différence concerne la détermination de l'unité. C'est une différence essentielle, qui pourtant, bien qu'elle soit un fait, échappe à ceux qui ont l'habitude d'appeler la philosophie spéculative le système de l'identité, et qui disent que, suivant elle, *tout est une seule et même chose*, et que le *bien et le mal ne font qu'un*, expressions par lesquelles l'unité est défigurée , dont la philosophie spéculative ne fait point usage, et

(1) Paroles de Tholuk, le représentant le plus éminent du piétisme, dans son « *Blüthensammlung aus der morgenländischen mystik.* » *Florilége de la Mystique orientale.*

qu'une pensée barbare peut seule employer pour exprimer les idées. — Pour ce qui concerne la proposition que, dans la philosophie de Spinoza, il n'y a
pas de différence *propre* entre le bien et le mal, on
demandera d'abord ce que l'on entend par *propre?*
Rapporte-t-on ce mot à la nature de Dieu? Mais ce
n'est pas en Dieu que Spinoza veut placer le mal. Dieu
qui est l'unité de la substance, est le bien. Le mal
n'est que la dualité, et, par conséquent, loin que
dans cette unité le bien et le mal ne fassent qu'un,
le mal en est exclu. D'où il suit que la différence du
bien et du mal n'est pas en Dieu, mais dans la dualité
en laquelle réside le mal. Une autre différence qu'on
rencontre dans le spinozisme, c'est celle qui concerne
l'homme, en tant que se distinguant de Dieu. Sous
le rapport théorique, on pourra trouver ce système
peu satisfaisant sur ce point ; car l'homme et le fini,
en général, lors même qu'on en ferait des modes, n'y
sont présentés que comme des éléments purement
juxtaposés à la substance (1). Quoi qu'il en soit, c'est
ici que se produit la différence du bien et du mal,
et qu'elle est une différence *propre*, parce qu'elle
est une détermination essentielle de l'homme. Ainsi,
si dans le spinozisme on considère la substance,
on n'y trouvera pas la différence du bien et du mal,

(1) C'est-à-dire qu'ils ne sont pas déduits rationnellement et
conformément à l'idée. Voy., sur la méthode de Spinoza, comparée à la méthode spéculative, *Introduction à la Philosophie* de
Hegel, ch. IV, § 5.

et cela parce qu'ici le mal, ainsi que le fin et le monde en général, ne sont pas (voyez § L). Mais si on y considère l'homme, et les rapports de l'homme avec la substance, c'est-à-dire, la sphère où le mal a sa place dans sa différence avec le bien, il faut, pour se rendre compte des conséquences morales de ce système, s'adresser à cette partie de l'*Ethique* où Spinoza traite des affections, de la servitude et de la liberté de l'homme. Et on pourra d'autant plus se convaincre de la pureté de cette morale, dont le principe est le pur amour de Dieu, qu'une telle pureté est une conséquence du système.

L'histoire de la philosophie est l'histoire des découvertes de la pensée, touchant l'absolu qui est son objet. Ainsi, par exemple, on peut dire que Socrate a découvert la cause finale (1), découverte qui a été mieux déterminée par les recherches de Platon, et plus encore par celles d'Aristote. Il y a une telle absence de critique dans l'histoire de la philosophie de Brucker, non-seulement pour ce qui concerne les données extérieures de l'histoire, mais pour ce qui concerne les doctrines, que l'on y trouve vingt, trente, ou je ne sais quel nombre de principes qu'il attribue aux anciens philosophes grecs, et dont il n'y en a pas un seul qui leur appartienne. Ce sont des conséquences que Brucker a tirées d'après la fausse philosophie de son temps, et qu'il a mises sur le compte de ces

____

(1) Le texte dit : *Zweck*, *but*, lequel se distingue de la cause, comme on le verra dans la *Logique*, § cxlv.

philosophes. Il faut distinguer deux espèces de conséquences. Il y a des conséquences qui ne font qu'é-
tendre les principes à des détails ; il y en a d'autres
qui sont comme un retour à des principes plus profonds. Faire connaître à quels individus appartiennent cette exposition et ce développement plus profond de la pensée, c'est là le véritable objet de l'histoire de la philosophie. Quant à l'autre procédé, on
doit le rejeter, non-seulement parce que les philosophes auxquels on prête certaines conséquences, n'ont
ni tiré eux-mêmes, ni expressément énoncé ces conséquences, mais parce qu'en tirant ces conséquences, on leur prête des pensées et des rapports finis
qui sont opposés à leur esprit éminemment spéculatif, et qu'on ne fait que corrompre et vicier
par là l'idée de la philosophie. Mais si une telle fal-
sification est excusable, lorsqu'il s'agit d'anciens
philosophes sur les doctrines desquels nous ne
possédons que des documents insuffisants, cette
excuse n'existe plus, lorsqu'il s'agit d'une philosophie qui saisit l'idée par des pensées déterminées, et qui recherche et définit la valeur et la
signification des catégories. Car on faussera et on
défigurera l'idée si, en dépit de tout cela, on ne fait
que la prendre par pièces, que considérer un de
ses moments comme un tout, ainsi que cela a lieu
à l'égard de l'identité (1), ou que présenter les caté-

____

(1) C'est-à-dire qu'on se représente l'identité comme une dé-

gories grossièrement, et tout au plus, comme elles se produisent dans la conscience vulgaire, sous leur forme obscure, imparfaite et exclusive. La connaissance scientifique (1) des rapports de la pensée est la première condition pour bien saisir la réalité philosophique. Le principe de la connaissance immédiate non-seulement justifie, mais il pose en principe l'absence de l'éducation de la pensée. Cependant la connaissance des pensées, et partant l'éducation de la pensée subjective, est aussi peu une connaissance immédiate que ne l'est une science, ou un art, ou une éducation quelconque.

La religion est une forme, un mode de la conscience qui exprime comment la vérité est faite pour tous les hommes. La connaissance scientifique, au contraire, est une forme particulière de la vérité dans la conscience. Elle n'appartient pas à tous les hommes, mais à un petit nombre d'entre eux. Le contenu de la vérité est, dans les deux cas, le même, mais, comme le dit Homère de certaines choses, qu'elles ont deux noms, l'un dans le langage des dieux, et l'autre dans celui des êtres mortels, ainsi, il y a pour ce contenu deux langages, le langage du sentiment, de l'imagination et de l'entendement, ou de la pensée qui se meut dans des catégories finies

termination qui ne contient pas de différence, tandis que la vraie identité contient une différence.

(1) *Gebildete*, formée par l'éducation philosophique, qui doit surtout se proposer d'habituer l'esprit à saisir les rapports de la pensée et des idées.

et dans des abstractions, et le langage de la notion
concrète (1). Lorsqu'en partant du point de vue religieux on veut discuter et juger la philosophie, il ne
suffit pas de posséder le langage de la conscience
vulgaire. Le fondement de la connaissance scientifique est ce contenu intérieur, c'est l'idée qui pénètre
toutes choses, et qui a sa réalité vivante dans l'esprit.
La religion aussi est une disposition, un sentiment
interne (2) qu'il faut façonner, un contenu qu'il faut
développer; elle aussi est l'esprit qui s'éveille à la
conscience et à la réflexion. Dans ces derniers temps,
la religion est allée en contractant de plus en plus ce
qu'il y a de large et d'arrêté dans son contenu, et elle
s'est concentrée dans la piété, ou dans une espèce de
sentiment, qui bien souvent n'a manifesté qu'un
contenu bien sec et bien froid (3). Aussi longtemps
que la religion a un *Credo,* un enseignement, une
dogmatique, elle a un champ dont la philosophie
peut s'occuper, et sur lequel elle peut se concilier
avec elle. Mais cela ne doit pas être considéré du
point de vue de l'entendement qui sépare les êtres (4),

(1) *Concrete Begriff.* Expression dont se sert habituellement
Hegel pour désigner l'idée telle qu'elle est saisie par la pensée
spéculative.

(2) *Gemüth.*

(3) Il fait allusion au piétisme, qui n'a aucun enseignement ni aucun dogme arrêté. Suivant Hegel, l'idée religieuse doit se manifester, et, en se manifestant, elle doit prendre une forme déterminée.

(4) *Trennenden Verstand,* l'entendement séparant, qui sépare les
notions, et ne peut les unir.

par lequel se laisse guider la religiosité de nos
temps, et suivant lequel on se représente la philosophie et la religion, comme si l'une excluait l'autre,
ou, lorsqu'on les unit, comme si elles pouvaient être
séparées, et comme si leur union n'était qu'accidentelle et extérieure. D'après ce qui précède (1), on
peut voir que la religion peut plutôt exister sans la
philosophie, que la philosophie sans la religion, et que
la philosophie contient plutôt la religion qu'elle n'est
contenue par elle (2). La vraie religion, la religion de
l'esprit doit avoir un *Credo,* un contenu. L'esprit est
essentiellement conscience, et conscience d'un contenu qui est devenu son objet. En tant que sentiment (3), il est ce même contenu qui ne s'est pas
objectivé (4), qui n'est que *qualifié* (5), pour me servir de l'expression de Jacob Bœhm, et il constitue le
degré le plus infime de la conscience, cette forme de
l'âme qui appartient aussi à l'animal. C'est la pensée

(1) Puisque la religion est faite pour tous les hommes.

(2) En ce sens que l'objet ou le contenu de la philosophie est
le même que celui de la religion ; seulement la philosophie lui
imprime sa forme rationnelle et absolue. Conf. *Introduction à la
Philosophie* de Hegel, ch. VI, § IV.

(3) *Gefühl,* sentiment et sensibilité.

(4) *Ungegenstandliche Inhalt.* Et, en effet, dans la sensibilité, le
contenu de l'esprit est à l'état obscur et subjectif, et il ne s'est pas
encore objectivé dans la conscience, dans l'entendement et plus
encore dans l'état, dans l'art, la religion et la philosophie.

(5) *Qualirt,* c'est-à-dire qu'il est qualifié pour le devenir, mais
qu'il ne l'est pas encore.

qui élève l'âme, dont l'animal est également doué, à
l'esprit, et la philosophie n'est que la conscience de
ce contenu, — de l'esprit et de la vérité qui est en
lui, — dans la forme essentielle et absolue par laquelle l'esprit se distingue de l'animal, et est apte
à la vie religieuse (1). Cette religiosité qui se concentre dans le cœur doit faire de son humilité
et de sa contrition un moment de sa rénovation, mais
elle doit se rappeler aussi qu'elle a un cœur qui appartient à un esprit, que c'est de l'esprit que vient la
force du cœur, et que cette force ne saurait exister
qu'autant que l'esprit est lui-même renouvelé.
Cette rénovation de l'esprit, par laquelle celui-ci
s'affranchit de son état naturel d'ignorance et d'erreur, se fait par l'enseignement et par la croyance
en la vérité objective, croyance qui suit le témoignage
de l'esprit (2). Elle amène plusieurs résultats, mais
elle a pour conséquence immédiate la rénovation

(1) Voy. sur ce point : *Philosophie de l'esprit.*

(2) C'est-à-dire, l'esprit éclairé et développé par l'enseignement religieux, et plus encore par l'enseignement philosophique, — et il faut entendre par là l'enseignement de la philosophie spéculative qui, pour Hegel, est la seule philosophie, — se
rend témoignage à lui-même de la vérité qui est en lui. — On
conçoit le peu de goût qu'un esprit aussi sévère, et aussi démons-
tratif que Hegel, a pu avoir pour les vues étroites, vagues et superficielles du piétisme et de la connaissance immédiate, dont
l'un place les fondements de la religion et de la science dans le
cœur et le sentiment, et l'autre dans une aperception ou intuition
immédiate, c'est-à-dire, à la surface des choses,

du cœur lui-même, qu'il délivre des notions vaines
de l'entendement, dont le cœur se targue pour
montrer que le fini se distingue de l'infini, que la
philosophie est ou le polythéisme, ou dans les esprits plus pénétrants, le panthéisme, etc. (1) ; elle
est, en d'autres termes, une délivrance de ces vues
mesquines avec laquelle l'humilité piétiste attaque la
science théologique, tout aussi bien que la philosophie.
Si la religiosité se contracte, et se durcit dans cet
état du cœur où l'esprit ne reçoit pas son développement naturel, il ne faut point s'étonner qu'elle n'a-
perçoive pas les contradictions dans lesquelles cette
forme étroite la fait tomber, en présence de l'expan-
sion de l'esprit, et de l'enseignement religieux et philosophique. Car ce n'est pas à cette religion simple et
naïve, qui n'est, elle aussi, qu'un produit de la réflexion
et du raisonnement (2), que s'arrête l'esprit pensant (3).
Cette prétention, qu'une telle religion affecte de
s'être affranchie de tout enseignement, est l'œuvre des
notions superficielles de l'entendement dont elle se
sert pour attaquer la philosophie spéculative, et pour

______

(1) Il fait aussi allusion à Tholuk qui, dans l'ouvrage cité plus
haut, avait dirigé une polémique contre la philosophie, et distingué deux espèces de philosophies, dont l'une, suivant lui, est le
polythéisme, en ce qu'elle admet l'indépendance absolue des
substances finies, et l'autre le panthéisme, en ce qu'elle ne reconnaît qu'un principe et une substance.

(2) Ordinaires et suivant l'ancienne logique.

(3) *Denkende Geist*. L'esprit qui pense dans l'acception éminente du mot, c'est-à-dire la pensée spéculative.

se maintenir à la hauteur d'un sentiment abstrait et vide. Je veux citer ici les paroles que Fr. Von Bader adresse aux partisans de cette doctrine dans ses *Fermentis cognitionis* : « Tant qu'on ne cherchera pas, dit-il, à fonder de nouveau le respect, qui est dû à la religion et à son enseignement, sur la science et la libre recherche, et sur la conviction qui en résulte les pieux et les non-pieux (1), avec tous leurs préceptes et leurs prohibitions, avec leurs discours et leurs œuvres, ne parviendront pas à éloigner d'elle le mal, et à la faire aimer en la faisant respecter. Car on ne peut sincèrement aimer que ce qui est sincèrement respecté, et reconnu comme digne de respect, de telle façon que la religion ne peut, elle aussi, être révérée avec un *amor generosus* qu'à cette condition. En d'autres termes, voulez-vous voir augmenter de nouveau la pratique de la religion, faites en sorte d'arriver à une nouvelle théorie de la religion, et n'empruntez pas à vos adversaires, les athées, cette doctrine irrationnelle, et ce blasphème, qu'il faut considérer une telle théorie comme une chimère, et que la religion est une affaire du cœur dans laquelle on peut, ou, pour mieux dire, on doit se passer entièrement de la tête (2).

(1) *Fromme und nicht fromme.* Les piétistes qui sont pieux à leur façon, mais qui ne le sont pas réellement.

(2) Tholuk cite (dans sa *Doctrine du péché : Über die Lehre von der Sünde*) plusieurs passages du traité, *Cur Deus homo*, de saint Anselme, et il admire (p. 127) « la profonde humilité du pen-

Pour ce qui concerne l'insuffisance du contenu de la religion, on doit remarquer qu'elle ne peut s'appliquer qu'au côté phénoménal de la religion, et à ses conditions extérieures dans un temps particulier. Il peut y avoir lieu de se plaindre, par exemple, qu'un tel temps ne produise que la croyance en Dieu, ce qui déplaisait si fort au noble Jacobi, ou qu'il n'éveille dans les âmes que le christianisme étroit de la sensibilité; mais il ne faut pas non plus méconnaître les hauts principes qui se font jour et se réalisent même dans ces formes. (*Voy. Logique, introd.,* §LXIV.) Quant à la science, elle a devant elle ce riche contenu qu'ont amené des centaines et des milliers d'années d'activité scientifique, et ce contenu ne se présente pas à elle comme un fait, ou comme une matière historique que *d'autres* ont possédée, qui serait passée pour nous, et qui serait un objet fait pour la mémoire, ou pour exercer simplement la critique de l'historien, mais ne concernant nullement la connaissance de l'esprit, et la valeur intrinsèque de la vérité. Ce qu'il y a de plus élevé, de plus profond et de plus intime se produit dans les

seur. » Pourquoi ne cite-t-il pas aussi le passage du même traité que j'ai cité, Encyclopédie, § 77 : « *Negligentiæ mihi videtur si non studemus quod credimus* INTELLIGERE ? — Il est vrai que là où le *credo* s'est, pour ainsi dire, contracté dans quelques articles, il ne reste qu'une bien mince matière à connaître, et on ne peut faire sortir qu'un bien mince résultat de la connaissance.

(Note de l'Auteur.)

religions, les philosophies et les œuvres d'art, sous une forme plus ou moins pure, plus ou moins claire, et souvent même sous une forme terrible et repoussante. Il faut considérer comme un service rendu à la science que M. Bader continue à exposer, avec un esprit spéculatif, ces formes, non comme une réminiscence, mais comme des formes, qui ont une valeur scientifique et un contenu permanent et réel, dans lequel se déploie et s'affirme l'idée de la philosophie. L'esprit profond de Jacob Bœhm a vu dans les religions, les philosophies, etc., des occasions et des formes (1). C'est avec raison qu'on a donné le nom de *philosophus teutonicus* à cet esprit profond. Car il a élevé, d'une part, le contenu de la religion jusqu'à l'idée absolue, il a su y découvrir les problèmes les plus profonds de la raison, et il a cherché à y saisir la nature et l'esprit dans leur sphère et leur forme déterminées, en posant en principe que l'esprit de l'homme, et toutes choses ne sont, d'après l'image de Dieu, qu'une *trinité,* et n'existent que pour rétablir cette image primitive qu'ils ont perdue; et, d'autre part, il a ramené les formes des choses de la nature (le soufre, le salpêtre, l'acide, l'amer, etc.) à des formes spirituelles et à des pensées. La Gnose de M. de Bader, qui s'applique à la recherche de ces formes, est une manière particulière d'éveiller et de

____

(1) *Gelegenheit und formen.* Des occasions et des formes par, et dans lesquelles se manifeste l'idée.

stimuler la curiosité philosophique. Car elle est également opposée à cette doctrine vide et froide de
l'*explication*, et aux vues étroites du piétisme. Mais
M. de Bader montre en même temps, dans ses écrits,
qu'il est loin de considérer une telle Gnose comme
le seul mode de connaître. Cette Gnose est, en effet,
insuffisante en ce que sa métaphysique ne s'élève pas
à la considération des catégories, et au développement
méthodique du contenu de la connaissance. Par suite
de la manière imparfaite dont elle saisit la notion,
elle laisse pénétrer indifféremment dans son exposition des formes tantôt grossières, tantôt pleines de
sens; et enfin, et surtout, elle présuppose le contenu absolu de la connaissance, et c'est sur cette
présupposition qu'elle fonde ses explications, ses rai-
sonnements et ses réfutations.

Mais de ces formes plus ou moins claires, ou plus
ou moins obscures de la vérité, pourra-t-on nous
dire, nous en avons assez et à satiété, dans les religions, dans les mythologies, dans les philosophies
gnostiques et mystiques des temps anciens et modernes. On éprouve cependant une vive satisfaction à
découvrir les traces de l'idée dans ces formes, et à
voir que la vérité philosophique n'est pas une vérité
solitaire, et que son action et sa réalité se trouvent
comme à l'état de fermentation dans ces manifestations. C'est lorsque la présomption de l'ignorance
s'applique à rendre la vie à ces productions obscures
de l'esprit, ainsi que l'ont fait des imitateurs de M. de

Bader, qu'une telle Gnose affecte, dans son insuffisance et sa lourdeur, la prétention d'être le seul mode de connaître. On conçoit sans peine qu'il soit plus aisé de s'occuper de ces représentations sensibles et de ces symboles, et de bâtir sur eux une philosophie arbitraire et fantastique, que d'entreprendre le développement de la notion, et de soumettre la pensée, ainsi que le sentiment (1) à la loi logique. Il y a un autre défaut qui accompagne la présomption : c'est de présenter comme une découverte ce qu'on a appris des autres, chose qu'on croit d'autant plus facilement qu'on les combat, ou qu'on les ravale. Peut-être même ne se met-on pas tant en colère contre eux, que parce qu'on leur doit ses propres connaissances et ses propres doctrines.

Comme c'est un besoin irrésistible de la pensée qui se révèle dans ces manifestations extérieures et passagères (2) dont je viens de parler, c'est aussi le besoin de toute pensée qui s'est élevée jusqu'à l'esprit (3), ainsi que le besoin de son temps (4), et par conséquent le seul objet digne de notre connaissance que de manifester, dans, et par la pensée, ce qui jadis ne s'était manifesté que comme un mystère, et qui pour

(1) *Gemüth.*
(2) *Zeiterscheinungen.* Manifestation dans le temps.
(3) Pensant, ou la pensée spéculative.
(4) Parce que l'individu, ou les individus qui éprouvent ce besoin sont, plus ou moins, les organes et les représentants de leur temps.

la pensée formelle (1) demeure toujours comme tel, quelle que soit d'ailleurs la clarté, ou l'obscurité de ces manifestations. Car la pensée, dans le droit absolu de sa liberté, s'obstine, et avec raison, à se réconcilier avec le riche contenu qui est devant elle, en apprenant à le revêtir de sa forme essentielle, qui est la forme de la notion, la forme de la nécessité qui lie tout contenu comme toute pensée, et qui, en les liant ainsi, les place dans la liberté de leur nature. Si le passé, — je veux dire la forme du passé, car le contenu est toujours jeune, — doit être rajeuni, la forme de l'idée, telle qu'elle s'est produite chez Platon, et plus encore chez Aristote, mérite d'être ravivée (2) bien plus que toute autre forme, et cela, entre autres raisons, parce qu'en dévoilant à nous-mêmes cette forme, et en nous l'appropriant par l'éducation de notre pensée, non-seulement nous apprenons.à l'entendre, mais nous amenons un progrès, — un pas en avant (3), — dans la science. Ce n'est pas cependant à la surface que réside l'intelligence de ces formes ; ce ne sont pas non plus les fantasmagories gnostiques

(1) Dans le sens de l'ancienne logique, c'est-à-dire de la logique de l'entendement abstrait et subjectif, qui, par cela même, ne peut saisir la nature concrète et objective des principes. Ceux-ci demeurent vis-à-vis de lui à l'état de mystère.

(2) *Der Erinnerung würdig*, digne de souvenir.

(3) *Ein Fortschreiten*. C'est un progrès en ce sens que ces formes, en se perpétuant, fournissent à l'esprit l'occasion, les moyens et le point de départ de nouveaux développements.

et cabalistiques qui peuvent nous la donner, mais c'est en entendant la nature de l'idée elle-même, et l'accord de ses déterminations que nous pouvons apprendre à saisir ces formes, et à les exprimer.

De même que l'on dit avec raison de la vérité qu'elle *est index sui et falsi,* mais que le faux ne peut point nous donner la conscience du vrai, ainsi la notion s'entend elle-même, et elle entend aussi la forme où elle ne se trouve pas (1), tandis que cette dernière n'entend pas la notion. La science (2) entend le sentiment et la foi, mais elle ne saurait être jugée que par la notion sur laquelle elle s'appuie, et comme elle est un développement d'elle-même, tout jugement qu'on pourrait porter sur elle, et qui serait fondé sur la notion, ne serait pas tant un jugement qu'un développement et une progression qui se font, pour ainsi dire, avec l'objet que l'on juge (3). C'est un

(1) *Begrifflosen,* c'est-à-dire, elle entend, si, et jusqu'à quel point, les doctrines religieuses et philosophiques sont conformes à l'idée.

(2) C'est-à-dire, la philosophie spéculative entend le sentiment et la foi, qui ne sont que des degrés de la vie de l'esprit.

(3) La pensée de Hegel est celle-ci : une critique qui ne se fonde pas sur une idée n'a pas de valeur philosophique. Mais si elle se fonde sur une idée, le jugement qu'elle porte sur la philosophie spéculative ne peut avoir lieu d'un point de vue étranger à cette philosophie, qui embrasse la totalité des idées, et, par conséquent, c'est un jugement qui doit se former en entrant dans ses données, et en suivant ses développements ; car cette philosophie se développe par elle-même et par sa vertu propre, et chaque développement est une démonstration et une

tel jugement que je désire pour cette recherche, c'est le seul que je puis apprécier et prendre au sérieux.

Berlin, 25 mai 1827.

confirmation de sa vérité. Par conséquent, pour la réfuter, il faut démontrer qu'elle n'est pas conforme à la notion, c'est-à-dire à la notion de la science et des choses, et la démontrer en lui substituant un système qui soit fondé sur cette notion, et qui lui soit plus conforme qu'elle.

INTRODUCTION

DE HEGEL.

⸺⟢◉⟣⸻

§ I.

La philosophie n'a pas l'avantage que possèdent
les autres sciences, de pouvoir *présupposer* (1), soit
son objet, comme s'il était immédiatement donné par
une représentation, soit la méthode, qui doit diriger
le commencement et la marche ultérieure de ses recherches, comme si elle avait été antérieurement dé-

(1) *Voraussetzen*, poser d'avance, présupposer. En effet, les autres sciences, par là même qu'elles sont limitées, trouvent leur
méthode et leur objet posés d'avance, et elles les acceptent tels
qu'ils leur sont donnés par la représentation sensible, sans s'en-
quérir de leur origine ni de leur valeur; tandis que la philosophie, qui est une science universelle et absolue, doit se donner
elle-même son objet et sa méthode. C'est là une première dif-
culté.

terminée. Elle a, à la vérité, le même objet que la religion ; car toutes deux ont pour objet le vrai, dans l'acception la plus élevée du mot, et en ce sens, que Dieu est la vérité, et la seule vérité. Toutes deux traitent aussi des choses finies, de la nature et de l'esprit humain, ainsi que de leurs rapports, soit entre eux, soit avec Dieu. Dans ce sens, la philosophie peut présupposer la connaissance de son objet, sans cependant y attacher une grande importance ; et cela parce que la conscience commence, dans l'ordre du temps, par se donner la représentation des objets avant d'en posséder la notion, et que ce n'est qu'en traversant la sphère des représentations, et en y appliquant son activité, que l'esprit s'élève à la connaissance réfléchie et absolue de la vérité.

Cependant, en examinant la chose attentivement, l'on voit que le but essentiel de la philosophie consiste à exposer les développements *nécessaires* de son contenu, et à *démontrer* la nature et les déterminations de son objet. D'où l'on voit aussi que la connaissance représentative ne saurait atteindre à ce résultat, ni fournir, ou légitimer des hypothèses et des affirmations (1). Il faut ajouter que la difficulté qu'il y a à déterminer le commencement de la science vient

---

(1) *Voraussetzungen und Versicherungen,* des présuppositions et des affirmations. Les principes, en effet, qui constituent les vraies affirmations et les vraies présuppositions, ou le point de départ de la science, ne peuvent se trouver dans la sphère des connaissances représentatives. Voy. plus bas, § III, Rem*.

également de ce que ce commencement, en tant que
principe immédiat, donne naissance à une supposition, ou, pour mieux dire, est lui-même une supposition.

§ II.

La philosophie peut d'abord se définir d'une manière générale, *l'investigation des choses par la pensée*.
S'il est exact de dire — et il l'est en effet — que
l'homme se distingue des animaux par la pensée,
tout ce qui est humain n'est tel, que parce qu'il est
l'œuvre de la pensée. Mais comme la philosophie constitue un mode particulier de la pensée, mode à l'aide
duquel la pensée devient connaissance, et connaissance qui pénètre dans l'intimité des choses, la pensée philosophique a, par cela même, un caractère
spécial qui la distingue de toute autre activité humaine, bien que les produits de la pensée humaine
soient les produits d'une seule et même pensée. Car
la pensée demeure identique à elle-même, et ses différences viennent de ce que la conscience, qui a son
fondement dans la pensée, ne prend pas d'abord la
forme de la pensée, mais du sentiment, de l'intuition et de la représentation, manières d'être de
l'esprit, qui ne se distinguent de la pensée que par
la forme (1).

____

(1) Conf. sur ce point mon *Introduction*, chap. XIII.

REMARQUE.

C'est une ancienne opinion et une maxime vulgaire que l'homme ne se distingue de la brute que par la pensée. C'est là, en effet, une maxime vulgaire, et l'on doit s'étonner de se voir obligé de rappeler une si vieille croyance. Et cependant il faut la rappeler, en présence du préjugé de notre temps qui sépare le *sentiment* et la *pensée* au point de les considérer comme opposés et hostiles, et qui prétend que le sentiment, et surtout le sentiment religieux, perverti et comme souillé par la pensée, menace de s'éteindre, et que la religion et la piété n'ont nullement leur fondement et leur racine dans la pensée. L'on oublie en cela que l'homme seul est apte à la vie religieuse, et que la religion n'est pas échue en partage aux animaux, pas plus que la moralité et la justice (1).

En séparant la religion et la pensée, on s'accoutume à déprécier cette sorte de pensée qu'on peut appeler *réflexion* ou *pensée réfléchie*, dont les pen-

____

(1) C'est-à-dire que l'homme ne possède la moralité, la justice, etc., que parce qu'il pense, en entendant ici par pensée cette activité supérieure, par laquelle il connaît l'éternel et l'absolu, qui sont le fondement de la religion, de la justice, etc.; tandis que les animaux qui possèdent cette forme inférieure et obscure de la pensée, que l'on nomme *sentiment* ou *sensibilité*, ne connaissent, ni la religion, ni la moralité.

sées diverses forment le contenu, et qui a pour objet
d'élever ce dernier à la conscience de lui-même. Le
peu de soin que l'on met à rechercher et à déterminer le caractère spécial qui distingue la pensée
philosophique, est ce qui attire à la philosophie les
plus violents reproches et les plus graves difficultés.

Puisque l'homme est fait pour la religion, la moralité et la justice, et qu'il n'est tel, que parce qu'il
est une substance pensante, la pensée — qu'elle
prenne, d'ailleurs, la forme du sentiment, de la
croyance, ou de la représentation — ne peut être
frappée d'impuissance dans ses rapports avec ces
objets, qui, du reste, sont un témoignage vivant de
son activité et de son œuvre. Tout au contraire,
ces sentiments et ces représentations ne peuvent
devenir de vraies connaissances qu'à la condition
d'être déterminés et façonnés par la pensée. Et c'est
la pensée qui, en s'appliquant à ces modes divers
de la conscience, engendre la réflexion, le raisonnement, etc., et enfin la philosophie.

Il y a, à ce sujet, une erreur qui a bien souvent
prévalu, et qui consiste à considérer la pensée réfléchie comme la condition, ou plutôt comme la seule
source de la connaissance. C'est à cela qu'il faut attribuer l'importance que l'on attache — et maintenant
plus que jamais — aux preuves métaphysiques de
l'existence de Dieu ; comme si la croyance et la conviction de cette existence dépendaient exclusivement

de cette connaissance réfléchie. C'est comme si l'on disait qu'on ne peut manger que lorsqu'on connaît la composition chimique, végétale et zoologique des aliments, ou qu'on ne doit faire la digestion avant d'avoir achevé l'étude de l'anatomie et de la physiologie. S'il en était ainsi, ces sciences seraient dans leur domaine, comme la philosophie dans le sien, non-seulement utiles, mais absolument nécessaires, ou, pour mieux dire, elles seraient tellement nécessaires qu'elles n'existeraient pas du tout.

§ III.

Le contenu de la conscience, de quelque nature qu'il soit, peut se déterminer comme sentiment, comme intuition, comme image, représentation, but, devoir, ou comme pensée, notion, etc. Ce sont là des formes diverses d'un seul et même contenu, soit qu'on pense, soit qu'on veuille ou qu'on sente un objet; qu'on ait une pensée sans ou avec mélange de sentiment, ou un sentiment sans ou avec mélange de pensée. Dans chacune de ces formes, ou dans leur mélange, le contenu constitue l'objet de la conscience. Mais, en pensant cet objet, les déterminations propres de chacune de ces formes se glissent dans son contenu, ce qui fait que l'objet semble se multiplier, et que ce qui est identique en soi paraît se différencier.

REMARQUE.

Comme les sentiments, les intuitions, les désirs, les volitions, etc., lorsqu'ils ne dépassent point les limites de la conscience (1), peuvent être nommés des *représentations*, l'on peut dire, en général, que la philosophie a pour objet de mettre à la place des représentations, des *pensées*, des *catégories* et surtout des *notions*. Les représentations peuvent être considérées, en général, comme des métaphores (2) des pensées et des notions. Il ne suffit pas d'avoir des représentations pour connaître la pensée intime qui en fait le fondement, c'est-à-dire la notion. Mais c'est aussi autre chose posséder des pensées et des notions, et autre chose savoir quels sont les représentations, les intuitions et les sentiments qui leur correspondent.

(1) C'est-à-dire qu'il ne suffit pas d'avoir la conscience d'une chose pour en saisir la notion, parce qu'en ce cas l'on a plutôt sa représentation que sa notion. On conçoit la notion, mais on ne peut se la représenter, et l'acte par lequel on saisit la notion d'une chose, élève la pensée au-dessus de la sphère de la conscience, puisqu'il l'identifie avec la chose même, tandis que dans la conscience, le sujet et l'objet, la pensée et la notion sont séparés.

(2) *Metaphern*, des images, et comme des enveloppes extérieures de la chose. Ainsi, avoir une simple représentation de *Dieu,* de *l'infini*, de *l'âme*, ce n'est, pour ainsi dire, qu'en connaître la surface ; tandis que l'on saisit la chose même, et sa nature intime, en pénétrant par la pensée dans sa notion.

C'est à cela qu'il faut attribuer en partie ce que l'on appelle l'obscurité de la philosophie.

La difficulté réside, d'une part, dans l'inaptitude, qui au fond n'est qu'un manque d'habitude, de penser d'une manière abstraite, c'est-à-dire de saisir fortement les pensées pures, et de s'y mouvoir, si l'on peut ainsi parler. Dans la conscience vulgaire, la pensée pure est altérée et troublée par les éléments ordinaires, soit sensibles, soit spirituels, et, dans la réflexion et le raisonnement, par un mélange de pensées, de sentiments, d'intuitions et de représentations. Ainsi, la proposition « *cette feuille est verte* » est formée d'un double élément, d'une matière sensible et de catégories, telles que les catégories de l'*être*, de l'*individualité*, etc. Or, ce n'est pas là prendre pour objet la pensée pure.

Une autre cause d'obscurité est dans la prétention de vouloir saisir dans la conscience les pensées et les notions sous la forme de représentation. De là l'expression qu'on ne sait ce que l'on doit faire d'une notion, lorsqu'on l'a saisie, car on ne peut penser d'une notion que la notion elle-même. Cette expression repose sur le désir que l'on a d'y trouver une représentation connue et ordinaire. Il semble que la conscience, lorsqu'elle est privée d'une représentation, se sente manquer le terrain sur lequel elle se croit solidement assise, et lorsqu'elle se trouve transportée dans la région pure des idées, elle ne sait plus quel monde elle habite.

A ce titre, l'on trouvera bien plus clairs et bien
plus intelligibles les écrivains, les prédicateurs et les
discoureurs qui débitent des connaissances vulgaires,
que tout le monde sait par cœur, et que l'on comprend sans effort.

§ IV.

Ainsi, la philosophie aura d'abord pour objet, relativement à la conscience vulgaire, de démontrer la
nécessité de son mode spécial de connaître, et d'en
réveiller le besoin; relativement à la religion et à la
vérité en général, de prouver qu'elle peut connaître
par elle-même, et par sa vertu propre; relativement
à la différence qui semble exister entre elle et la religion dans sa forme extérieure, d'expliquer et justifier les déterminations qui l'en distinguent.

§ V.

Mais pour se rendre plus aisément compte, dès à
présent, de cette différence et du principe qui s'y
rattache, à savoir, que c'est en se transformant en
pensées et en notions pures, que le contenu de la
conscience prend sa forme véritable, et, pour ainsi
dire, se revêt de sa lumière propre, il faut se rappeler cette ancienne opinion, suivant laquelle ce qu'il
y a de vérité dans les objets et les événements, comme
dans les sentiments, les intuitions et les représen-

tations, etc., ne saurait être saisi que par la réflexion. Et c'est là précisément ce que la réflexion
opère dans tous les objets. Sentiments, représentations, elle transforme tout en pensées.

Mais, par cela même que la pensée est la forme et
l'objet de la philosophie, et que, d'un autre côté,
tout homme est doué de la faculté de penser, l'on
voit ici paraître, comme conséquence de ce point
de vue imparfait et exclusif, qui omet la différence
que nous avons signalée au § III, une opinion contraire à celle qui voit dans la philosophie une science
difficile et obscure. Ici la philosophie est traitée avec
une sorte de dédain, et ceux-là mêmes qui ne l'ont
point cultivée, ont la prétention de comprendre aisément son objet, et ils croient que, pour philosopher
et pour juger de cette science, il suffit d'avoir
une culture ordinaire, et surtout le sentiment religieux.

L'on accorde, à l'égard des autres sciences, qu'il
faut les avoir cultivées pour les connaître, et que
c'est à la suite de cette connaissance qu'on est auto-
risé à porter un jugement sur elles. L'on accorde
également qu'il faut avoir appris et exercé le métier
de cordonnier pour faire des chaussures, bien que
chaque homme possède dans son pied une règle propre à l'initier à un tel métier, ainsi qu'une main et
une aptitude naturelle pour l'exercer (1). Il n'y au-

(1) Voyez sur ce point l'*Alcibiade premier*.

rait donc que la philosophie qui n'exigerait ni étude,
ni travail. Cette opinion, qui est, du reste, fort commode, a trouvé, dans ces derniers temps, un appui
dans la doctrine qui reconnait une science immédiate, une science par intuition (1).

§ VI.

D'un autre côté, il est important de se bien pénétrer de ce principe, que le contenu de la philosophie n'est autre que celui qui se produit dans le domaine de l'esprit vivant pour former le monde, le
monde extérieur et le monde intérieur de la conscience; en d'autres termes, que le contenu de la
philosophie est la réalité même. La conscience immédiate (2) de ce contenu, nous l'appelons *expérience*. Une observation attentive du monde distingue
déjà ce qui, dans le vaste domaine de l'existence
interne et externe, n'est qu'une apparence fugitive
et insignifiante d'avec ce qui a une vraie réalité.
Comme la philosophie ne diffère que par la forme
de la conscience vulgaire, et de la manière dont elle
saisit ce contenu, elle doit montrer l'accord de la
réalité et de l'expérience. Sans doute, cet accord peut

(1) Il fait allusion à la doctrine de Jacobi. Voyez plus bas,
§ LXI et suivants.

(2) *Das nächste Bewusstseyn*, c'est-à-dire, la première connaissance, la connaissance qui n'a pas encore été élaborée par la
pensée réfléchie.

être regardé comme une justification extérieure d'une doctrine philosophique, mais l'on peut aussi, à un point de vue supérieur, poser en principe que la fin la plus haute de la science consiste à opérer, par la connaissance de cet accord, la conciliation de la raison réfléchie, et de la raison vulgaire et de l'expérience.

REMARQUE.

L'on trouve dans la préface de ma *Philosophie du Droit*, p. 19, ces propositions : *Ce qui est rationnel est aussi réel, et ce qui est réel est aussi rationnel.* Ces propositions bien simples ont été vivement attaquées, et elles ont paru extraordinaires à ceux-là mêmes qui, sans reconnaître le principe religieux, ne repoussent pas la philosophie. Il n'y a pas lieu, d'ailleurs, d'en appeler ici à la religion, car la doctrine de la divine Providence renferme d'une manière explicite ces propositions. Mais, en ce qui concerne leur signification, pour la bien saisir, il faut se pénétrer de ce principe que Dieu est la réalité la plus haute et la seule réalité, et que, relativement à la forme, l'existence est en partie *apparence* et en partie *réalité.* Dans la vie ordinaire, tous les événements, l'erreur, le mal et tout ce qui appartient à cet ordre de choses, ainsi que toute existence passagère et périssable, sont accidentellement appelés des réalités. Et même, aux yeux de la conscience vulgaire, c'est une exagération

que de considérer une existence contingente comme
une *réalité*, car une telle existence n'a que la valeur
d'une *possibilité*, laquelle peut être aussi bien que
n'être pas. Mais, lorsque j'ai parlé de réalité, il était
bien aisé de comprendre dans quel sens j'ai employé
cette expression, puisque dans ma *Logique* (1), j'ai
traité de la *réalité*, et que non-seulement je l'ai distinguée du *contingent*, qui a, lui aussi, une existence,
mais de l'*être*, de l'*existence* et d'autres déterminations.

Plusieurs opinions s'élèvent contre la réalité de la
raison. D'une part, l'on ne voit dans les idées et l'i-
déal que des êtres chimériques, et dans la philosophie qu'un système de ces fantômes. D'autre part,
l'idéal est considéré comme quelque chose de trop
excellent pour avoir une réalité, ou bien encore
comme ne pouvant la produire. Mais la séparation de
la réalité et de l'idée plaît surtout à l'entendement
qui prend les rêves de ses abstractions pour des êtres
véritables, et qui est fier de sa notion du *devoir* (2), à
l'appui de laquelle il invoque volontiers l'état des sociétés, comme si le monde n'était pas, et qu'il eût à
attendre la réalisation de cette notion pour être ce
qu'il doit être ! Mais s'il était ce qu'il doit être, que

____

(1) § CXLII.

(2) Il faut entendre ici par *devoir* ce qui *doit* être. En effet,
l'entendement en séparant l'idée des choses, enlève l'être au
monde. En ce sens, l'on ne peut pas dire que le monde *est* ce
qu'il *doit* être.

deviendrait l'importance du devoir? Lorsque l'entendement se trouve en présence d'objets, d'événements
et de circonstances extérieurs, vulgaires et transitoires, qui, d'ailleurs, peuvent avoir, pour un temps et
dans une sphère bornés, une importance très-grande,
bien que relative, dans ce cas l'entendement se plain-
dra avec raison de trouver dans ces objets des caractères qui ne sont point d'accord avec les déterminations générales et légitimes de la pensée (1). Qui est si
peu avisé pour ne pas remarquer autour de soi un
grand nombre de choses qui ne sont pas ce qu'elles
devraient être? Mais on a tort de transporter cette
notion dans le domaine de la philosophie. L'objet de
celle-ci est l'idée qui n'est pas ce qui *doit* être, mais
ce qui *est,* et qui possède une réalité telle, qu'en face
d'elle ces objets, ces événements et ces états divers
ne forment que le côté superficiel et extérieur des
choses (2).

(1) C'est-à-dire que dans son idée, le monde est ce qu'il
doit être, et qu'il n'y a que les existences et les événements
particuliers, contingents et transitoires qui ne sont pas ce qu'ils
devraient être. Mais c'est là une nécessité intérieure des choses,
nécessité qui constitue la vie même du monde. Car, si tout était
ce qu'il doit être, la vie et le mouvement du monde seraient
inexplicables.

(2) Il y a dans les choses un événement apparent, accidentel,
extérieur, et un élément réel, nécessaire et intérieur. C'est cet
élément qui est l'objet de la philosophie. Cet élément n'est
pas hors du monde, et, par conséquent, le monde est ce
qu'il doit être. Comme il est la plus haute réalité, il constitue

§ VII.

La réflexion contient le principe (en prenant aussi
ce mot dans le sens de commencement) de la philosophie ; et elle a reparu avec toute son indépendance
dans les temps modernes, après la réformation.
Ce qui distingue la réflexion moderne, c'est qu'elle
ne s'est pas arrêtée, comme jadis la philosophie grecque, à des abstractions, mais elle a, pour ainsi
dire, pénétré dans la matière informe de ce monde
des apparences. Ainsi, cette science mérite seule le
nom de philosophie, qui recherche l'universel et une
mesure invariable dans cet océan d'individualités sensibles, le nécessaire et la loi dans ce désordre apparent de la contingence infinie, et qui, en même temps,
puise la matière de la connaissance dans l'observation
et l'intuition externes et internes, c'est-à-dire dans
cette nature, et dans cet esprit vivants et réels qui
sont devant nous, et qui se manifestent à notre conscience.

REMARQUE.

Le principe de l'expérience contient une détermination de la plus haute importance, à savoir, que

la raison et la nécessité interne de l'expérience, et quelque
forme que revête l'expérience, elle ne peut se soustraire à cette
nécessité.

l'homme doit exister et se trouver dans l'objet, pour que celui-ci soit saisi et connu , ou , pour parler avec plus de précision , il faut que l'objet soit tellement lié à son existence , que l'affirmation de lui-même et l'affirmation de l'objet soient insé-parables. Il faut, disons-nous, que l'homme existe et qu'il soit en rapport avec l'objet, soit qu'il y applique ses sens, ou ses facultés les plus hautes, et la cons-cience la plus intime de lui-même (1).

Ce principe de l'expérience est celui qui, de nos jours , a été appelé croyance, science immédiate, révélation extérieure , ou plutôt intérieure de la conscience.

Nous appelons empiriques les doctrines qui partent de l'expérience. Mais, quelles qu'elles soient, ces doctrines ne se proposent que la connaissance des lois et des principes, c'est-à-dire la théorie, ou la connaissance réfléchie des choses. C'est ainsi que l'on a donné le nom de *philosophie de la nature* à la physique de Newton. Et Hugues Grotius a fondé une théorie que l'on pourrait appeler la *philosophie du droit extérieur des États*, en partant du rapproche-

(1) C'est-à-dire que dans les doctrines qui partent de l'expé-rience se trouve ce principe, que rien n'existe dans l'homme qui ne tombe sous l'expérience interne ou externe, et que cette expérience doit avoir sa racine dans la constitution même de la nature humaine, de telle sorte que l'homme puisse retrouver dans l'objet qui lui est donné par l'expérience une manifestation et une affirmation de lui-même.

ment des conquêtes et des rapports des peuples, et
à l'aide du raisonnement ordinaire (1 .

Les Anglais attachent toujours au mot *philosophie*
cette signification, et, à leurs yeux, Newton passe
pour le plus grand des philosophes. L'on a même fini
par faire figurer le mot de philosophie dans les cata-
logues des instruments de physique, et les fabricants
ont appelé *instruments philosophiques* le thermo-
mètre, le baromètre, et tous les instruments qui ne
sont pas classés parmi les appareils électriques et
magnétiques. Et cependant c'est la pensée seule, et
non un assemblage de fer, de bois, qui mérite d'être
appelée l'instrument de la philosophie (2).

C'est de la même manière que l'économie politique,
cette science qui est redevable de ses progrès aux
travaux des derniers temps, a reçu le nom de philo-

(1) L'induction qui opère sur les faits, et en général le raisonnement construit d'après les règles de l'ancienne logique,
et qui se distingue de la pensée philosophique et spéculative.

(2) Le journal publié par Thompson porte ce titre : *Annales
philosophiques* ou *Recueil* (*magazine*) *de chimie, minéralogie, mécanique, histoire naturelle, économie agricole et art*. On peut se figurer
par là de quelle manière sont traitées les matières qu'on nomme
ici phi'osophiques.

Parmi les annonces d'ouvrages récemment publiés, j'ai trouvé
dans un journal anglais le titre suivant : *Art of preserving the
hair on Philosophical principles, neatly printed in post 8, price I. sh.*
— Art de préserver les cheveux, fondé sur des principes philosophiques, etc. — Par principes philosophiques, on a vraisem-
blablement voulu entendre des principes de chimie, de physiologie, etc. (*Note de l'Auteur.*)

sophie, ou d'*économie rationnelle* ou *théorique* (1) comme on l'appelle en Allemagne (2).

§ VIII.

Quelque utile que puisse être dans sa sphère ce genre de connaissances philosophiques, il faut d'a-

---

(1) Le texte porte *Der intelligenz,* économie de l'intelligence.

(2) L'expression *principes philosophiques* se trouve très-fréquemment dans la bouche des hommes d'État d'Angleterre, même dans les discussions publiques, lorsqu'elles roulent sur l'économie politique. Dans la séance de la chambre des communes du 2 février 1825, à l'occasion de l'adresse en réponse au discours du trône, Brougham s'exprimait ainsi : « Les principes élevés et philosophiques, — et c'est bien là le nom qui leur convient, — d'un homme d'État, touchant la liberté du commerce, sur l'admission desquels Sa Majesté a aujourd'hui félicité le Parlement, etc.

Mais ce n'est pas seulement un membre de l'opposition qui tenait un semblable langage. Dans le banquet annuel donné le même mois par la Société des armateurs, sous la présidence du premier ministre, lord Liverpool, qui avait à ses côtés le secrétaire d'État Canning, et le payeur de l'armée, sir Charles Long, Canning, en répondant aux convives qui avaient porté sa santé, dit : « Une période nouvelle vient de commencer, où les ministres peuvent appliquer au gouvernement de ce pays les sages maximes d'une philosophie profonde. » Quelle que soit la différence de la philosophie anglaise et de la philosophie allemande, lorsqu'on voit souvent ce mot employé pour désigner quelque chose de plaisant ou de fastidieux, ou comme une sorte de sobriquet, l'on doit être fort aise de le voir honoré par la bouche d'un homme d'État d'Angleterre.

(Note de l'auteur.)

bord se rappeler qu'il y a des objets, tels que la *liberté, l'esprit, Dieu*, qui appartiennent à un autre ordre de connaissances, et qu'on ne peut faire rentrer dans le cercle des premières, parce qu'ils ne sont pas du domaine de l'expérience. Et si on ne peut les trouver dans l'expérience, ce n'est pas qu'ils échappent à toute expérience. Car ils ne peuvent, il est vrai, être perçus par les sens, mais on peut les observer dans la conscience. C'est là, en effet, une proposition identique 1). S'ils sont en dehors de toute expérience, c'est donc parce qu'ils sont infinis quant à leur contenu.

REMARQUE.

Il y a un ancien principe qu'on attribue ordinairement, bien qu'à tort, à Aristote, comme s'il exprimait le point fondamental de sa doctrine : « *nihil est in intellectu quod non prius fuerit in sensu.* » La philosophie spéculative ne doit pas rejeter cette proposition, mais elle doit aussi admettre le principe contraire :

(1) C'est-à-dire qu'il n'y a pas d'expérience sans la conscience, ni de conscience sans l'expérience. Ainsi, par objet d'expérience, l'auteur entend tout ce qui tombe dans le domaine de la conscience. Mais *Dieu, l'Esprit*, étant des objets infinis, ou, suivant l'expression de l'auteur, ayant un contenu infini, ne peuvent être saisis que par la pensée. Ce que l'expérience peut saisir de Dieu et de l'Esprit, ce sont leurs manifestations extérieures, mais non le fond même de leur être.

« *nihil est in sensu quod non prius fuerit in intellectu,* »
en y attachant la signification générale que le νοῦς,
et, dans un sens plus profond, l'esprit est la cause du
monde, et ensuite que le sentiment moral et religieux
est un sentiment (**1**), et, par conséquent, un fait
d'expérience, dont le contenu a sa racine et son siége
dans la pensée (**2**).

§ IX.

Il faut en outre que la raison soit aussi satisfaite
pour ce qui concerne la forme de la connaissance.
Cette forme doit être marquée du caractère de nécessité (§ i). Dans les autres modes de la connaissance,
le général, le genre, etc., ont un caractère indéterminé, et on n'y voit pas quel est le lien qui les unit
au particulier. Le général et le particulier, ainsi que
les choses particulières qui ont un rapport entre elles,
y apparaissent comme étrangers les uns aux autres,
et comme juxtaposés accidentellement. En outre, la
science n'y commence que par des données immédiates, des pensées irréfléchies ou des hypothèses (**3**).

(**1**) Voy. § ii.

(**2**) C'est-à-dire que le sentiment n'est qu'une forme, ou une
manière d'être de la pensée, ou de l'idée. Conf. mon *Introduction à la Philosophie* de Hegel, chap. II et IV.

(**3**) *Unmittelbarkeiten, gefundenes, voraussetzungen.* Littéralement,
ces mots veulent dire des *immédiatités*, des *choses que l'on trouve,*
des *présuppositions.* La pensée de l'auteur est celle-ci. Les

Dans les deux cas, la forme nécessaire de la pensée n'y trouve pas sa réalisation.

La réflexion, qui se propose de satisfaire à ce besoin de l'esprit, mérite seule le nom de pensée philosophique ou spéculative. Par là, dans la série des pensées réfléchies, chaque pensée se trouve avoir une forme propre, et elle est, en même temps, enveloppée dans une forme commune et générale, c'est-à-dire dans la notion.

REMARQUE.

Le rapport de la connaissance spéculative avec les autres sciences consiste en ce qu'elle ne néglige pas le contenu que celles-ci puisent dans l'expérience, mais qu'elle l'admet et l'emploie. Il consiste aussi en ce qu'elle s'empare du général, des lois et des genres que contiennent ces sciences, et en fait, pour ainsi dire, sa matière propre, mais en leur communiquant un sens et une valeur plus élevés, et en y ajoutant d'autres catégories. La différence entre elle et ces sciences ne

autres sciences n'ont pas la conscience des principes sur lesquels elles sont fondées, ni de la matière sur laquelle elles opèrent. Elles acceptent certains principes d'une manière immédiate et irréfléchie, sans rechercher d'où ils viennent, ni ce qu'ils valent; elles placent le général et le particulier l'un à côté de l'autre, sans rechercher leur rapport et leur filiation intimes. Par conséquent, elles sont aussi imparfaites par la *forme*, que par le *contenu*.

consiste que dans ces modifications des catégories. La logique spéculative contient l'ancienne logique et l'ancienne métaphysique ; elle conserve les mêmes formes de la pensée, les mêmes lois et les mêmes objets, mais elle les construit et les organise d'une manière plus large, et à l'aide de nouvelles catégories.

Il faut distinguer la notion dans son acception spéculative de la notion, telle qu'on l'entend généralement. C'est la manière incomplète dont on se représente la notion qui donne lieu à cette opinion commune que l'infini ne saurait être saisi par la notion (1).

§ X.

Cette définition de la philosophie, soit qu'on considère la nécessité de la forme de la connaissance, ou la faculté d'atteindre à l'absolu, a besoin d'être justifiée. Mais une telle justification est elle-même une connaissance philosophique, ou, pour mieux dire, fait partie de la philosophie. Une explication préalable de ces points serait contraire à la méthode philosophique,

---

(1) En effet, l'on ne voit généralement dans la notion qu'une simple forme subjective qui est, il est vrai, invariable et absolue, mais qui, n'ayant aucun rapport substantiel avec les choses, ne peut nous faire connaître ce qu'il y a d'infini en elles. Pour Hegel, au contraire, la notion constitue le fond, et, pour ainsi dire, l'âme de toute existence. Saisir la notion dans sa réalité, et dans son essence, c'est donc saisir l'infini.

et ne saurait être qu'une série de suppositions, de probabilités et d'affirmations gratuites auxquelles on pourrait opposer avec raison d'autres affirmations.

REMARQUE.

Un des points fondamentaux de la philosophie critique est qu'avant de s'élever à la connaissance de Dieu, et de l'essence des choses, il faut rechercher si notre faculté de connaître peut nous y conduire, car il convient d'abord de connaître l'instrument avant d'entreprendre l'œuvre que l'on veut exécuter avec son secours ; si l'instrument est insuffisant, c'est peine perdue que de la commencer.

Ce point de vue a paru si plein de justesse, qu'il a excité l'admiration et l'assentiment unanimes, et a détourné l'esprit de l'objet de la connaissance pour le renfermer dans l'étude de lui-même, et des éléments formels de la pensée.

Si l'on ne veut pas se laisser tromper par les mots, on verra aisément que d'autres instruments peuvent bien être étudiés et soumis à un examen, sans les employer dans l'exécution des ouvrages auxquels ils sont spécialement destinés, mais que toute recherche relative à la connaissance ne peut se faire qu'en connaissant, et que porter ses recherches sur ce prétendu instrument de la connaissance n'est rien autre chose que connaître. Or, vouloir connaître avant de connaître est aussi absurde que la sage précaution de cet écolier, qui voulait apprendre à nager avant de se risquer dans l'eau.

Reinhold, qui a bien compris les difficultés que renferme ce point de départ, a prétendu, pour y échapper, que l'on devait débuter par des hypothèses, par des connaissances problématiques et provisoires, et avancer dans cette voie — on ne sait, d'ailleurs, comment,—jusqu'à ce que l'on atteigne à une vérité primitive. Ce procédé, examiné de plus près, n'est autre chose que la méthode ordinaire, qui consiste à analyser un principe fourni par l'expérience, ou un principe provisoire posé sous forme de définition. Il faut reconnaître que cette tentative a l'avantage de mettre en évidence le procédé ordinaire des hypothèses et des principes provisoires. Mais la justesse de ce point de vue ne change pas la nature de ce procédé ; elle ne fait, au contraire, qu'en montrer l'insuffisance (1).

§ XI.

La philosophie peut aussi avoir pour fondement un autre besoin de l'esprit qui, en tant qu'esprit

______

(1) La philosophie étant une science absolue, ne peut être justifiée par aucune autre science. Elle doit, par conséquent, se justifier elle-même. S'il en est ainsi, cette justification ne saurait se trouver en dehors des recherches philosophiques, ni au commencement, ni à la fin, ni dans une partie de ces recherches. Mais la philosophie, la connaissance et leur justification se font, se développent et se complètent en même temps. C'est là le sens de ce paragraphe.

doué de sensibilité, d'imagination, de volonté, n'a
pour objet que des êtres sensibles, des représentations et des fins diverses, et qui, en opposition avec
ces formes de son existence et de ces objets, éprouve
le besoin de satisfaire à ce qu'il y a de plus intime en
lui, c'est-à-dire, à sa pensée, et de l'élever à ce degré
où il n'a qu'elle pour objet. C'est ainsi que l'esprit
se saisit lui-même dans le sens le plus profond du
mot, parce que son principe, le fond pur et identique
de son être, c'est la pensée. C'est dans ce travail,
dans ces évolutions, que la pensée tombe dans la
contradiction, et s'égare, pour ainsi dire, dans l'opposition du sujet et de l'objet, ce qui fait qu'au lieu de
se saisir dans son principe, elle demeure comme en-
gagée dans son contraire. Mais ce n'est là qu'un
résultat de l'entendement, en face duquel s'élève un
plus haut besoin de la pensée, besoin fondé sur ce que
la pensée ne s'abandonne pas elle-même, si l'on peut
ainsi parler, et que même dans cet état de déchéance
dont elle a conscience, elle demeure fidèle à elle-
même, jusqu'à ce qu'elle parvienne à trouver en elle-
même la solution de ces oppositions.

REMARQUE.

Que la dialectique soit une loi constitutive de la
pensée, et que, comme entendement, la pensée se
nie et se contredise elle-même, c'est là un des points
essentiels de la logique. La pensée logique, désespé-

rant de pouvoir tirer d'elle-même la conciliation des oppositions où elle s'est placée, s'adresse à l'esprit, à qui il appartient de fournir la solution de ces oppositions sous une autre forme (1).

Dans ce mouvement de la pensée, qui n'est au fond qu'un retour de la pensée sur elle-même, il semble que celle-ci ne devrait pas tomber dans cette sorte de *misologie* dont Platon eut un exemple devant lui (2), et prendre une attitude hostile vis-à-vis d'elle-même, ainsi que cela a lieu dans cette prétendue connaissance immédiate qu'on présente comme la seule forme légitime sous laquelle la vérité existe dans la conscience (3).

§ XII.

La philosophie, qui prend naissance dans la satisfaction de ce besoin, a pour point de départ l'expérience, c'est-à-dire la conscience immédiate et le raisonnement. Mais excitée comme par un appât, la pensée s'élève, par sa vertu propre, au-dessus de la

____

(1) C'est-à-dire que la solution dernière et absolue des contradictions réside dans la pensée et l'esprit. — Voy. *Phil. de l'Esprit*, et mon *Introduction*, ch. XIII.

(2) Il fait allusion à la sophistique.

(3) C'est-à dire que la connaissance *immédiate* ne constitue pas une vraie connaissance, et que la pensée ne doit pas s'y arrêter, puisqu'en s'y arrêtant, elle se met en désaccord avec elle-même ; car la vraie connaissance est la connaissance *médiate*, ou avec négation. — Voy. § LX et suiv., et *Logique* passim.

conscience naturelle, au-dessus des choses sensibles
et du raisonnement, et se place dans l'élément de la
pensée pure. C'est pour accomplir cette évolution
qu'elle pose au début un terme qui lui est comme
étranger, et qui soutient un rapport négatif avec elle.
La pensée trouve, d'une part, sa satisfaction dans
l'idée de l'essence universelle du monde phénoménal
(l'absolu, Dieu), idée qui peut être plus ou moins
complète. D'autre part, la connaissance empirique
elle-même est naturellement stimulée à effacer cette
forme, où la richesse de son contenu se présente
comme une existence immédiate et extérieure ,
comme un assemblage d'éléments qui se succèdent
sans ordre, et d'une manière fortuite, et à élever ainsi
ce contenu à la forme nécessaire de la pensée. C'est
ce désir qu'éprouve la pensée d'atteindre à l'essence
universelle, et la satisfaction qu'elle en dérive, qui
est le point de départ et le mobile de ses développements. Se développer pour la pensée n'est autre
chose que saisir son contenu et ses déterminations, en
leur donnant la forme libre de la pensée pure, libre
en ce sens qu'elle est conforme à leur nécessité interne.

REMARQUE.

L'on déterminera par la suite, d'une manière plus
précise et plus complète, le rapport d'un *terme im-*

médiat et d'un *moyen terme* dans la conscience (1). Il faut seulement remarquer ici que si ces deux moments apparaissent comme distincts, aucun d'eux ne peut en réalité se produire sans l'autre, et qu'ils sont dans une connexion indissoluble. La connaissance de Dieu et de tout être suprasensible suppose l'élévation de la pensée au-dessus de la sensation, et de l'intuition sensible. Elle contient, par conséquent, un rapport négatif avec cette première connaissance, et un moyen terme. Car il y a moyen terme toutes les fois qu'il y a commencement, et puis passage à un second terme, et qu'on n'arrive à ce second terme que par l'intermédiaire d'un autre. Ce qui ne veut pas dire que cette connaissance de Dieu ne se suffit pas à elle-même vis-à-vis de la connaissance empirique, mais bien au contraire, qu'elle se place par là dans un état de parfaite indépendance, en effaçant l'expérience et en s'élevant au-dessus d'elle.

Mais si la médiation, pourra-t-on dire, est une condition essentielle de la connaissance, — et c'est là en effet ce qu'on ne saurait trop répéter, — la philosophie devra nécessairement son point de départ à l'expérience, à l'élément *à posteriori*. A cet égard, on dira de la pensée ce qu'on peut dire du manger. Car les aliments sont la condition du manger, puis-

---

(1) *Unmittelbarkeit und Vermittelung;* littéralement, *immédiatité* et *médiation.* Nous traduirons ces mots par *état, forme, terme, immédiat,* et *médiation, moyen terme, intermédiaire,* etc., suivant les exigences de la langue.

qu'on ne saurait manger sans aliments. Mais le manger peut être accusé d'ingratitude, car il détruit la condition même de son existence. Or, comme la pensée est essentiellement la négation de l'objet fourni par l'expérience, elle n'est pas, à cet égard, moins ingrate.

L'état propre et immédiat de la pensée, qui est en même temps un état de médiation, et qui par conséquent est le résultat d'un moyen terme, c'est l'universel, l'*à priori*. Ici la pensée trouve en elle-même sa satisfaction, et elle est comme indifférente à l'égard du particulier et de son développement. Soit qu'elle ait revêtu la forme claire et développée de la science, soit qu'elle existe encore à l'état de croyance et de sentiment, elle éprouve le même degré de satisfaction et de bonheur que la pensée religieuse.

Lorsque la pensée s'arrête à l'universalité de l'idée —l'*être* des Éléates et le *devenir* d'Héraclite en fournissent des exemples—on peut, avec raison, l'accuser de *formalisme*. Il peut aussi se faire que, dans une philosophie plus avancée, l'on ne saisisse que les propositions ou déterminations abstraites telles que celles-ci : « *Tout est à l'état d'unité dans l'absolu; le sujet et l'objet sont identiques* », et que le particulier ne soit qu'une application, ou, pour mieux dire, une répétition de ces propositions (1). C'est donc avec raison

____

(1) Il fait allusion à la théorie de Schelling. Suivant Schelling, il n'y a pas de différence *qualitative*, mais seulement une

que l'on prétend, en présence de cette généralité abstraite de la pensée, que l'expérience est la condition du développement de la connaissance philosophique. Les sciences empiriques ne s'arrêtent pas à la perception des individualités phénoménales, mais elles s'élèvent aux déterminations générales des êtres, aux espèces et aux lois, et par là elles préparent et façonnent en quelque sorte la matière que la philosophie doit ensuite élaborer. C'est la pensée qui impose à ces sciences la nécessité de s'élever à ces déterminations plus concrètes, et cela en s'emparant de la matière sur laquelle elles opèrent, et en faisant disparaître son existence immédiate et empirique. Par là la pensée ne fait que se développer à travers un contenu qu'elle tire, au fond, d'elle-même. Mais si la philosophie doit aux sciences son développement, elle donne à son tour à leur contenu la forme libre — l'*à priori* — de la pensée, et cette certitude qui repose sur la nécessité de la connaissance, certitude qu'elle met à la place de la croyance vulgaire et des faits d'expérience, qui ne sont qu'une manifestation

differénce *quantitative* entre les choses. D'où il suit qu'un degré, une *puissance* de l'absolu ne diffère pas d'une autre *puissance*, et qu'un développement particulier de l'absolu, pris, par exemple, dans la nature, ne diffère point d'un développement quelconque pris dans l'esprit, ou même du développement total de l'absolu. On peut donc dire que dans cette doctrine l'on ne fait que reproduire à chaque degré ces propositions abstraites, *tout est*, etc. Conf. mon *Introd. à la Philosophie* de Hegel, chap. II.

et une image de l'activité primitive et parfaite de la pensée (1).

§ XIII.

Dans la forme ordinaire de l'histoire extérieure de la pensée, l'origine et le développement de la philosophie sont présentés comme une simple exposition des matériaux qui constituent cette science, et les degrés du développement de l'idée comme une série d'événements qui se succèdent accidentellement, ou comme des principes différents qui se réalisent dans les divers systèmes. Mais celui qui travaille à cette œuvre est, depuis l'origine des temps, le même esprit vivant qui, par l'activité de sa pensée, se donne la conscience de lui-même et de son essence, qui se

____

(1) Le particulier est, suivant Hegel, un état de l'être aussi bien que de la pensée, c'est-à-dire de l'idée. L'idée séparée du particulier n'est qu'une abstraction, et ne produit qu'un pur formalisme, en ce sens qu'elle ne contient pas la totalité de l'idée. Le propre de l'idée est de se réaliser dans le particulier, et de reprendre ensuite sa forme générale dans laquelle se trouvent enveloppés les deux premiers moments. Ce sont ces trois moments qui forment la totalité de l'idée, ou l'idée concrète. Les sciences particulières commencent ce travail, qui doit ramener l'idée à son existence absolue. Elles élaborent la matière fournie par l'expérience, elles lui impriment une forme générale, jusqu'à ce que la pensée philosophique vienne s'emparer de ce travail préparatoire, au fond duquel s'agite et fermente, si l'on peut dire ainsi, l'idée, et en mette en lumière la signification profonde et cachée.

prend lui-même pour objet, et s'élève par là à son plus haut degré d'existence. L'histoire de la philosophie montre dans les divers systèmes qui ont paru une seule et même philosophie qui a parcouru différents degrés, et elle prouve que les principes particuliers de chaque système ne sont que des parties d'un seul et même tout. La dernière philosophie dans l'ordre du temps est le résultat de toutes les philosophies précédentes, et doit, par conséquent, en contenir les principes. Elle est, si toutefois elle est bien une philosophie, la plus développée, la plus riche et la plus complète.

REMARQUE.

Dans un si grand nombre de doctrines philosophiques, il faut déterminer le général et le particulier d'après leurs caractères propres et distinctifs. Si l'on ne saisit le général que d'une manière formelle, et qu'on se borne à le juxtaposer au particulier, le général deviendra lui-même une existence particulière (1). Celui qui, dans les choses ordinaires de la vie, se représenterait ainsi le rapport du général et du particulier, passerait pour insensé. Tel serait, par

(1) Parce que, si on ne voit dans le général qu'une simple forme subjective, ou si on n'établit pas des rapports de nature entre le général et le particulier, le général lui-même devient une chose imparfaite et particulière.

exemple, celui qui, désirant manger un fruit, rejet-
terait les cerises, les poires et les raisins, parce que
ce sont des cerises, des poires et du raisin, et non *le
fruit*. Cependant, quand il s'agit de la philosophie,
on se croit en droit de la dédaigner, parce qu'il y a
différentes philosophies, et que chaque philosophie
constitue une philosophie, et non la philosophie,
comme si les cerises n'étaient pas aussi des fruits.

Il arrive souvent aussi qu'un système qui est fondé
sur le général et les principes se produit à côté de
celui qui ne reconnaît que le particulier, ou, pour
mieux dire, qui nie toute connaissance philosophique. Ces deux systèmes sont considérés comme
deux philosophies qui partent de points de vue
différents. Autant vaudrait dire que la lumière et
les ténèbres sont deux espèces différentes de la lumière.

§ XIV.

C'est le même développement de la pensée qui se
produit dans la philosophie et dans son histoire. Mais
dans la première, il apparaît libre de toute circonstance extérieure et de tout élément historique, et
dans l'élément de la pensée pure. La pensée libre et
vraie est la pensée concrète, c'est-à-dire l'idée ou
l'absolu dans sa plus haute généralité. La science de
l'absolu est nécessairement une connaissance systématique, parce que la vérité concrète doit se déployer

elle-même dans son propre élément et maintenir son
unité par la connexion intime des parties ; elle doit,
en d'autres termes, former un ensemble de connaissances liées étroitement entre elles, et ce n'est qu'en
se différenciant elle-même, et en déterminant elle-
même ses différences, qu'elle amènera la nécessité de
ses développements et la liberté de leur ensemble (1).

REMARQUE.

Une philosophie qui ne repose pas sur une connaissance systématique ne constitue pas une science,
mais bien plutôt une forme, une manière de sentir
individuelle et contingente quant au contenu. Une
connaissance n'est justifiée que lorsqu'elle est le moment d'un tout, en dehors duquel elle n'est qu'une
hypothèse ou une opinion subjective. Les écrits philosophiques, qui n'embrassent que des parties isolées

____

(1) Hegel prend, en général, le mot de *liberté* dans un sens
différent de celui qu'on y attache ordinairement. Pour lui, la
liberté réside surtout dans la conformité des choses avec la raison. Plus l'on s'élève dans la vie rationnelle, et plus l'on est
libre. L'esprit est plus libre que la nature, parce qu'il constitue
un plus haut degré de la raison ou de l'idée, et dans la sphère
de l'esprit, celui-là est libre qui vit conformément à la raison, et,
par conséquent, le complet affranchissement de l'âme réside
dans son identification aux lois éternelles et immuables de la
raison, c'est-à-dire dans la pensée philosophique et spéculative.
C'est là qu'il faut chercher l'accord de la liberté et de la nécessité. Conf. mon *Introd. à la Philosophie* de Hegel, ch. VI.

de la connaissance, n'expriment que des opinions et
des convictions individuelles. C'est à tort que l'on
considère comme formant une connaissance systématique, une philosophie qui repose sur un principe
limité, et qui se trouve en présence d'un autre principe. La vraie philosophie doit renfermer tous les
principes particuliers dans son unité.

§ XV.

Chaque partie d'un système philosophique est un
tout, et forme un cercle déterminé de la connaissance,
mais l'idée s'y retrouve avec une de ses déterminations et sous une forme particulière. Chaque cercle
particulier sort de ses propres limites précisément
parce que, tandis qu'il est un tout, il forme aussi la
base d'une sphère ultérieure. Ainsi le tout peut se
comparer à un cercle contenant d'autres cercles, dont
chacun forme un moment nécessaire, de telle sorte
que le système de ces éléments particuliers constitue
la totalité de l'idée, laquelle, par cela même, se retrouve dans chacun d'eux (1).

§ XVI.

Une Encyclopédie ne doit pas contenir l'exposition
complète des sciences particulières, et entrer dans

(1) C'est-à-dire que dans un système les parties et le tout doivent être liés par les rapports tels que les parties ne puissent

leurs détails ; mais il suffit qu'elle indique leur point
de départ et leurs principes fondamentaux.

REMARQUE.

Ce qui fait qu'on ne peut facilement déterminer
avec précision le nombre des parties qui doivent con-
courir à former une science particulière, c'est que
chaque partie de la science n'est pas un moment individuel et isolé, mais un moment qui tient au tout (1).
L'unité de la science est la condition essentielle d'un
vrai système philosophique, lequel doit, à son tour,
être conçu comme un tout composé de plusieurs
sciences particulières.

L'Encyclopédie philosophique se distingue de l'Encyclopédie ordinaire, qui n'est qu'un agrégat de
sciences rassemblées d'une manière arbitraire et empirique, parmi lesquelles il y en a qui n'ont de la
science que le nom, et qui n'offrent en réalité qu'un
assemblage de connaissances. Comme un tel assemblage est le produit d'une méthode extérieure, l'unité
qui en résulte est aussi une unité extérieure, une
disposition quelconque des parties. Et, par cela même
que ces connaissances sont acquises accidentellement,

être sans le tout, ni le tout sans les parties, et que le tout et les
parties se justifient réciproquement. Voy. mon *Introd.*, ch. XI.

(1) C'est-à-dire qu'il est difficile de déterminer avec précision
les limites d'une science, limites qui doivent la séparer des
autres sciences et l'y rattacher tout à la fois.

on échoue aussi dans les tentatives que l'on fait pour les ordonner.

L'Encyclopédie philosophique n'exclut pas seulement : 1° un simple agrégat de connaissances, comme, par exemple, la philologie, telle qu'on la traite ordinairement, — mais aussi, 2° les connaissances qui n'ont d'autre fondement que la convention, par exemple, l'*héraldique*, ces connaissances étant tout à fait *positives*; 3° il y a aussi d'autres sciences qui peuvent être nommées *positives*, et qui ont cependant une origine et un fondement rationnels. Par ce côté elles appartiennent à la philosophie, mais elles s'en distinguent par leur côté positif, lequel peut s'introduire dans les sciences de plusieurs manières. En effet, 1° leur origine rationnelle peut s'altérer, lorsqu'elles font descendre le général au particulier et à l'expérience. Dans ce domaine du changement et de la contingence, ce qu'on peut faire valoir ce n'est pas la *notion*, mais des *probabilités*. Dans la science du droit, par exemple, le système des impôts directs et indirects repose sur des principes qui échappent aux déterminations absolues de la notion, c'est-à-dire sur une détermination qui peut être envisagée de telle ou telle façon, suivant le point de vue auquel on se place, et qui ne saurait fournir une base ferme et assurée. De même, l'idée de la nature en se dispersant, pour ainsi dire, dans les individus, laisse pénétrer en elle la contingence, et l'on rencontre dans la *géologie*, l'*histoire naturelle*, la *médecine*, des formes, des modes d'existence et des différences, qui sont plutôt le produit d'un accident extérieur et d'un jeu de la nature, que des déterminations de la raison. L'histoire aussi appartient à cet ordre de connaissances, en ce que, d'une part, c'est l'idée qui fait son essence, et que, d'autre part, sa manifestation s'opère dans le domaine de la contingence et de l'opinion.

2° Ces sciences peuvent aussi être regardées comme positives qui n'ont pas conscience de la finité de leur détermination, ni de leur passage à une sphère plus élevée, et qui se considèrent comme pouvant entièrement se suffire à elles-mêmes. A cette finité de la forme de la connaissance — les autres imperfections appartiennent au contenu — (1) se rapporte, 3° ce mode de connaître, qui repose en partie sur le raisonnement, en partie sur le sentiment, la croyance, l'autorité d'autrui, et, en général, sur l'autorité de l'intuition interne ou externe.

C'est dans cet ordre de connaissances qu'il faut aussi ranger la philosophie qui s'appuie sur l'anthropologie, les faits de conscience, l'intuition interne ou l'expérience externe.

(1) En effet, les imperfections qu'il a indiquées plus haut portent plutôt sur le contenu de la connaissance. Telle est, par exemple, l'imperfection d'une science qui ne s'appuie que sur des probabilités. La dernière, au contraire, c'est-à-dire celle qui vient de ce que l'on ignore la finité des déterminations d'une science, et le passage de cette science à une science plus élevée, ainsi que les autres imperfections qu'il énumère depuis le 3°, portent plutôt sur la forme de la connaissance.

Il se peut que la forme de l'exposition de la science soit déterminée par une méthode empirique, et que, malgré cela, l'on dispose, à l'aide d'une intuition vive et profonde, les phénomènes et les données de l'expérience suivant l'ordre des développements intérieurs de la notion. Ce qui conduit ce procédé empirique à ce résultat, c'est qu'en présence des oppositions de phénomènes multiples et coexistants, l'esprit efface les circonstances extérieures et contingentes au milieu desquelles ces phénomènes se produisent, et sent s'éveiller en lui la pensée de l'universel (1). Une physique ou une histoire expérimentale de cette espèce, faite avec intelligence, pourra renfermer une connaissance rationnelle de la nature et des choses humaines, mais l'on n'aura là qu'une image extérieure, un simulacre de la notion (2).

(1) Conf. sur ce point Platon, *Phédon*.

(2) L'Encyclopédie philosophique n'est pas un assemblage fortuit et extérieur de connaissances, ni un mélange d'éléments empiriques et rationnels. Il y a des sciences purement *positives*, c'est-à-dire des sciences qui ne sont qu'un agrégat, ou une classification superficielle et arbitraire des données de l'expérience. Il y en a d'autres qui sont à la fois positives et rationnelles, c'est-à-dire qui s'efforcent d'élever le particulier au général, et de remonter jusqu'au principe de l'expérience; mais comme elles sont incomplètes, et qu'elles n'atteignent point le sens intime des choses, elles n'ont que l'apparence de la science. Par conséquent, ni les unes ni les autres ne peuvent faire partie d'une encyclopédie vraiment scientifique, qui a pour objet

§ XVII.

En ce qui concerne le commencement de la philosophie, il semble d'abord qu'elle doit débuter, comme
les autres sciences, par une supposition subjective et
par un objet particulier, qui, dans les autres sciences,
est le temps ou l'espace, par exemple, et qui ici est la
pensée.

Mais il faut remarquer, à cet égard, qu'ici le point
de départ est l'œuvre d'un acte libre de la pensée
qui s'est élevée à ce degré où elle n'existe que *pour
soi* (1), et où elle engendre et se donne elle-même
son objet.

De plus, ce point de vue qui semble, au premier
coup d'œil, constituer un état immédiat de la pensée,
doit être considéré comme un résultat de ses développements, et comme un point extrême où elle revient
sur elle-même et à son point de départ. De cette manière, la philosophie est comme un cercle qui tourne
sur lui-même, qui n'a pas de commencement dans
le sens où les autres sciences en ont un ; de telle

d'exposer les déterminations essentielles, et les principes absolus
des choses. Voy. plus haut, § VI.

(1) Hegel veut dire qu'il ne s'agit pas ici d'une pensée immédiate et irréfléchie, mais d'une pensée qui est arrivée à son
complet développement, qui se suffit à elle-même et se reconnaît comme formant l'élément commun et le principe absolu des
choses. Voyez sur ce point, ainsi que sur le sens des expressions *en soi, pour soi, Logique, Philos. de l'Esprit,* et note suivante.

sorte qu'ici le commencement n'existe que par rapport au sujet qui se livre aux recherches philosophiques, et non par rapport à la science elle-même.
En d'autres termes, la notion de la science, et, par
conséquent, la notion première (et c'est précisément
parce qu'elle est la première qu'elle contient cette
scission, par suite de laquelle la pensée se pose
comme objet en face du sujet philosophant, qui semble demeurer comme un terme extérieur à elle), doit
être saisie par la science elle-même. Atteindre à la
notion de la notion, ramener la notion à son point de
départ, la placer dans un état de parfaite satisfaction,
c'est là l'œuvre et le but de la philosophie (1).

(1) Pour bien saisir ce passage, il faut se placer au point de
vue de Hegel, c'est-à-dire au point de vue de l'identité de la
connaissance et de son objet. En partant de ce point de vue, il
est évident que la notion de l'objet se confond avec la notion de
la science, et comme la science, dans le sens éminent du mot,
et la philosophie ne font qu'un, la philosophie et son objet se
confondent aussi. S'il en est ainsi, on ne peut pas dire que la
philosophie ait un commencement quant à son objet. Son commencement n'a lieu que par rapport au sujet qui se livre aux
recherches philosophiques, tandis que dans les autres sciences
il y a un commencement, et pour l'objet et pour le sujet qui
l'étudie. Or, comme pour Hegel c'est la pensée qui fait l'unité
des choses, le point de départ de la science, ainsi que son
terme extrême, doit être un acte libre de la pensée. La différence qui existe, à cet égard, entre le commencement et la fin,
c'est que la pensée, au terme de sa carrière, s'est saisie complétement elle-même, et s'est retrouvée dans son objet. Et il faut
remarquer que cette évolution de la pensée est contenue dans
la notion même de la science ; car dans la notion de la science

§ XVIII.

De même que l'on ne peut faire à l'avance l'exposition d'un sytème, parce que l'ensemble de ses parties résulte de l'exposition du développement successif de l'idée, de même sa division doit être amenée par ce développement. Elle ne peut, par conséquent, être donnée ici que par anticipation.

L'idée existe d'abord comme pensée identique à elle-même, et, en même temps, comme activité qui s'oppose à elle-même, afin d'être *pour soi*, et qui, tout en s'opposant à elle-même, ne sort pas d'elle-même.

La science se divise, par conséquent, en trois parties :

1° La *Logique* , ou science de l'idée *en et pour soi* ;

2° La *Philosophie de la nature*, ou science de l'idée dans son existence extérieure (1) ;

se trouvent contenues et la scission du sujet et de l'objet, et leur unité. Mais puisque par cet acte suprême et absolu la pensée se reconnaît comme principe de toutes choses, elle se reconnaît aussi comme constituant le point de départ de la connaissance, et par là elle identifie le commencement et la fin de la science. Toutes les autres connaissances, de quelque façon qu'on les envisage, et à quelque point de la science qu'on les prenne, doivent être considérées comme des préliminaires, comme des moyens dont l'objet final est d'élever la pensée à cette forme absolue de l'existence. Conf. mon *Introd. à la Phil.* de Hegel, chapitres IV et VI, et plus haut, *Introd.*, §§ IX et XIII.

(1) Le texte porte *in ihrem Anderseyn*, qui, littéralement veut

3° La philosophie de l'esprit, ou science de l'idée qui revient sur elle-même de son existence extérieure.

On a déjà remarqué (§ xv) que les différentes sciences philosophiques sont autant de déterminations de l'idée, et que c'est celle-ci qui se déploie dans ces différents éléments. Dans la nature, aussi bien que dans l'esprit, c'est l'idée que l'on retrouve ; mais là c'est l'idée qui a pris la forme d'une existence extérieure ; ici c'est l'idée qui existe et devient en et pour soi.

Ces différentes déterminations, dans lesquelles l'idée se manifeste, sont des moments qu'elle parcourt sans s'y arrêter ; et, par conséquent, une science particulière doit considérer son contenu comme ayant une existence réelle, mais aussi comme ne formant qu'un degré à travers lequel on s'élève à une sphère supérieure (1).

Une division a l'inconvénient de présenter les différentes parties de la science l'une à côté de l'autre, comme si c'étaient des éléments entre lesquels il n'y a aucune connexion interne, et qui sont

dire dans son *être-autre qu'elle-même*. L'idée est identique à elle-même en ce qu'elle n'est qu'idée pure, universelle et absolue. Elle s'oppose à elle-même en ce qu'elle est idée extérieure à elle-même, dans le temps et dans l'espace. Elle est *pour soi* et elle ne sort pas d'elle-même en ce qu'elle se retrouve dans l'Esprit comme unité de la Logique et de la Nature.

(1) Voy. mon *Introd.*, chap. XIII.

séparés par une différence substantielle, telle que la différence des espèces (1).

(1) En effet, l'ancienne logique considère les espèces comme des éléments irréductibles, bien qu'elles aient leur unité dans le genre. Si l'on représente les divisions de la science comme des espèces, par exemple, on ne pourra saisir le passage d'une partie de la science à l'autre, parce qu'il n'y a pas de passage d'une espèce à l'autre.

PREMIÈRE PARTIE.

PRÉLIMINAIRES.

---

§ XIX.

La logique est la science de l'idée pure, de l'idée dans l'élément abstrait de la pensée.

REMARQUE.

Ce qu'on peut dire relativement aux notions qui forment le contenu même de la philosophie, et sur lesquelles on discourt cependant d'avance, à savoir que ce sont des notions que l'on s'est faites d'après une vue de l'ensemble, s'applique aux considérations contenues dans ces remarques préliminaires (1).

(1) *Vorbegriff, Anticipation sur la notion.* Hegel veut dire que chaque notion, chaque détermination, pour être bien comprise, doit être vue à sa place naturelle, et dans le développement in-

On peut dire que la logique est la science de la
pensée, de ses déterminations et de ses lois. Mais ici
la pensée n'est que la déterminabilité ou l'élément
universel, où l'idée se trouve à l'état d'idée logique.
L'idée n'est pas la pensée purement formelle,
mais la pensée qui développe elle-même l'ensemble
de ses lois et de ses déterminations, déterminations
qu'elle se donne et qu'elle trouve en elle-même (1).

La logique est la science la plus difficile, en ce
qu'elle n'opère pas sur des intuitions, ou, comme la
géométrie, sur des représentations abstraites , mais
sensibles, mais sur de simples abstractions (2), et
qu'elle exige la faculté et l'habitude de contempler
la pensée pure, de s'y arrêter et de s'y mouvoir. D'un
autre côté, elle peut être considérée comme la science
la plus facile, en ce que son objet c'est la pensée et
ses déterminations ordinaires, qui sont, en même
temps, les plus simples et les plus élémentaires. On
peut dire aussi qu'elles sont les plus connues ; c'est

terne de la science ; mais que cependant ces considérations préliminaires, tout en ayant ici un caractère exotérique, sont tirées
d'une vue de l'ensemble.

(1) C'est-à-dire que l'idée n'est pas une simple forme subjective, mais la pensée qui a une valeur objective, qui tire d'elle-
même ses propres lois, qui sont les lois des choses, et que c'est
ainsi qu'elle est la Logique, la Nature et l'Esprit.

(2) En effet, la géométrie n'étudie pas l'idée dans sa plus haute
abstraction, mais l'idée dans l'espace avec ses déterminations et
ses formes limitées, qui tombent dans la sphère de la faculté
représentative, et de l'intuition sensible. Voy. § suiv.

l'*être* et le *non-être*, c'est la *déterminabilité*, la *grandeur*, l'*être en soi*, l'*être pour soi*, l'*un*, *plusieurs*, etc. C'est cependant cette connaissance qui rend plus difficile l'étude de la logique. Car, d'une part, on est facilement porté à croire qu'il n'y a aucune utilité à s'occuper des choses que l'on connaît déjà, et, d'autre part, il faut travailler à s'en faire une toute autre notion, ou, pour mieux dire, une notion opposée à celle qu'on en avait d'abord.

Quant à son utilité, la logique est utile, parce qu'elle contribue à l'éducation de l'intelligence, quel que soit d'ailleurs le but que l'on se propose, et qu'elle y contribue en l'exerçant dans la connaissance des lois de la pensée. Car elle est la pensée de la pensée, ou la science de la pensée pure.

Mais comme la logique est la forme absolue de la vérité, ou, pour mieux dire, la vérité pure, elle ne doit pas seulement être étudiée en vue de son utilité. Ce qu'il y a de plus important, de plus libre et de plus indépendant est aussi le plus utile. Et c'est ainsi qu'on doit envisager l'utilité de la logique. Elle a donc un bien plus grand prix qu'un simple exercice formel de la pensée.

§ XX.

Si l'on considère la pensée telle qu'elle s'offre au premier coup d'œil à l'esprit, on lui accordera sa valeur ordinaire et subjective, on y verra, d'abord, un des modes de l'activité de l'esprit, une faculté placée à côté d'autres facultés, telles que la sensibilité, la perception, l'imagination, le désir, la volonté, etc., et son produit, la déterminabilité (1) ou la forme de la pensée, sera le général, mais le général abstrait. A cet égard, on peut dire que la pensée, en tant que pensée active, c'est le général qui est lui-même doué d'activité, le général qui se fait lui-même, si l'on peut dire ainsi, puisque son produit est aussi le général. La pensée, que l'on se représente comme *sujet,* est l'être pensant, et l'expression simple qui désigne l'existence du sujet pensant, c'est le *moi* (2).

Les déterminations que j'indique ici et dans les paragraphes suivants ne doivent pas être considérées comme l'expression de mes opinions personnelles sur la pensée. Cependant, comme dans cette exposition préliminaire l'on ne peut se servir de la déduction

____

(1) *Bestimmtheit.* Hegel emploie de préférence les mots qui expriment la puissance, la virtualité, et il en invente quand la langue lui fait défaut. Cela tient à deux causes. D'abord ces mots expriment mieux l'idée et l'infini; et ensuite, comme le mouvement de l'idée consiste à passer d'une détermination à l'autre, et d'une détermination abstraite à une détermination concrète, l'on peut considérer la détermination qui précède comme constituant un état virtuel par rapport à celle qui suit. Je conserverai ces expressions toutes les fois que la langue me le permettra.

(2) Voy. *Philosophie de l'Esprit,* et mon *Introduction à la Philosophie de Hegel,* chap. VI, § III, p. 228 et suiv.

ou de la démonstration, elles peuvent être considérées comme des *faits*, et chacun, lorsqu'il portera son
attention sur ses pensées, pourra reconnaître dans sa
conscience, par la simple observation, que le caractère de l'universalité, ainsi que les autres déterminations que je vais signaler, se trouvent dans la
pensée. Et, pour observer ces faits de conscience et
ces représentations, l'on exige seulement qu'on ait
l'habitude de la réflexion et de l'abstraction (1).

Ce qui s'offre à l'esprit, dans cette exposition préliminaire, c'est, d'abord, la distinction de la perception sensible, de la représentation et de la pensée.
Ce sera donc éclaircir cette matière que d'indiquer ici
cette différence.

On cherche, en général, l'explication de la perception sensible dans son origine extérieure, dans les sens
ou les agents des sens. Mais ce nom d'*agent* ne fournit pas une notion déterminée relativement à l'objet
tel qu'il est saisi par la perception. La vraie différence
de la perception sensible et de la pensée consiste en
ce que la détermination de la première est l'individualité (2), et comme l'individu, — pris ici isolément et
pour ainsi dire à l'état d'atome, — est en même temps

(1) Il veut dire qu'il n'est pas même nécessaire qu'on se soit
élevé à la spéculation pure, qui est le plus haut degré de la
connaissance philosophique.

(2) *Einzelnheit*. Dans la perception sensible, la pensée n'établit
que des rapports superficiels et extérieurs entre les individus,
des rapports de temps ou d'espace.

en rapport avec les autres objets, les choses sensibles
sont des existences placées les unes hors des autres,
et n'ayant entre elles qu'un rapport de succession
et de contiguïté.

Le contenu de la représentation est bien aussi cette
matière sensible, mais c'est une matière que je me
suis appropriée, parce que ce contenu réside en moi,
et qu'il y a revêtu une forme simple, générale et
réfléchie.

Cependant la représentation a aussi pour contenu
une matière qu'elle tire d'une autre source que la perception sensible, c'est-à-dire de la pensée réfléchie. Telles sont les représentations du droit, de la
moralité, de la religion et de la pensée elle-même,
ce qui fait qu'on ne voit pas aisément en quoi consiste la différence de la représentation et de la pensée;
car ici le contenu est la pensée qui a une forme générale, forme que d'ailleurs ce contenu a déjà reçue
par cela même qu'il est dans l'esprit, et qu'il est une
représentation. Mais le caractère distinctif que conserve la représentation, même dans sa forme générale, c'est que le contenu y demeure dans un état
d'individualisation et d'isolement. Les représentations du droit, de la justice, et d'autres déterminations analogues, ne sont pas juxtaposées, comme des
objets matériels, l'une hors de l'autre dans l'espace.
Elles apparaissent, il est vrai, successivement dans le
temps, mais leur contenu n'est pas soumis à la succession du temps; il ne change ni ne passe avec lui.

Cependant ces représentations spirituelles demeurent
isolées et comme particularisées dans le sujet où elles
se produisent, et qui les laisse dans cet état, bien qu'il
les renferme dans la large circonscription d'une généralité interne et abstraite (1). Ainsi particularisées,
elles sont simples. Ce sont les représentations simples du droit, du devoir, de Dieu, etc. La représentation ou bien s'arrête à cette détermination, à savoir,
que *le droit est le droit,* que *Dieu est Dieu,* ou bien
elle reçoit une détermination plus large, comme
*Dieu est le Créateur du monde, omnisciant, tout-
puissant.* Dans les deux cas, on ne fait qu'énumérer une série de déterminations simples et isolées,
qui, malgré le lien qui les unit dans le sujet, demeurent distinctes et séparées. Ici l'on voit le rapport de
la faculté représentative et de l'entendement. Ces deux
facultés ne diffèrent entre elles qu'en ce que l'une,
l'entendement, introduit dans les déterminations isolées des représentations les rapports du général et du

____

(1) Comme nous l'avons déjà fait remarquer, ce mot, le plus
souvent, veut dire *incomplet* dans le langage de Hegel. Une
pensée, une détermination est *abstraite* lorsqu'on en omet un
élément essentiel, ou qu'on ne l'envisage pas sous toutes ses
faces; ou bien telle détermination est abstraite par rapport à
telle autre détermination qui contient un plus grand nombre de
caractères et de propriétés, et constitue, par conséquent, une
détermination *concrète* par rapport à la première. Ici le sujet est
appelé une généralité abstraite, parce qu'il ne sait pas réunir les
différentes représentations qu'il contient en saisissant l'élément
qui fait leur rapport.

particulier, de cause et d'effet, etc., et par conséquent
des rapports nécessaires, tandis que la faculté représentative se borne à placer les représentations l'une à
côté de l'autre, et à ne les lier que d'une manière indéterminée et par la simple copule *et* (1). L'on peut
dire à cet égard que la philosophie n'a d'autre objet
que de transformer les représentations en pensées et
les pensées en notions. C'est là une différence qu'il
importe de signaler entre la représentation et la pensée.

Il faut ensuite remarquer que, si le propre de la
perception sensible est d'avoir pour objet des individus placés les uns hors des autres, ces individus deviennent, à leur tour, des pensées et des notions.
L'on montrera, dans la logique, que la pensée et le
général sont d'abord eux-mêmes et puis leur contraire, qu'ils vont au delà de celui-ci, et qu'ils y ef-
facent le néant (2). Le langage étant l'œuvre de la
pensée, il n'y a aucun mot qui n'exprime le général.
Mes pensées, mes opinions purement individuelles
n'appartiennent qu'à moi; voilà pourquoi je ne puis
les communiquer, puisque le langage n'exprime que
le général. Ce qui ne peut être nommé ni communi-
qué, les sentiments et les sensations, n'est pas ce qu'il
y a de plus important ni de plus réel : c'est plutôt un

______

(1) *Auch*, *et* ou *aussi*.

(2) C'est-à-dire la négation dont le néant ou le non-être est la
forme la plus générale. Voy. *Logique*, § LXXXIV, et mon *Introduction*, ch. XII. p. 125.

accident sans valeur et sans réalité. Lorsque je pro-
nonce ces mots : l'*individu, cet individu, ici, à présent,* j'exprime des notions générales; et bien que
par *tout* et *chacun,* par *cet ici* et *cet à présent* —
serait-ce même un *ici* ou un *à présent* sensible — on
veuille désigner des choses individuelles, tous ces
mots expriment le général. De même, lorsque je
dis *moi,* j'entends par là le moi que je suis, et qui
exclut tous les autres *moi;* mais ce que j'appelle *moi*
est *chaque moi,* qui, comme le mien, exclut tous les
autres (1). Kant s'est servi d'une expression impro-
pre, lorsqu'il a dit que le moi *accompagne* toutes nos
représentations, toutes nos sensations, tous nos désirs. Le moi est le général en et pour soi, tandis que
la *communauté* (2) n'est qu'une forme extérieure du
général. Tous les hommes ont cela de commun avec
moi qu'ils sont des *moi,* de même que toutes *mes* sen-

(1) Il veut dire que, par cela même que le mot est l'œuvre
de la pensée, il en est le reflet, en ce sens que tout en désignant
une chose individuelle, il garde sa signification générale et son
aptitude à désigner d'autres choses semblables. Quant aux événements, aux états de l'esprit purement subjectifs, accidentels et
individuels, ni la pensée, ni le langage ne sauraient les exprimer.

(2) *Gemeinschaftlichkeit.* En effet, une chose n'est pas générale
parce qu'elle est commune à plusieurs autres, mais elle est
commune à celle-ci parce qu'elle est générale. La généralité lui
est par conséquent essentielle, et ne peut en être séparée, tandis
que le fait de mettre en rapport, et de lier par des caractères
communs les choses, ne constitue pour elle qu'un état et une
forme purement extérieurs.

sations, toutes *mes* représentations ont cela de commun entre elles d'être *miennes*. Mais c'est le moi pur et qui est dans un rapport simple avec lui-même, le moi où l'on fait abstraction de toute représentation, de toute sensation, de tout état particulier résultant du caractère, du talent, de l'expérience, qu'il faut considérer. Un tel moi, c'est l'universel dans sa pureté et dans son existence absolue. Le moi est, par conséquent, la pensée en tant que sujet (1), et, comme le moi intervient dans toutes mes représentations, dans toutes mes sensations et dans tous mes états, la pensée enveloppe, comme catégorie, toutes ces déterminations, et rien ne se produit hors d'elle.

§ XXI.

L'activité de la pensée s'appliquant à un objet, c'est la réflexion (2), et à ce titre la pensée contient, comme produit de son activité, l'universel, qui constitue le fond même, l'essence intime et la réalité de l'objet.

(1) *Das Denken als Subject.* — Voy. sur ce point, mon *Introd. à la Philosophie* de Hegel. ch. **VI**.

(2) *Das nachdenken.* — Une seconde pensée — la pensée qui vient après la première pensée, la première aperception de l'objet. Sur la nature et le rôle de la pensée réfléchie, voy. *Logique*, IIe part.

REMARQUE.

On a rappelé au § v cette ancienne opinion que ce
qu'il y a de plus vrai, d'essentiel et de réel dans les
choses et dans les événements ne se manifeste pas
immédiatement à la première vue, et comme au hasard
dans la conscience, mais qu'il n'est saisi que par la
réflexion.

§ XXII

C'est la réflexion qui opère un changement dans
l'objet, en le faisant passer par la sensation, l'intuition
et la représentation. Et ce n'est qu'à la suite d'un
changement que la vraie nature d'un objet se manifeste à la conscience.

§ XXIII.

Puisque la vraie nature des choses se manifeste
sous l'action de la réflexion, et que la pensée réfléchie est ma propre activité, les choses peuvent être
considérées, à cet égard, comme le produit de mon
esprit, en tant que sujet pensant, en tant que moi
dans son état d'universalité simple et réfléchie (1), et
de liberté.

(1) *Bei sich seyenden Ichs.* Le moi qui demeure avec lui-même.

REMARQUE.

L'on entend souvent l'expression *se penser soi-même* (1), et l'on croit y voir une idée importante; mais il n'est pas plus donné de penser que de se nourrir pour un autre. Ce n'est donc là qu'un pléonasme.

C'est dans la pensée que réside la liberté, parce qu'elle est l'activité de l'universel, et qu'elle constitue un rapport simple avec soi, un état interne et réfléchi où s'absorbe tout élément subjectif, et où, par rapport au contenu, on est tout entier dans l'objet et dans ses déterminations.

On accuse souvent la philosophie d'orgueil; mais la réserve et la modestie consistent à ne s'attribuer aucun mérite ni aucune faculté particulière. Il serait donc bien plus juste de dire que le philosophe est libre de tout sentiment d'orgueil. Car la pensée, qu'on la considère relativement à son contenu, et lorsqu'elle pénètre dans la vraie nature de l'objet, ou bien relativement à sa forme, n'est pas un fait, une manière d'être du sujet, mais c'est la conscience, le moi pur qui se maintient indépendant de toute circonstance, et de tout élément particulier et étranger, et qui ne produit que l'universel, où il s'identifie avec les individus.

---

(1) *Selbstdenken.* Toute pensée, quelle qu'elle soit, aboutit au moi-et a sa racine dans le moi, de sorte que penser, c'est, en définitive, se penser soi-même et penser pour soi.

Aristote exige que le philosophe conserve sa dignité dans ses rapports. Sa dignité doit précisément consister à ne pas s'arrêter à ce qu'il y a en lui de particulier et d'accidentel, à le faire disparaître de la conscience, et à n'y laisser pénétrer que l'universel et l'essence.

§ XXIV.

D'après ces déterminations, il faudra attribuer à la pensée une valeur objective. Il faudra aussi accorder la même valeur aux formes dont s'occupe la logique ordinaire, et qu'on a coutume de regarder comme de simples formes de la pensée réfléchie (1). A ce point de vue, la logique se confond avec la métaphysique, qui est la science des réalités saisies dans la pensée, laquelle, par cela même, exprime l'essence des choses.

REMARQUE.

Le rapport de ces formes, tels que la notion, le jugement, le syllogisme, avec d'autres formes, telle

(1) *Des bewussten Denken;* de la pensée qui est accompagnée de conscience. C'est-à-dire que la logique ordinaire ne considère ces formes que comme des procédés que la pensée scientifique emploie d'une manière régulière pour arriver à la connaissance; tandis qu'aux yeux de Hegel, ces formes étant des éléments essentiels des choses, ont un sens et une application métaphysiques.

que la notion de causalité, ne peut se produire que
dans le domaine de la logique elle-même. Il est bon
cependant d'insister d'avance sur ce point, à savoir,
que, lorsque la pensée cherche à se faire une notion
des choses, cette notion, — et par conséquent aussi
ses formes les plus immédiates, le jugement et le syllogisme, — elle ne peut la tirer de déterminations et
de rapports qui n'appartiennent point aux choses, et
qui leur sont étrangers. La réflexion, on l'a déjà fait
observer, conduit la pensée à ce qu'il y a d'universel
dans les êtres, et l'universel est aussi un moment de
la notion. Dire que l'entendement est ce qu'il y a de
rationnel dans le monde, c'est dire qu'il contient des
pensées objectives. Mais cette expression est insuffisante, parce que l'on a trop l'habitude de n'attribuer
la pensée qu'à l'esprit et à la conscience, et de n'attribuer une réalité objective qu'aux choses qui n'appartiennent pas à l'esprit (1).

§ XXV.

L'expression, *pensées objectives,* indique que le
but de la philosophie n'est pas renfermé dans la connaissance d'un *objet absolu.* Mais elle montre en
même temps qu'il y a une opposition entre la pensée

______

(1) *Ungeistigem.* C'est-à-dire qu'on ne voit dans la pensée, et
les pensées que des éléments, des réalités subjectives, et qu'ainsi
on s'habitue à ne reconnaître une réalité objective qu'aux choses
placées hors de l'esprit.

et l'objet, et c'est là le problème qui occupe la philosophie de notre temps et qui en fait l'intérêt et l'importance. Si l'opposition des déterminations de la pensée est insoluble, c'est-à-dire si ces déterminations sont finies, elles sont inadéquates à la vérité absolue, et la vérité demeure étrangère à la pensée.

La pensée qui ne produit que des déterminations finies et qui n'en peut sortir, est l'entendement dans le sens strict du mot. La finité des déterminations de la pensée doit être entendue de deux manières. Ces déterminations sont finies lorsqu'elles n'ont qu'une valeur subjective et qu'elles ont leur contraire dans l'objet ; elles le sont aussi lorsque leur contenu se trouve limité par suite de leur opposition réciproque, et plus encore avec l'absolu.

Nous allons examiner les différentes manières dont on a envisagé le rapport de la pensée avec son objet. Cet examen nous conduira au point de vue de la logique et en facilitera la connaissance.

Dans ma *Phénoménologie de l'Esprit,* qui forme la première partie du système de la connaissance, j'ai pris l'Esprit à sa plus simple apparition ; je suis parti de la conscience immédiate afin de développer son mouvement dialectique jusqu'au point où commence la connaissance philosophique, dont la nécessité se trouve démontrée par ce mouvement même. Mais l'on ne pouvait se borner, dans cette recherche, à étudier le développement formel de la conscience, car le point de vue de la connaissance philosophique ren-

ferme la matière la plus riche et la plus concrète, et,
par conséquent, cette recherche présupposait comme
résultat l'apparition des formes concrètes de la conscience, de la morale, de l'art et de la religion. Voilà
pourquoi ce qui fait le contenu et l'objet propre de
la connaissance philosophique se trouve comme par
anticipation dans ce développement purement formel
de la conscience. Et ce développement devait s'accomplir, pour ainsi dire, à l'insu de la conscience
elle-même, parce que ce contenu ne forme que son
élément immédiat et virtuel (1).

(1) Dans sa *Phénoménologie de l'Esprit*, qu'il a appelée son
voyage de découverte, Hegel passe en revue tous les éléments
et tous les états de la conscience, et il en suit les développements
formels depuis l'état le plus simple, ou la conscience immédiate,
comme il l'appelle, état où l'on se borne à affirmer l'existence
sensible et extérieure des choses, à travers des états plus complexes et plus réfléchis, jusqu'au moment où se produit la connaissance philosophique. Mais comme il n'y a que la connaissance vraiment philosophique — et par connaissance philosophique
Hegel entend la connaissance spéculative — qui peut déterminer
la nature et le sens intime des choses, toutes les recherches faites
en dehors de cette connaissance, et par conséquent la *Phénoménologie de l'Esprit*, ne peuvent dépasser les limites de la forme de
la conscience et de ses développements. Seulement, comme
dans le cours de ces recherches, on voit apparaître parmi les éléments de la conscience, la religion, l'art, etc., qui constituent
d'une manière spéciale l'objet et la matière de la connaissance
philosophique, l'on est obligé d'en parler, et d'anticiper ainsi
sur cette connaissance. C'est là aussi ce qui explique pourquoi,
dans l'ensemble du système, la *Phénoménologie* n'est plus qu'un
moment de l'idée, ou un degré de l'existence de l'esprit.

Cet examen préalable, auquel nous allons nous livrer, a l'inconvénient de n'être qu'une exposition historique et critique. Mais il a aussi l'avantage de contribuer à ramener aux déterminations simples de la pensé les diverses opinions sur la nature de la connaissance, de la croyance, etc., et qu'on considère comme exactes et complètes. Il n'appartient cependant qu'à la logique d'assigner à ces déterminations leur place et leur signification véritable (1).

A.

PREMIER RAPPORT DE LA PENSÉE AVEC SON OBJET (2).

§ XXVI.

Le premier rapport de la pensée avec son objet constitue cet état naturel, où, sans avoir conscience des oppositions de la pensée, on part de la croyance qu'on peut arriver à la connaissance des choses par la réflex'on, et que celle-ci nous fait connaître les objets tels qu'ils sont. Dans cette croyance, l'intelligence s'applique aux objets, fait du contenu de ses sentiments et de ses intuitions le contenu de sa pensée, et s'arrête avec une entière satisfaction à ce ré-

----

(1) Parce que c'est la logique qui détermine la valeur des notions sur lesquelles ces opinions ou ces doctrines reposent.

(2) *Erste Stellung des Gedankens zur Objectivität*. Première position de la pensée à l'égard de l'objet.

sultat. Toute philosophie, toute science, ainsi que toute activité pratique et toute opération de la conscience reposent, à leur origine, sur cette croyance.

§ XXVII.

Comme dans cet état la pensée n'a pas conscience des oppositions qu'elle renferme, elle peut, pour ce qui concerne son contenu, produire une philosophie spéculative, et en même temps se trouver dans l'impuissance de sortir des déterminations finies, c'est-à-dire de concilier les oppositions.

Ici, dans cette introduction, il suffit d'examiner cette position de la pensée dans ce qu'elle a d'insuffisant, et d'apprécier par là la philosophie de ces derniers temps.

L'application la plus rigoureuse et la plus récente de cette manière de considérer la pensée se trouve dans la métaphysique telle qu'elle a été conçue avant Kant. Relativement à l'histoire de la philosophie, cette métaphysique est une doctrine qui a fait son temps. Si on la considère en elle-même, et indépendamment de ce rapport, l'on verra que le principe sur lequel elle repose consiste à substituer les conceptions abstraites de l'entendement aux réalités de la raison (1). L'appréciation de ses procédés et de

______

(1) L'entendement s'arrête aux déterminations finies, et ne sait concilier les oppositions ; c'est la pensée spéculative qui, en s'éle-

ses principes essentiels a, par conséquent, un intérêt
actuel.

§ XXVIII.

Cette doctrine considère la détermination de la
pensée comme formant les déterminations essentielles
des choses. En partant de cette supposition que ce
qui est n'est connu que par la pensée, elle dépasse le
point de vue de la philosophie critique. Mais 1° ces
déterminations, prises dans leur existence abstraite,
sont considérées comme ayant une valeur réelle et
comme pouvant constituer les prédicats de l'absolu.
Et ainsi cette métaphysique présuppose en général
qu'on peut atteindre à la connaissance de l'absolu
en lui attribuant des prédicats, mais elle ne recherche
point quel est le contenu et la valeur des déterminations de l'entendement, ni la forme suivant laquelle
on doit affirmer ces prédicats de l'absolu.

REMARQUE.

Ces prédicats sont, par exemple, l'*existence*,
comme dans la proposition « *Dieu existe,* » la *finité*

vant au-dessus des contradictions, peut seule atteindre l'infini et la
réalité des choses. Voy. plus haut, § xxv. Cette critique s'adresse
principalement à la philosophie de Leibnitz et au Wolfianisme,
qu'il désigne plus bas, § xxxii, sous le nom de dogmatisme, pour
la distinguer de la philosophie de Kant. Conf. *Introd. à la Philosophie* de Hegel, ch. IV et VI.

ou l'*infinité,* comme dans la question de savoir si le *monde est fini ou infini; simple ou composé*, comme dans les propositions, *l'âme est simple, la chose est une, elle est un tout*, etc. On ne se demande pas si ces prédicats sont vrais en et pour soi, ni si le jugement est la forme de la vérité (1).

§ XXIX.

Le contenu de ces prédicats est limité (2), et l'on voit déjà qu'il n'est pas adéquat à la richesse des objets qu'il exprime (Dieu, la nature, l'esprit) et qu'il ne saurait épuiser. De plus, par cela même qu'ils sont les prédicats d'un seul et même sujet, ils ont un lien commun, bien qu'ils n'aient pas le même contenu. Mais comme on les envisage d'une manière extérieure, on se borne à les placer l'un en face de l'autre (3).

REMARQUE.

Les Orientaux ont voulu éviter ce défaut en donnant à Dieu plusieurs noms. Mais le nombre de ces noms devrait être infini.

(1) Voy. § XXXI.

(2) Par cela même qu'ils ne contiennent qu'un côté de l'opposition.

(3) C'est-à-dire, qu'on ne montre pas les rapports qui les lient, soit au sujet, soit l'un à l'autre. Ce défaut concerne plus particulièrement la *forme* de la connaissance.

§ XXX.

2) Les recherches de cette métaphysique portent sur le général et sur des existences concrètes que la raison seule peut atteindre. C'est l'âme, le monde, Dieu. Mais elle prend ces existences telles que les offre la représentation, et, dans l'application de l'entendement, elle y rattache ces déterminations comme à un substrat et à un sujet achevé (1). Et lorsqu'il s'agit de savoir si les prédicats conviennent au sujet, c'est également dans la représentation qu'elle cherche une règle et une unité de mesure.

§ XXXI.

Les représentations de l'âme, de Dieu et du monde apparaissent d'abord à l'esprit comme se suffisant à elles-mêmes, et comme ayant une base indépendante. Mais si on les considère ainsi, on y mêlera un élément subjectif, et, en ce cas, elles pourront recevoir des significations différentes. C'est à la pensée que

---

(1) *Fertige gegebene Subjekte. Un sujet qui est donné d'avance comme achevé ;* c'est-à-dire que cette métaphysique prend un sujet — ici l'entendement — tel que la représentation le lui donne, et puis elle y ajoute des attributs, ce qui fait que le sujet et les attributs paraissent n'être liés que par des rapports purement accidentels et extérieurs, et que lorsqu'il s'agit de savoir si tel prédicat convient à tel sujet, on n'a d'autre règle qu'une représentation également arbitraire et extérieure.

ces représentations doivent d'être déterminées d'une manière précise. Et c'est là ce qu'exprime chaque proposition, où le prédicat — c'est-à-dire une détermination de la pensée — indique ce qu'est le sujet, c'est-à-dire la représentation à sa première apparition dans l'esprit.

REMARQUE.

Dans la proposition *Dieu est éternel,* etc., on commence par poser une représentation, *Dieu,* mais l'on ignore ce qu'il est. C'est le prédicat qui l'exprimera. Par conséquent, dans la logique, où le contenu n'est déterminé que sous la forme de pensée, il n'est pas seulement inutile de faire de ces déterminations des prédicats de propositions dont ce sujet serait Dieu ou un absolu indéterminé, mais il y a aussi un inconvénient à ne pas les énoncer d'une manière conforme à la nature de la pensée. La forme de la proposition ou du jugement n'est pas propre à exprimer la pensée concrète (et le vrai c'est le concret) et spéculative. Le jugement est incomplet, quant à sa forme, et, partant, il est insuffisant (1).

(1) Voici le sens de ce paragraphe. C'est surtout le prédicat qui détermine la valeur de la proposition, parce que c'est le prédicat qui exprime ce qu'une chose est, et qui est, par conséquent, le résultat de la pensée réfléchie. Dans cette proposition, *Dieu est éternel,* le sujet *Dieu* n'est qu'une représentation vague et indéterminée avant que le prédicat *éternel* ne vienne en fixer le sens et la na-

§ XXXII.

3, Cette métaphysique est un *dogmatisme,* parce que, conformément à la nature des déterminations finies, elle part de ce principe que *de deux affirmations opposées* (on entend par là des propositions semblables à celles que nous venons d'indiquer) *l'une est nécessairement vraie, et l'autre est nécessairement fausse.*

§ XXXIII.

La première partie de cette métaphysique contient l'*ontologie,* ou la *science des déterminations abstraites de l'essence.* Mais comme elle manque d'un principe

ture. Il y a plus : comme la logique a pour objet les déterminations générales de la pensée, et que ces déterminations sont un élément intégrant des choses, il y a un inconvénient, à cet égard, à prendre l'une de ces déterminations, et à l'ajouter à un sujet, parce que cela fait croire que ce sujet n'est qu'un terme particulier, tandis qu'il contient, lui aussi, une détermination générale, et qu'il peut, à ce titre, être considéré comme un prédicat. Enfin, un autre inconvénient est dans la forme de la proposition et du jugement. Le jugement est une détermination, un moment nécessaire de la pensée. Mais la pensée y apparaît sous une forme incomplète, en ce sens que l'unité des termes, du sujet et de l'attribut, y est brisée, et qu'elle n'y est exprimée que d'une manière extérieure par la copule. Or, la pensée doit franchir cette détermination incomplète, et retrouver l'unité interne et la vérité concrète des termes que le jugement a séparés. Voy. *Logique,* III° part., et mon *Introduction,* ch. X et XII.

pour expliquer la multiplicité des formes de l'essence
et leur limitation, elle est obligée de les énumérer à
l'aide d'un procédé empirique et arbitraire, et elle
donne pour fondement à leur contenu la représentation, ou une simple affirmation de la chose exprimée
par le mot, ou bien les étymologies. Ce procédé peut
bien servir à constater la justesse de l'analyse et la
réalité des connaissances empiriques par leur accord
avec l'usage des mots, mais il est insuffisant lorsqu'il
s'agit de démontrer la vérité et la nécessité interne de
ces déterminations (1).

REMARQUE.

La question si l'*être*, l'*existence*, la *finité*, la *simplicité*, la *composition* sont des notions vraies doit
paraître singulière, lorsque l'on pose en principe que
la vérité ne peut s'énoncer que sous forme de proposition, et que l'on doit seulement se demander si une
notion peut s'affirmer d'un sujet avec vérité. En ce
cas, le faux naîtrait de l'opposition qui existe entre
le sujet donné par la représentation et la notion qu'on
y ajoute comme prédicat. Mais comme la notion est

---

(1) Comme cette métaphysique ne saisit la notion que d'une
manière incomplète et superficielle, le sens intime des choses lui
échappe par cela même. Tous ses principes n'ont, par conséquent, d'autre fondement que des représentations, des affirmations purement gratuites, ou les mots, leur usage et leur étymo-
logie.

un principe concret, et qu'elle peut recevoir toutes les déterminations, elle est l'unité essentielle des déterminations opposées. De toute manière, et lors même que la vérité ne serait que l'absence de la contradiction, il faudrait d'abord examiner chaque notion pour s'assurer si elle ne renferme pas une contradiction (1).

§ XXXIV.

La seconde partie contient la *psychologie rationnelle,* ou la *pneumatologie* qui recherche la nature métaphysique de l'âme et nommément de l'esprit considéré comme substance. L'on examine la question

---

(1) Dans une proposition il y a deux choses à considérer, à savoir : les éléments de la proposition et leur réunion, ou la proposition elle-même. Il faut, par conséquent, examiner d'abord séparément la vérité de chacun de ces éléments, et puis la proposition elle-même. Car il est évident que la vérité, ou la fausseté de la proposition dépend, en partie du moins, de la vérité ou de la fausseté de ses éléments pris séparément. Or, si l'on prétend que la vérité ne peut être exprimée que par la proposition, et suivant le principe de contradiction, il ne pourra plus être question de la vérité ou de la fausseté des éléments de la proposition ; et en ce cas le faux consistera dans l'opposition du sujet et du prédicat. Mais, de toute manière, il faudrait examiner d'abord chaque notion pour s'assurer si elle ne renferme pas une contradiction. L'on verrait par là qu'en effet, chaque notion renferme son contraire, et, partant, que la proposition, ainsi que le principe sur lequel elle repose, ne sont ni l'expression ni la mesure du vrai.

de l'immortalité de l'âme dans la partie où l'on traite de la composition des substances, du temps, des changements de qualité et de quantité.

§ XXXV.

La troisième partie, la *cosmologie,* traite du monde, de sa contingence et de sa nécessité, de son éternité et de sa limitation dans le temps et dans l'espace. Elle traite aussi des lois qui règlent le changement des formes, et enfin de la liberté et de l'origine du mal.

REMARQUE.

L'on place ici, comme formant une contradiction absolue, la contingence et la nécessité, la nécessité extérieure et la nécessité intérieure, les causes efficientes et les causes finales, ou la causalité en général et la fin, l'essence ou la substance et le phénomène, la forme et la matière, la nécessité et la liberté, le bonheur et le malheur, le bien et le mal.

§ XXXVI.

La quatrième partie, la *théologie naturelle,* ou *rationnelle,* examine la notion de Dieu ou sa possibilité, la preuve de son existence et ses attributs.

REMARQUE.

a) Dans cette recherche réfléchie sur Dieu, il s'agit surtout de savoir quels sont les prédicats qui conviennent ou ne conviennent pas à ce que nous nous représentons comme Dieu. Ici la réalité et son contraire se présentent comme formant une opposition absolue. D'où il suit que la notion de Dieu, telle que la conçoit l'entendement, demeure une abstraction vide de l'essence indéterminée, le produit mort de l'analyse moderne (1).

b) La preuve de la connaissance finie renverse, pour ainsi dire, la nature de la chose qu'elle veut démontrer. Car elle exige un principe objectif de l'existence de Dieu, et elle représente en même temps Dieu comme ne pouvant s'offrir à la pensée que par un intermédiaire autre que lui. Cette preuve, qui repose sur le principe de l'identité fourni par l'entendement, échoue lorsqu'il s'agit de trouver un passage du fini à l'infini. Ainsi, ou elle ne peut affranchir Dieu de l'être fini et positif du monde, et, en ce cas, Dieu demeure la substance immédiate des choses; c'est le *panthéisme*. Ou bien elle laisse Dieu comme une existence objective en face du sujet; et, en ce cas, Dieu est un être fini. C'est le *dualisme* (2).

____

(1) C'est-à-dire que l'analyse, en séparant Dieu du monde, ou en supprimant en lui les contraires, le mutile et lui enlève une partie de sa réalité.

(2) Il appelle finie la connaissance qui ne saisit pas l'unité des

c) Les attributs, qui devraient être déterminés et différenciés, deviennent, eux aussi, par suite de cette conception de Dieu, des notions abstraites et vides, des essences indéterminées. Mais comme l'on pose Dieu et le monde l'un en face de l'autre, et qu'on leur accorde à tous les deux une existence réelle, on est obligé de les lier par différents rapports. Ces rapports, ce sont les attributs — la justice, la bonté, la puissance, la sagesse, etc. — lesquels, par cela même qu'ils sont en communication avec les choses finies, doivent participer, eux aussi, de la nature finie ;

choses. C'est la connaissance de l'entendement qui, en se fondant sur le principe de l'identité, sépare les déterminations opposées, et ne sait trouver un passage de l'une à l'autre, et s'élever par là au-dessus de la contradiction. Ainsi, dans la preuve de l'existence de Dieu, il commence par poser la notion de l'infini ou de l'unité absolue, etc. Mais comme, pour lui, cette notion n'est pas Dieu, elle n'est qu'un intermédiaire entre Dieu et lui. Et cependant la plus légère attention suffit pour faire voir que la notion ne pourrait servir d'intermédiaire entre Dieu et lui, si elle ne tenait à la fois de tous les deux. Ensuite, lorsqu'il s'agit de faire l'application de cette notion, l'entendement, en se fondant toujours sur le principe de l'identité abstraite, ou il sépare complétement Dieu des choses, ou bien il fait de Dieu leur substance *immédiate*. Dans le premier cas, l'on a deux êtres indépendants et infinis, c'est-à-dire le *dualisme ;* dans le second, Dieu et les choses ne faisant qu'un, ou, pour parler avec plus de précision, Dieu étant les choses mêmes, on a le *panthéisme*. Mais la véritable preuve de l'existence de Dieu consiste à montrer Dieu dans l'unité de son idée, dans cette unité où la logique et la nature se trouvent identifiées et élevées à leur existence absolue dans l'esprit. Conf. § cxciii et mon *Introd.*, ch. XIII.

et cependant il faut qu'ils soient infinis. A ce point
de vue, il n'y a d'autre moyen d'échapper à la contradiction que d'avoir recours à cette solution obscure
de l'agrandissement quantitatif des attributs, à l'aide
duquel on les pousse jusqu'à l'indétermination, et à
ce qu'on a appelé le *sensum eminentiorem*. Mais, de
cette manière, on les réduit en réalité à une pure abstraction, ou, pour mieux dire, on ne laisse que de
purs mots (1).

B.

SECOND RAPPORT DE LA PENSÉE AVEC SON OBJET.

I.

Empirisme.

§ XXXVII.

Le besoin de trouver une réalité concrète vis-à-vis
des théories abstraites de l'entendement, qui ne sait
passer de ses généralités indéterminées à la détermination et au particulier, de substituer cette réalité à
de pures possibilités, et de démontrer toutes choses,
sans sortir du domaine du fini et de la méthode qui
lui est applicable, a produit l'empirisme, qui, au lieu

____

(1) En effet, ce ne sont ni des attributs finis ni des attributs
infinis. Ce ne sont, par conséquent, que des représentations
vagues et indéterminées — que des mots. Sur la vraie et la fausse
infinité, ou l'infini de la raison spéculative et l'infini de l'entendement, voy. *Logique*.

de chercher le vrai dans la pensée, le demande à l'expérience, aux phénomènes externes ou internes.

§ XXXVIII.

L'empirisme a d'abord ce point de commun avec la métaphysique, à savoir, qu'il fonde comme elle sa foi en ses définitions, en ses hypothèses et en la réalité de leur contenu, sur des représentations, c'est-à-dire, sur un contenu qui a pour fondement l'expérience. Il faut distinguer la simple aperception de l'expérience ; car l'empirisme donne au contenu de l'aperception, du sentiment et de l'intuition, une forme générale, la forme des principes, des lois, etc. Seulement il ne reconnaît à ces déterminations générales, à la détermination de la force, par exemple, d'autre signification, ni d'autre réalité que celles qui leur viennent des aperceptions externes, et il prétend que toute leur valeur repose sur leur accord avec les phénomènes. Au point de vue subjectif, le principe que la conscience trouve dans l'aperception du phénomène son objet propre et immédiat et sa certitude, donne à la connaissance empirique un appui solide.

REMARQUE.

Un principe important est au fond de l'empirisme, à savoir, qu'il n'y a de vrai que le réel et ce qui tombe sous l'aperception. Ce principe est opposé au principe du *devoir* dont la réflexion s'enorgueillit, et du haut duquel elle regarde avec dédain la réalité, et ce qui est, bien que ce principe, qui exprime une réalité indéfinie et qu'on ne peut atteindre (1), n'ait son existence et son siége que dans l'entendement subjectif.

De même que l'empirisme, la philosophie spéculative ne reconnaît que ce qui est (2). Elle ne reconnaît pas, par conséquent, ce qui doit être et qui n'est pas.

En le considérant au point de vue subjectif, on trouve aussi, dans l'empirisme l'important principe de la liberté, qui consiste en ce que l'homme peut apercevoir par lui-même celles de ses connaissances qui ont une valeur réelle, et qu'il se retrouve lui-même, pour ainsi dire, dans ces connaissances (3).

Mais l'empirisme, qui est conséquent avec lui-même, en renfermant le contenu de la connaissance dans les limites du fini, est nécessairement conduit à nier l'infini en général, ou du moins sa connaissance et ses

______

(1) *Mit einem Jenseits.* Le *Jenseits* et le *Diesseits*, l'*au delà* et l'*en deçà* sont deux expressions du vocabulaire hégélien qui désignent en général une abstraction vide ou une indétermination, laquelle pouvant se produire à l'un des deux côtés, ou déterminations de l'idée, place l'idée tantôt au delà, et tantôt en deçà de son point véritable.

(2) Voy. § vii.

(3) C'est-à-dire que chacun peut faire l'expérience des connaissances qui se produisent dans sa conscience, les produire à volonté pour s'y reconnaître soi-même, et pour y reconnaître sa nature et son activité, ce qui constitue sa liberté. Voy., sur la signification de ce mot, p. 232.

déterminations, et à réduire toute pensée à une abstraction vide, à une généralité et à une identité purement formelle. L'erreur fondamentale où tombe tout empirisme scientifique, c'est qu'il emploie les catégories métaphysiques de la matière, de la force, de l'unité, de la pluralité, de l'universel, de l'infini, etc. Il lie entre elles ces catégories, y suppose et y applique les formes du syllogisme, et tout cela sans savoir qu'il admet ainsi lui-même une connaissance métaphysique; ce qui fait qu'il emploie et unit ces catégories sans discernement et sans avoir la conscience de ces opérations.

§ XXXIX.

Relativement au principe sur lequel repose l'empirisme, l'on a fait avec raison la remarque que, dans l'expérience, laquelle doit être distinguée de la simple aperception des faits individuels, se trouvent deux éléments : le premier, c'est une *matière* multiple et qui s'individualise à l'infini; le second, c'est la *forme* et les déterminations de l'*universalité* et de la *nécessité* (1).

L'empirisme démontre bien l'existence d'un grand nombre de phénomènes semblables; mais l'universel est autre chose qu'une simple addition de phénomènes. Il montre aussi la succession des événements

____

(1) Cette distinction appartient à Kant.

et la juxtaposition des faits, mais il ne peut expliquer la nécessité de leur connexion. Comme dans cette doctrine l'aperception phénoménale est la condition de toute vérité, l'universel et le nécessaire sont des éléments vides, des formes contingentes et subjectives, de simples habitudes de l'esprit, dont le contenu est façonné d'une manière tout à fait arbitraire et accidentelle.

Une autre conséquence importante, qui découle des principes de l'empirisme, c'est que la loi morale, le droit, ainsi que la religion, apparaissent comme des faits accidentels destitués de toute valeur objective et de toute vérité intérieure.

Le scepticisme de Hume, auquel s'applique spécialement cette remarque, doit être bien distingué du scepticisme grec. Hume ne reconnaît d'autre principe de la connaissance que l'expérience, le sentiment et l'intuition sensible, et rejette les déterminations générales et les lois de la pensée, parce qu'elles ne sauraient être justifiées par l'intuition sensible. L'ancien scepticisme, loin d'ériger en principe de la connaissance le sentiment et l'intuition, dirigeait ses attaques contre les données de l'expérience. (Sur le scepticisme moderne comparé avec le scepticisme ancien ; voy. le *Journal critique de Philosophie*, publié par Schelling et Hegel, année **1802**, 1 vol., première livraison.)

§ XL.

Philosophie critique.

La philosophie critique a cela de commun avec l'empirisme, qu'elle considère l'expérience comme l'unique fondement de la connaissance. Mais pour elle la connaissance s'arrête au phénomène et n'atteint pas la réalité (1).

Cette philosophie part d'abord de la distinction des éléments que l'analyse démêle dans l'expérience, à savoir, la *matière* de la sensation et ses *rapports géné-raux*. L'intuition sensible ne contenant, ainsi que nous l'avons remarqué (§ précéd.), que des éléments individuels et variables, on y établit comme *fait (als factum)* que l'universalité et la nécessité sont des conditions essentielles de l'expérience ; et comme ces éléments n'ont pas leur source dans l'expérience, on les fait venir de la spontanéité de la pensée. Ce sont ce qu'on appelle des éléments *à priori*. Ces détermi-nations de la pensée, ou notions de l'entendement, forment l'élément objectif (2) de la connaissance ex-

(1) *Wahrheiten,* vérités. Hegel emploie indistinctement les mots *vérité* et *réalité,* ce qui est conforme à son point de vue suivant lequel la pensée et l'idée constituent la réalité, et la plus haute réalité. Ici la *vérité,* c'est ce que Kant appelle la *chose-en-soi,* ou le *noumène.*

(2) *Die Objectivität.* L'*objectivité,* c'est-à-dire les formes sub-jectives suivant lesquelles les objets, ou la matière fournie par

périmentale ; ils expriment des rapports et donnent naissance à des jugements synthétiques *à priori*, c'est-à-dire aux rapports primitifs des contraires (1).

Montrer que les déterminations de l'universalité et de la nécessité sont les éléments de la connaissance, ce n'est qu'indiquer un fait qui ne réfute pas le scepticisme de Hume. La philosophie de Kant constate seulement un fait, et l'on peut dire, en se servant du langage ordinaire de la science, qu'elle s'est bornée à donner une nouvelle explication de ce fait (2 .

l'expérience est perçue par le sujet. D'après Kant, ces formes ou ces lois sont objectives en ce sens qu'elles sont universelles et nécessaires pour la perception de l'objet, mais non en ce sens qu'elles constituent un élément intégrant de l'objet lui-même.

(1) Cette remarque s'applique plus particulièrement aux jugements synthétiques de la catégorie de *relation*, ou aux *analogies de l'expérience*, comme Kant les appelle, où les contraires, *cause et effet*, *substance et phénomène*, se trouvent primitivement réunis.

(2) Autre chose est déduire les lois de la pensée et montrer que ces lois sont à la fois le principe de la connaissance et de l'existence du particulier et de l'expérience, autre chose est se borner à rechercher par l'analyse les éléments nécessaires et universels de la connaissance. Dans le premier cas, l'on montre la nécessité et la réalité objective des principes et de leurs rapports avec l'expérience ; dans le second cas, l'on constate seulement ce fait, à savoir : que dans tout acte intellectuel il y a un élément contingent et relatif, et un élément nécessaire et absolu. C'est ce à quoi se borne la philosophie de Kant, et voilà pourquoi elle ne réfute pas le scepticisme de Hume ; car pour le réfuter il faudrait établir la réalité objective des principes de l'intelligence.

§ XLI.

La philosophie critique recherche quelle est la valeur des notions de l'entendement dans la connaissance et dans l'acte de la faculté représentative. Elle considère les déterminations de la pensée au point de vue de l'opposition de leur valeur subjective et objective, sans rechercher quel est leur contenu et leur rapport réciproque. Cette opposition, elle ne la fait d'abord porter que sur la différence des éléments dans la sphère de l'expérience (1). Ce qui constitue l'élément objectif c'est, suivant elle, l'universalité et la nécessité, c'est-à-dire les déterminations primitives de la pensée elle-même. Mais elle finit par agrandir cette opposition ; elle réunit dans le sujet tous les éléments, l'élément subjectif et l'élément objectif, et ne laisse en face du sujet que la *chose en soi* (2).

(1) Voy. le paragraphe précédent.

(2) La philosophie critique commence par réduire toutes les oppositions à l'opposition du subjectif et de l'objectif, en ce sens qu'elle commence par séparer et par opposer entre eux le sujet et l'objet, en distinguant l'élément subjectif, la pensée, la conscience et l'intuition sensible, et l'élément objectif, ou les catégories suivant et à travers lesquelles l'objet est perçu ; puis elle change, pour ainsi dire, de point de vue : elle fait de l'objectif un simple élément subjectif, c'est-à-dire, elle fait de catégories un simple forme subjective de la pensée, et ne laisse en présence que le sujet ou le phénomène, d'un côté, et la *chose-en-soi*, ou le *noumène* de l'autre.

Les formes que nous allons indiquer sont les
formes pures de la pensée, qui, tout en ayant une
application objective, ne sont que le produit de l'activité du sujet et dont la systématisation n'est autre
chose qu'une description psychologique (1).

§ XLII.

a) La *faculté théorétique ;* la connaissance comme
telle.

Cette philosophie pose comme fondement des notions de l'entendement l'*unité primitive du moi* dans
la pensée. C'est l'unité transcendantale de la conscience de soi. Les représentations fournies par l'intuition sensible sont multiples quant à leur coutume.
Elles le sont aussi relativement à leur forme ; car le
temps et l'espace sont deux formes pures qui distinguent les données de l'intuition sensible.

Cette matière multiple de la sensibilité et de l'intuition trouve son lien primitif et son identité dans
l'unité de la conscience de soi, et dans le rapport
simple du moi avec lui-même (aperception pure).
Les différents modes, suivant lesquels se détermine

---

(1) En effet, Kant se borne à énumérer les éléments primitifs
de l'intelligence sans en montrer la nécessité et la filiation
interne ; ce qui fait qu'il ne détermine les catégories que par un
procédé tout à fait empirique. C'est Fichte qui, le premier, a suivi
une méthode rationnelle dans la détermination des lois de la
pensée. Voyez paragraphe suivant.

ce rapport, sont les *notions pures* de l'entendement ou les *catégories*.

L'on sait que la philosophie kantienne s'enorgueillit de la découverte des catégories. Le moi, l'unité de la conscience de soi est un principe purement abstrait et indéterminé. Comment arriver alors aux déterminations du moi, aux catégories? Heureusement l'on trouve dans la logique ordinaire les différentes espèces de jugement, qui, elles aussi, ont été obtenues par un procédé empirique. Or, juger c'est penser un objet déterminé. Par conséquent, l'énumération des différentes formes du jugement donnera toutes les déterminations de la pensée.

C'est à Fichte que revient l'honneur d'avoir posé en principe qu'on doit déduire les déterminations de la pensée et démontrer leur enchaînement nécessaire ; et sa philosophie aurait dû faire comprendre que la logique est le fondement de la méthode, ou du moins que la matière de la logique ordinaire, les notions, les jugements, les syllogismes ne doivent pas être saisis par la seule observation et à l'aide d'un procédé empirique, mais se déduire des lois de la pensée elle-même. La pensée ne pourra rien démontrer, la logique ne pourra exiger que l'on démontre, ou apprendre à démontrer, si elle ne démontre d'abord elle-même son contenu et la nécessité de ses lois.

§ XLIII.

Les catégories donnent une valeur objective (1) à la pure intuition sensible, et une forme à l'expérience. Mais, d'un autre côté, comme elles ne sont que des éléments subjectifs de la conscience, elles ont leur condition dans une matière étrangère qui vient s'y ajouter. En elles-mêmes elles sont vides de tout contenu, et elles n'ont leur application et leur usage que dans l'expérience, dont l'autre élément, l'intuition sensible, a une valeur purement subjective.

§ XLIV.

Par conséquent les catégories ne peuvent être des déterminations de l'absolu, puisque l'absolu ne tombe pas sous l'intuition, et l'entendement ou la connaissance par les catégories ne saurait saisir les *choses en soi*.

REMARQUE.

La *chose en soi,* — et sous cette dénomination l'on comprend aussi l'esprit, Dieu, etc., — est l'objet où l'on fait abstraction de tout ce qui le rend saisissable à la conscience, de tout élément sensible, comme de

(1) C'est-à dire, elles sont la condition nécessaire de la perception des objets. Voy. § xli.

toute pensée déterminée. L'on voit aisément qu'il ne reste, après cela, qu'une pure abstraction, un être vide qui recule indéfiniment et échappe à la pensée, une négation de toute représentation, de tout sentiment et de toute pensée définie. Mais on peut faire, à cet égard, cette réflexion bien simple, à savoir que ce *caput mortuum* est lui-même un produit de la pensée, de la pensée qui forme cette abstraction pure, ou du moi vide qui se donne pour objet cette identité également vide. La détermination négative, qui contient comme objet cette identité abstraite, se trouve énumérée parmi les catégories de Kant, et elle est tout aussi bien connue que cette identité vide. On doit, par conséquent, s'étonner d'entendre si souvent répéter qu'on ignore ce qu'est la *chose en soi;* car il n'y a pas de connaissance plus facile que celle-là (1).

§ XLV.

C'est la raison, la faculté des principes inconditionnels qui connaît la condition de l'expérience. Ce que

---

(1) Hegel veut dire que la *chose-en-soi,* telle que l'entend Kant, qui la considère comme un objet transcendant séparé du sujet et de l'expérience, n'est que cette identité abstraite que Kant lui-même a rangée parmi ces catégories, ou, pour parler avec plus de précision, la *chose-en-soi* ne forme qu'un moment immédiat dans la catégorie de l'essence, comme on peut le voir dans la *Logique,* § CXXIV et suiv. Hegel dit qu'elle n'est que l'identité vide, parce qu'elle ne forme qu'un moment immédiat qui, dans l'*essence*, est l'identité.

l'on entend ici par objet de la raison, c'est-à-dire par *inconditionnel* ou par *infini,* n'est rien autre chose que l'être identique à soi, ou bien cette identité primitive du moi dans la pensée dont on a parlé précédemment (1). La raison, c'est ce moi abstrait, ou la pensée qui se donne pour objet, ou pour fin cette identité pure 2. L'expérience ne saurait atteindre à cette identité indéterminée, parce que son contenu est déterminé. Si l'on considère l'inconditionnel comme formant la connaissance réelle et absolue de la raison (l'idée), la connaissance expérimentale ne sera plus qu'une illusion et une apparence.

§ XLVI.

L'on éprouve cependant le désir de connaître cette identité ou cette *chose en soi.* Connaître, c'est posséder la science du contenu déterminé d'un objet. Mais un contenu déterminé a de nombreux rapports avec lui-même et avec d'autres objets. Pour déterminer

(1) Voy. § XLII.

(2) Conf. rem. du paragraphe précédent. — En effet, l'*inconditionnel* ou la *chose-en-soi* de Kant, c'est l'indéterminé, et comme une répétition de cette identité abstraite et vide du moi qu'il donne comme *substrat* aux catégories. C'est parce qu'il s'est représenté l'inconditionnel comme indéterminé et purement identique que Kant est arrivé à cette conclusion qu'il échappe à la pensée et qu'il est un objet transcendant, c'est-à-dire un objet absolument séparé du monde, et n'ayant avec le monde aucun rapport de nature et d'essence.

l'absolu ou le *noumène*, la raison n'a d'autre moyen que les catégories. Mais, lorsqu'elle les applique à cet objet, elle se dépasse elle-même, elle devient trans-, cendante.

REMARQUE.

Ici l'on arrive à la seconde partie de la critique de la raison, et cette seconde partie est bien plus importante que la première. La première, comme nous l'avons précédemment montré, établit que les catégories ont leur source dans l'unité de la conscience de soi; que, par conséquent, la connaissance par les catégories n'a aucune signification objective, et que la valeur objective qu'on leur attribue n'est qu'un certain état du sujet § XL, XLI. Sous ce rapport, la critique de la raison pure n'est qu'un idéalisme timide et subjectif, qui n'atteint pas le contenu de la connaissance, qui ne s'occupe que des formes abstraites de la pensée subjectives ou objectives, mais qui, au fond, ne sort pas du sujet, et réduit toute connaissance à une connaissance subjective. Cependant, dans la recherche relative à l'application que la raison fait des catégories à la connaissance de leur objet, on est amené à parler, bien qu'imparfaitement, de leur contenu, ou du moins il y a là une occasion qui peut conduire à en parler. Il est intéressant de voir comment Kant juge l'application des catégories à la connaissance de l'inconditionnel, c'est-à-dire à la métaphysique. Nous allons exposer et apprécier ici son procédé en peu de mots.

§ XLVII.

a) Le premier principe inconditionnel que l'on examine est l'âme (§ xxxiv). Je me reconnais constamment dans ma conscience *a)* comme sujet déterminant, *b)* comme principe individuel et simple, *c)* comme principe qui demeure un et identique sous la multiplicité des phénomènes dont j'ai conscience, *d)* comme principe pensant qui me distingue des choses qui sont hors de moi.

REMARQUE.

L'on pourrait dire que le procédé de l'ancienne métaphysique consistait à mettre à la place de ces déterminations empiriques, des déterminations rationnelles (1) et des catégories d'où naissent ces quatre propositions : a) *l'âme est une substance ;* b) *elle est une substance simple ;* c, *elle est, dans les différents moments de son existence, numériquement identique ;* d, *elle ne soutient pas des rapports d'espace.*

---

(1) *Denkbestimmungen, déterminations de la pensée.* Ces déterminations ont un caractère plus rationnel que celles de Kant, en ce sens que les quatre propositions qui sont basées sur elles offrent un certain enchaînement, et sont le résultat d'une déduction, tandis que celles de Kant sont le produit d'un procédé purement empirique.

Kant fait remarquer qu'ici l'on confond deux déterminations distinctes, à savoir, des déterminations
empiriques avec les catégories (*Paralogisme*), et qu'on
n'est pas fondé à conclure l'une de l'autre, et à mettre
l'une à la place de l'autre (1).

L'on voit que cette critique n'est autre chose que
cette remarque de Hume, signalée plus haut (§ xxxix),
que les déterminations rationnelles, l'universel et le
nécessaire, ne se rencontrent pas dans la perception
sensible, et que l'expérience en diffère par son contenu ainsi que par sa forme.

Pour que la pensée pût trouver sa justification dans
l'expérience, il faudrait pouvoir montrer qu'elle coïncide parfaitement avec la perception sensible.

Dans sa critique de la *Psychologie rationnelle,* pour
prouver qu'on ne peut affirmer ni la substantialité
ni la simplicité et l'identité du moi, ni l'indépendance que celui-ci conserve dans ses rapports avec le
monde matériel, Kant s'appuie sur ce que les déterminations de l'âme, que l'expérience interne nous révèle dans la conscience, ne sont pas exactement les
mêmes que celles qu'y produit la pensée. Et cependant Kant lui-même a prétendu précédemment qu'il
n'y a de connaissance expérimentale qu'autant que la
perception sensible est pensée, en d'autres termes,

____

(2) Ainsi, par exemple, de ce que l'on pense l'unité de l'âme,
l'on n'est pas fondé à affirmer son unité réelle, puisque cette
unité n'est pas attestée par l'expérience.

qu'autant que les déterminations de la perception sont transformées en déterminations intellectuelles.

De toute manière, il faut regarder comme une heureuse conséquence de la critique kantienne que les recherches philosophiques sur l'esprit et sur l'âme aient été débarrassées des catégories et des questions touchant sa simplicité ou sa composition, ou sa matérialité, etc. (1).

Pour l'entendement vulgaire lui-même, ce qui fait l'insuffisance de ces formes, ce n'est pas qu'elles soient de simples pensées, mais plutôt des pensées qui ne contiennent pas la vérité absolue (2).

----

(1) On prétend fonder certaines vérités, telles que l'immortalité de l'âme, l'identité du moi, sur la simplicité de l'âme. Mais, au fond, l'âme n'est ni plus ni moins simple, ni plus ni moins composée que le corps ; car le corps n'est pas plus que l'âme un agrégat d'éléments fortuits, mais un être un et simple comme l'âme, un être qui, comme l'âme, possède des facultés différentes, et qui, comme l'âme, passe par des développements divers et successifs. Il y a donc parité, à cet égard, entre l'âme et le corps ; de sorte que si l'on dit que l'âme est simple, le corps le sera aussi, ou si l'on dit que le corps est composé, l'âme le sera également et au même titre : leur différence, il faut, par conséquent, la chercher ailleurs. — Kant ayant démontré l'insuffisance des preuves fondées sur la simplicité de l'âme, a par là débarrassé la science de ces catégories. C'est là le sens de ce passage. Conf. *Introd. à la Phil. de Hegel*, ch. V, § II, et ch. VI, § III, et *Grande Encyclopédie*. Corollaire, p. 101.

(2) L'entendement vulgaire ne refuse pas une efficacité et une réalité à ces formes de la pensée. Seulement il croit qu'elles ne contiennent pas toute la réalité. Comme, suivant Hegel, le général et le particulier, ainsi que la *Logique* et la *Nature*, sont insé-

S'il n'y a pas une parfaite correspondance entre la
pensée et le phénomène, l'on pourra choisir entre
l'une ou l'autre, et voir où est l'insuffisance et le défaut. Dans l'idéalisme de Kant, le défaut est dans la
raison et la pensée, parce que celles-ci ne sont pas
adéquates à la perception sensible et aux données de
la conscience qui se renferme dans cette sphère, et
qu'on ne retrouve pas la pensée dans le phénomène.
Quant au contenu de la pensée en elle-même, il n'en
est point question.

§ XLVIII.

b) Lorsque la raison veut saisir l'absolu dans le
second objet de ses recherches (§ xxxv), c'est-à-dire
dans le monde, elle tombe dans des antinomies; elle
affirme sur le même objet deux propositions contraires, et qui toutes deux doivent être nécessairement
admises. Cette contradiction n'atteint pas l'existence
substantielle du monde; par conséquent, ce qui se
révèle à la pensée ce n'est pas cette existence, mais
une existence purement phénoménale. La solution
des antinomies consiste en ce que la contradiction ne
réside pas dans l'objet, mais dans la raison.

REMARQUE.

C'est ici qu'il est question du contenu de la con-

parables et dans la pensée et dans les choses, l'entendement
vulgaire est ici d'accord avec la réalité.

naissance, c'est-à-dire des catégories, comme produisant elles-mêmes la contradiction (1). Cette pensée, que la contradiction est essentiellement et nécessairement posée dans la raison par la détermination de l'entendement, marque le progrès le plus important et le plus profond de la philosophie moderne. Mais, autant ce point de vue est profond, autant la solution des antinomies est superficielle. On a éprouvé une sorte de tendresse pour le monde : on a pensé que la contradiction serait une tache pour lui, et que c'est à la raison, à l'essence de l'esprit qu'il faut l'attribuer. L'on accordera sans difficulté que l'esprit trouve des contradictions dans le monde phénoménal, c'est-à-dire dans le monde tel qu'il apparaît à la pensée subjective, à la sensibilité et à l'entendement. Mais lorsqu'on rapproche l'essence du monde et l'essence de l'esprit, l'on est étonné de cette espèce de bonhomie et d'humilité avec laquelle on affirme que ce n'est pas l'essence du monde, mais bien l'essence de la pensée, la raison qui contient la contradiction.

On doit éviter la difficulté en disant que la raison ne tombe dans la contradiction que par l'application des catégories.

Mais l'on fera remarquer que cette application est nécessaire, et que la raison n'a pour connaître d'au-

____

(1) Avant on avait l'opposition du subjectif et de l'objectif, des catégories et de l'expérience. Ici la contradiction est dans les catégories elles-mêmes.

tres déterminations que les catégories. Connaître, c'est, en effet, avoir une pensée déterminante ou déterminée : une raison vide, une pensée indéterminée ne pense rien. Que si l'on veut réduire la raison à la pensée d'une identité vide (§ suiv.), on l'affranchira, il est vrai, de toute contradiction; mais on la dépouillera en même temps de toute réalité et de tout contenu.

On peut ensuite remarquer que c'est pour ne pas avoir examiné plus attentivement les antinomies que Kant n'en a compté que quatre. Il est arrivé à ce nombre, ici comme dans ce qu'il appelle les paralogismes, en partant de sa table des catégories, où il commence à faire l'application de son procédé favori, au lieu de déduire les déterminations d'un objet de sa notion, et d'en donner une classification plus sévère et plus complète. Du reste, j'ai, à plusieurs reprises, montré dans ma *Logique* les lacunes qui existent dans sa théorie des antinomies (1).

Le point essentiel qu'il faut remarquer ici, c'est

---

(1) Voyez dans sa *Grande Logique,* Remarques sur l'antinomie de la divisibilité et l'indivisibilité du temps, de l'espace et de la matière, liv. I⁰ʳ, II⁰ part., p. 246, sur l'antinomie de la finité et l'infinité du monde dans le temps et dans l'espace, liv. I⁰ʳ, II⁰ part., p. 274, et sur les antinomies de la liberté et de la nécessité, et de la production et la non-production des choses matérielles suivant des lois purement mécaniques, liv. I⁰ʳ, II⁰ §, p. 213 et suiv., et liv. III, ch. III, p. 213. — Conf. aussi mon *Introd. à la Phil.* Hegel, ch. III, § I.

qu'il n'y a pas seulement quatre antinomies tirées du monde, mais qu'il y en a dans tous les objets de quelque nature qu'ils soient, comme dans toute représentation, dans toute notion et dans toute idée. Établir ce point et reconnaître cette propriété dans les choses, c'est là l'objet essentiel de l'investigation philosophique; c'est cette propriété qui constitue le moment dialectique de la logique.

§ XLIX.

c) Le troisième objet de la raison, c'est Dieu (§ XXXVI). qui doit être connu, c'est-à-dire pensé d'une manière déterminée. Mais, pour l'entendement toute détermination est une limite, une négation vis-à-vis de l'identité simple. Par conséquent, la réalité absolue n'est pour lui qu'une réalité illimitée, c'est-à-dire indéterminée, et Dieu, considéré comme formant l'essence de toute réalité ou comme l'être le plus réel, devient une pure abstraction, et pour le déterminer, il ne reste qu'une détermination également abstraite. l'être. L'*identité abstraite*, qui ici est aussi appelée la notion, et l'*être* sont les deux moments que la raison s'efforce de réunir, et c'est là ce qu'on appelle l'*idéal* de la raison (1).

(1) L'entendement, par cela même qu'il n'a d'autre règle que l'identité abstraite et indéterminée, n'arrive qu'à des résultats abstraits et indéterminés. Ainsi dans la preuve de l'existence de

§ L.

Cette réunion donne naissance à deux formes et à deux procédés. L'on peut, en effet, partir de l'être et arriver à l'abstraction de la pensée (1), ou bien partir de celle-ci et arriver à l'être.

Dans le premier cas, l'on se représente l'être comme un être immédiat, et comme un être qui a un nombre infini de déterminations, comme un monde achevé (2). En le déterminant avec plus de précision, on se le représentera comme la collection d'un nombre infini d'existences contingentes (preuve cosmologique), ou comme un nombre infini de buts et de rapports con-

Dieu, il commence par supprimer dans la notion de l'infini et de l'être parfait toute différence et toute détermination, et il ne laisse qu'un *infini indéfini*, un infini qui échappe à la pensée. Il se comporte de la même manière à l'égard de l'élément qui doit venir s'ajouter à la notion et lui donner une réalité objective, c'est-à-dire à l'égard de l'*être*. Après avoir ainsi dépouillé la notion et l'être de tous leurs caractères et de toutes leurs déterminations, il s'efforce en vain de les réunir ; car il a supprimé les moyens termes qui doivent unir l'être à la notion.

(1) *Abstraktum des Denkens,* c'est-à-dire à l'identité abstraite de la notion telle que la fait l'entendement.

(2) Le texte porte, *eine erfüllte Welt; un monde rempli,* c'est-à-dire rempli de déterminations des choses finies. Dans cette preuve l'entendement va du monde à Dieu. Il commence par attribuer l'être au monde, et même par confondre l'être avec le monde, et puis il ajoute la réalité du monde à la notion, pour en faire sortir la réalité de Dieu.

formes au but (preuve physico-théologique). Penser cet être parfait (1), c'est le distinguer de l'être imparfait, c'est le dépouiller de toute forme contingente et individuelle, et le concevoir comme une existence universelle et absolument nécessaire, agissant et se déterminant suivant des fins également universelles. C'est là Dieu.

L'objection de Kant contre ce procédé de l'esprit se fonde principalement sur ce qu'on y emploie un syllogisme, et qu'on y passe d'un terme à un autre terme d'une nature différente (2). Et, en effet, les existences phénoménales et leur agrégat, le monde, ne manifestent pas l'universel auquel la pensée élève leur contenu. Par conséquent, la réalité de l'universel n'est pas confirmée par l'expérience. C'est là le point de vue de Hume, qui, comme dans les paralogismes (voy. § XLVII), est opposé à ce procédé de la pensée, par lequel on s'élève du monde des phénomènes à l'universel, au nécessaire, à Dieu, point de vue suivant lequel ce passage ne saurait être démontré.

REMARQUE.

L'on ne persuadera pas plus au vulgaire, qui a une

---

(1) *Dieses erfüllte Seyn denken,* littéralement, *penser cet être rempli,* c'est-à-dire cet être que l'on a rempli, en quelque sorte, de la réalité du monde.

(2) Deux objections, dont la première attaque la forme, la seconde le fond de la démonstration.

intelligence saine et éclairée, qu'au philosophe qu'il faut partir de l'aspect du monde phénoménal pour s'élever jusqu'à Dieu. Car l'homme est un être pensant, et cette élévation de l'esprit n'a d'autre fondement que la pensée. Or, penser le monde, ce n'est pas en avoir une simple perception sensible à la façon des animaux. L'essence, la substance, la force universelle et la finalité du monde ne peuvent être saisies que par la pensée, et n'existent que pour la pensée. Ce qu'on appelle la preuve de l'existence de Dieu n'est que l'analyse et la description d'un procédé de l'esprit, qui est un principe pensant et qui pense les choses sensibles. L'élévation de l'esprit au-dessous des choses sensibles, ce mouvement qui lui fait franchir les limites du fini, et le conduit dans la région de l'invisible et de l'infini, tout cela c'est penser, et ce n'est que penser. Lorsque ce passage du fini à l'infini n'a pas lieu, l'on doit dire qu'il n'y a pas de pensée. Ce passage n'a pas lieu chez les animaux, qui étant bornés à la sensation et à la perception sensible, ne peuvent avoir de religion (1).

Il y a deux remarques à faire sur la critique de ce procédé de la pensée. La première est que, lorsque l'on donne à ce procédé la forme d'un syllogisme,

____

(1) Il suffit de penser pour penser Dieu; car penser c'est essentiellement penser le général, le nécessaire, l'absolu, et c'est là Dieu. Ainsi, penser le monde c'est, au fond, penser Dieu, puisqu'en pensant le monde, nous pensons ce qu'il y a d'universel et d'absolu en lui.

(c'est là ce qu'on appelle la preuve de l'existence de Dieu), son point de départ, la vue et l'aspect du monde, est déterminé comme un agrégat d'existences contingentes, de fins particulières et de rapports de finalité. Ce point de départ peut apparaître à la pensée qui construit ce syllogisme comme un principe ferme et indépendant dont le contenu demeure et se conserve tel que l'expérience nous le présente. De cette manière, le rapport du point de départ au point d'arrivée est conçu comme un rapport purement affirmatif, comme un passage par conclusion d'un principe qui est et ne change point, à un autre principe qui est dans les mêmes conditions. Mais l'on se fait une fausse notion de la pensée, lorsqu'on ne veut y voir que la forme sous laquelle elle se produit ici dans l'entendement (1). Penser le monde phénoménal, c'est essentiellement changer sa forme sensible, et le revêtir d'une forme générale. Car la pensée exerce une action négative sur les choses sensibles, qui perdent leur forme première, lorsqu'elles reçoivent la détermination de l'universel, et celui-ci supprime avec leur enveloppe extérieure leur contenu (2).

Les preuves métaphysiques de l'existence de Dieu

---

(1) C'est-à-dire que l'entendement maintient la dualité des termes, et ne les unit que d'une manière accidentelle et extérieure.

(2) Conf. § , p. XIII 23.

ne sont, par conséquent, que des expositions, des descriptions incomplètes de l'élévation de l'esprit du monde à Dieu, parce qu'elles n'expriment pas le moment de la négation qui est compris dans cette élévation. Car, puisque le monde (1) est contingent, il n'a qu'une existence transitoire, apparente, ou, pour mieux dire, par lui-même il n'a pas d'existence. Le sens que cache cette élévation de l'esprit, est que le monde a de l'être, mais plutôt l'apparence de l'être que l'être véritable, l'absolue vérité, laquelle est hors de cette existence apparente et réside en Dieu, qui est l'être par excellence. Cette élévation est un passage et un moyen terme, et, en même temps, la suppression de ce passage et de ce moyen, parce qu'on y montre que l'existence à l'aide de laquelle on s'élève jusqu'à Dieu, c'est-à-dire le monde, n'a pas d'être. L'existence apparente du monde est seulement le lien, le moyen, qui élève le fini à l'infini, mais de telle façon que le moyen lui-même disparaît dans cette élévation. Jacobi n'aperçoit qu'un rapport affirmatif entre ces deux êtres, lorsqu'il combat la preuve de l'existence de Dieu, telle qu'elle se produit dans l'entendement, et il observe avec raison qu'on cherche dans cette preuve des conditions (le monde) pour l'inconditionnel (Dieu), et que par là on représente l'infini comme un être dépendant et qui n'a pas sa raison en lui-même. Mais cette élévation,

(1) Par monde, il faut entendre ici le monde phénoménal.

telle qu'elle a lieu dans l'esprit, corrige elle-même
cette apparence (*Schein*) ou, pour mieux dire, elle n'a
d'autre objet que de la faire disparaître ; et Jacobi n'a
pas saisi la vraie nature de la pensée qui consiste à
poser le moyen terme et à le supprimer tout à la fois ;
ce qui l'a conduit à adresser à la pensée en général,
et, par conséquent, à la pensée rationnelle, le reproche qui ne s'applique qu'à la réflexion de l'entendement (1).

(1) *Reflektirenden verstand.* L'entendement réfléchissant, c'est-
à-dire l'entendement qui va d'une détermination à l'autre, sans
pouvoir les concilier. Voy. *Logique,* IIe part.

Dans les preuves de l'existence de Dieu, dans la preuve
cosmologique, par exemple, l'on commence par affirmer l'être
du monde, d'où l'on conclut l'être de Dieu. Le monde est ; donc
Dieu doit être nécessairement. Jacobi fait remarquer qu'en
concluant de la réalité du monde à la réalité de Dieu, on fait
dépendre la réalité de ce dernier dé la réalité du premier, et
l'on transporte dans la nature de l'être infini la nature des choses
finies ; tandis que la vraie preuve de l'existence de Dieu doit
saisir directement et immédiatement cette existence, sans s'arrêter ou sans avoir égard à l'existence du monde ; ce qui se
rattache à sa théorie de la connaissance immédiate. Hegel
admet cette remarque, mais avec restriction , c'est-à-dire il
l'admet en ce sens, que dans l'acte de la pensée par lequel
l'esprit pense et saisit l'infini, doit s'effacer et s'évanouir toute
existence finie ; mais il ne l'admet pas si l'on prétend qu'on peut
s'élever à l'infini sans traverser le monde et les choses finies.
Le monde et Dieu, le fini et l'infini ont deux termes unis par
des liens essentiels et nécessaires, et ils sont unis dans la pensée,
comme dans l'existence. Si l'on considère attentivement ce
double rapport de Dieu avec le monde dans l'esprit on verra
que la pensée pense le monde et qu'elle le nie en le pensant.

Pour éclaircir ce point nous citerons comme exemple le reproche de panthéisme et d'athéisme que l'on a adressé au système de Spinoza. Sans doute l'absolue substance de Spinoza n'est pas encore l'esprit absolu, et l'on a raison de demander que Dieu soit ainsi déterminé. Mais lorsqu'on prétend que Spinoza a confondu Dieu avec la nature (1) et les choses finies, on suppose que celles-ci ont une réalité positive. En partant de cette supposition on est facilement conduit à l'unité de Dieu et du monde, à un Dieu dont l'existence est rabaissée à l'existence des choses extérieures, multiples et finies. Il faut, en outre, remarquer que Spinoza ne définit point Dieu, l'unité de Dieu et du monde, mais l'unité de la pensée et de l'étendue (le monde matériel), de telle sorte que lors même qu'on s'en ferait, comme dans le premier cas, une notion inexacte, cette unité prouverait que dans le système de Spinoza le monde est plutôt une existence phénoménale, qui ne possède pas

Saisir cet acte, et ce rapport éternel et immuable de la pensée avec le monde, c'est penser Dieu et s'élever jusqu'à lui. La preuve philosophique n'est autre chose que l'analyse et la description de ce procédé, qui a lieu obscurément au fond de toutes les consciences. Conf. § CLXLIII. Cette critique se rattache directement à deux points fondamentaux de la philosophie hégélienne, savoir qu'il n'y a ni connaissance, ni être qui ne contienne pas une médiation, et que le monde et la nature forment la médiation nécessaire et éternelle de l'esprit.

(1) Phénoménale.

une vraie réalité. Ainsi ce système, où l'on pose en principe que Dieu seul existe, ne devrait pas être accusé d'athéisme, mais bien plutôt d'acosmisme (1).

Les peuples qui adorent les singes, les bœufs, des statues de pierre et de bronze, etc., passent pour avoir une religion. C'est que l'homme ne se défait pas aisément de cette opinion fondée sur la représentation sensible, que l'agrégat des choses finies, qu'on appelle le monde, a une vraie réalité. Entre Dieu et le monde, on se décidera bien plus difficilement pour la réalité de Dieu que pour la réalité du monde. On admettra plus facilement, — ce qui ne fait pas notre éloge, — un système qui nie Dieu qu'un système qui nie le monde, et on trouvera qu'il est bien plus naturel de nier Dieu que de nier le monde.

La seconde remarque s'applique au contenu de la pensée qui s'est élevée jusqu'à Dieu (2). Si l'on ne détermine Dieu que comme *substance* du monde, comme *essence nécessaire*, comme *cause providentielle* ou *finale*, etc., on s'en fera une notion qui

---

(1) Suivant Spinoza, les deux attributs de la substance absolue sont la *pensée* et l'*étendue*. Cette dernière, il la considère comme l'essence de la matière. Par conséquent, si la substance absolue ou Dieu fait l'unité de la matière et de la pensée, il faudra plutôt l'accuser d'absorber le monde en Dieu, ou d'*acosmisme*, que Dieu dans le monde, ou d'athéisme.

(2) C'est-à-dire qui, pour s'élever jusqu'à Dieu, n'a pas besoin de partir du monde phénoménal, comme dans le cas précédent, mais qui s'applique à saisir Dieu dans sa notion.

n'est pas adéquate à sa nature. Lorsqu'on ne part pas d'une opinion préconçue (*voraussetzung*) de Dieu, et qu'on ne juge pas le résultat d'une recherche sur la nature divine d'après cette opinion, ces déterminations ont déjà une grande importance ; car elles sont des moments nécessaires de l'idée de Dieu. Mais pour s'élever dans cette voie à la vraie conception de Dieu, il ne faut pas partir des existences inférieures. Les choses contingentes n'offrent que des déterminations incomplètes. Les êtres organiques et leurs déterminations appartiennent, il est vrai, à une sphère plus haute, à la *vie* (1). Mais outre qu'on peut altérer la notion de la nature vivante et des rapports de finalité en se représentant la fin d'une manière incomplète et superficielle, ce n'est pas dans la nature vivante qu'on pourra trouver Dieu. Dieu n'est pas seulement un être vivant, mais il est l'esprit. C'est dans l'esprit, dans son essence, qu'il faut chercher l'absolu. C'est là que la pensée trouvera son point de départ le plus élevé, le plus vrai et le plus direct.

§ LI.

L'autre voie par laquelle on s'élève à une existence idéale, par la réunion de la pensée et de l'être, va

_____

(1) Si l'on conçoit Dieu comme *essence nécessaire*, comme *cause*, comme *être vivant*, etc., on aura bien des déterminations, des attributs de Dieu, mais on n'aura pas Dieu. Si, par conséquent, dans une recherche sur la nature divine, on part d'une

d'une pensée abstraite à une détermination qui ne contient plus que l'être. C'est la preuve ontologique de l'existence de Dieu. L'opposition que produit l'abstraction subjective est l'opposition de la pensée et de l'être, tandis que, dans le premier cas, l'être était commun aux deux termes, et l'opposition ne consistait que dans la différence de l'individuel et du général. Mais au fond l'opposition est la même dans les deux cas. Car, d'un côté, c'est l'expérience qui ne se retrouve pas dans l'universel, et de l'autre, c'est l'universel qui ne contient pas l'élément qui le détermine (1), et cet élément est ici l'*être*. Ce qui revient à dire que l'être ne peut se déduire de la notion par voie d'analyse (2).

opinion préconçue que Dieu est la *cause* ou l'*essence*, par exemple, et que l'on juge des résultats de cette recherche d'après cette opinion, on se trompera dans ses appréciations.

(1) Le texte porte, *das Bestimmte*, le déterminé, ou ce qu'il y a de déterminé dans la notion. En effet, une notion dont on ne peut même dire qu'elle *est*, est un élément tout à fait indéterminé. Mais lorsqu'on part du monde, et qu'on n'accorde la réalité ou l'être qu'aux choses finies, on le refuse à la notion, sans faire réflexion que l'*être* de la notion ne saurait pas être l'*être* des choses finies.

(2) Pour se rendre compte de ce passage, il faut bien se pénétrer de cette pensée de Hegel, à savoir, que pour démontrer l'existence de l'être ou de la cause infinie, il suffit de prouver la réalité objective de ces idées. Car, en ce cas, il suffira de penser Dieu pour que son existence soit démontrée.

Maintenant, dans les deux procédés qu'on suit ordinairement pour arriver à cette existence, ou l'on va du monde à la

REMARQUE.

Ce qui a fait le succès de cette critique, c'est sans doute l'exemple que Kant y a ajouté pour rendre plus sensible la différence de la pensée et de l'être. Suivant Kant, si l'on ne considère que leur notion, il n'y a aucune différence entre 100 thalers possibles et 100 thalers réels, tandis qu'il y en a une essentielle pour celui qui doit les posséder. Rien, en effet, ne paraît plus évident que ce fait, à savoir, que ce que je pense et me représente n'a pas une réalité par cela même que je le pense ou me le représente, ou ce qui revient au même, que la pensée, la représentation et même la notion n'atteignent pas à la réalité et à l'être.

Mais d'abord on aurait raison d'appeler barbare

notion (voy. § précéd.), ou l'on s'attache à faire sortir l'être de la notion elle-même. Dans le premier cas l'on a, d'un côté, des causes, des fins particulières et finies, et, de l'autre, une cause, une fin infinie, en d'autres termes, l'on a le particulier et le général. Ici l'on attribue bien l'*être* aux deux termes, mais on ne le leur attribue pas de la même manière. Car on attribue une réalité objective au particulier, et on n'attribue qu'une réalité abstraite et subjective au général. La difficulté vient donc ici de ce qu'on ne sait trouver un passage de l'un à l'autre. Dans le second cas, l'on s'arrête à la notion, et on lui refuse l'être et la réalité objective, et, par conséquent, ici la difficulté vient de ce qu'on ne sait concilier la notion et l'être, ou trouver un passage de l'un à l'autre. Mais, au fond, la difficulté est la même dans les deux cas, car elle vient de ce qu'on n'accorde pas une réalité, ou l'être à la notion. Conf. § CXIII.

l'emploi de la notion pour désigner cent thalers et d'autres choses semblables. Ceux qui ne se lassent pas d'objecter contre l'idée la distinction de la pensée et de l'être devraient, ce nous semble, supposer que cette distinction n'est pas inconnue du philosophe, car il n'y a pas de connaissance plus vulgaire. Mais on ne devrait pas ignorer que, lorsqu'il s'agit de Dieu, l'on est en présence d'un objet d'une toute autre espèce que cent thalers, et qu'une notion ou une représentation particulière. Au fond, ce qui fait la finité des choses, c'est que leur existence se distingue de leur notion. Mais, à l'égard de Dieu, la pensée et l'existence, la notion et l'être sont inséparables. Et c'est précisément cette unité de la notion et de l'être qui constituent la notion de Dieu. Sans doute ce n'est là encore qu'une détermination formelle de Dieu, et cette détermination ne contient qu'imparfaitement la notion 1. Mais on peut voir aisément que celle-ci renferme déjà, dans sa valeur abstraite, l'être. Car la notion constitue au moins un rapport qui se produit par la suppression de la médiation, ainsi qu'on le montrera ailleurs, et, par conséquent, un rapport immédiat avec elle-même ; et c'est là l'*être* (2). Et

(1) Le texte dit : « *The Natur des Begriffes* » la nature de la notion, expression hégélienne, qui signifie la notion à l'état abstrait et virtuel, la notion qui ne s'est pas encore développée et n'a pas posé le cercle entier de ses déterminations.

(2) C'est-à-dire, que si l'on supprime dans la notion tous ses

l'on devrait, ce nous semble, trouver étrange que la vie intime de l'esprit, la notion, le moi, ou bien la totalité concrète des êtres, qui n'est autre chose que Dieu, n'aient pas un contenu assez riche pour atteindre à l'être qui est la plus abstraite et la plus vide des déterminations. Il n'y a rien, en effet, qui ait moins de contenu que l'être, si l'on en excepte toutefois ce qu'on est porté d'abord à prendre pour l'être, à savoir une existence extérieure et sensible, ce papier, par exemple, qui est devant moi. Mais personne ne voudra arrêter un instant son attention sur cet objet fini et transitoire.

En outre, cette remarque vulgaire de la critique kantienne, que la pensée et l'être sont deux choses distinctes pourra troubler l'esprit, mais elle ne parviendra pas à y arrêter ce mouvement par lequel il va de la pensée de Dieu à l'affirmation de son existence. La doctrine de la *science immédiate* ou de *la foi* a, avec raison, rétabli la légitimité de ce passage et l'indivisibilité absolue de l'être de Dieu et de

---

autres caractères, il faudra au moins lui laisser celui qui forme le rapport le plus simple et le plus immédiat de la notion avec elle-même, à savoir, l'être. Ce rapport ne constitue, il est vrai, qu'une détermination purement formelle, et, pour ainsi dire, la plus pauvre des déterminations de la nature divine, car cette expression, *Dieu est esprit, il est la fin du monde*, etc., ont un sens bien plus riche et bien plus profond que l'expression, *Dieu est l'être ;* mais l'être n'en est pas moins une détermination essentielle de Dieu. Voy. *Logique,* § LXXXIV, et mon *Introd.*, ch. XII, p. 123.

sa pensée. Nous examinerons plus bas cette doctrine (1).

§ LII.

Ainsi, dans cette théorie, la détermination (2) demeure vis-à-vis de la pensée élevée à son plus haut degré comme un élément qui lui est extérieur. La pensée n'a qu'une valeur abstraite, et la pensée c'est ici la raison. Celle-ci (et c'est là le résultat définitif de cette théorie) ne fait que fournir une unité formelle qui simplifie et systématise les données de l'expérience; elle est une règle et non un instrument de la vérité, et elle ne peut fonder la science de l'infini, mais seulement faire la critique de la connaissance. Cette critique arrive en dernière analyse à ce résultat que la pensée ne fournit qu'une unité indéterminée, et que son activité n'est que l'activité de cette unité.

§ LIII.

b) La raison pratique, c'est la volonté réfléchie (3) qui se détermine elle-même suivant une loi universelle. Elle doit établir la loi impérative et objective de la liberté, c'est-à-dire la loi qui détermine com-

---

(1) Voy. § LXI et suiv.
(2) Voy. paragraphe précédent.
(3) *Denkende Wille*, la volonté pensante.

ment on doit agir. Ce qui autorise à attribuer ici à l'activité de la pensée, à la raison, une signification objective, c'est que la liberté pratique peut être démontrée par l'expérience, c'est-à-dire par les manifestations de la conscience.

Mais en présence de cette expérience intérieure, se trouvent les objections que le déterminisme tire de l'expérience elle-même, et tous les arguments des sceptiques, de Hume, par exemple, puisés dans la diversité infinie des opinions touchant le droit et le devoir, c'est-à-dire les lois de la liberté qui devraient cependant avoir une valeur objective (1).

§ LIV.

Ici aussi ce que la raison pratique pose comme loi, comme *criterium* de la volonté qui se détermine elle-même, c'est cette identité abstraite de l'entendement suivant laquelle il ne doit pas y avoir de contradiction dans le principe déterminant. Ainsi la raison pratique ne sort pas des limites du formalisme, bien que le formalisme dût (2) s'arrêter aux limites de la raison théorétique (3).

(1) Puisqu'elles sont, elles aussi, démontrées par l'expérience.

(2) Suivant Kant.

(3) L'entendement en supprimant dans les principes toute différence et toute opposition, les réduit à de simples formes. C'est ce qui arrive ici à Kant. Son *catégorique impératif* exprime bien la forme abstraite de l'action, mais le contenu lui échappe.

Cependant la raison pratique pose une loi universelle, le bien. Et pour elle le bien n'a pas seulement une existence abstraite et en soi, mais il est dans le monde; il a une existence extérieure et objective; en d'autres termes, la pensée n'a pas ici une valeur purement subjective, mais objective. Nous examinerons tout à l'heure ce postulat de la raison pratique.

§ LV.

c) Dans la critique du *jugement réfléchissant*, l'on suppose l'existence d'un entendement intuitif, c'est-à-dire, d'un entendement où le particulier qui n'a qu'une existence contingente à l'égard du général, (l'identité abstraite) (1) et qui ne peut en être déduit, est cependant déterminé par le général, ce qui a lieu dans les produits de l'art et de la nature organique (2).

Il n'est pas le bien, ce bien concret et réel, qui doit se manifester et se réaliser à travers les oppositions de la Nature et de l'Esprit.

(1) C'est une identité abstraite en ce sens qu'elle ne contient pas la différence. Voy. *Logique*, II⁰ part, et mon *Introd.*, ch. XI, p. 93.

(2) Suivant Kant, les lois de la raison théorètique n'ont qu'une valeur formelle et subjective; et les lois de la raison pratique ont, au contraire, une application et un sens objectifs. Mais la raison spéculative et la raison pratique, qui sont d'abord séparées, se trouvent réunies dans le jugement *réfléchissant*, qui consiste à rattacher des événements et des produits contingents et particuliers à un principe général. Le principe suprême du jugement *réfléchissant* est le principe de *finalité*. D'après ce principe, l'on suppose l'existence objective d'un entendement qui agit

REMARQUE.

La critique du jugement a cela de remarquable, que Kant s'y est élevé jusqu'à l'*idée*. Un entendement *intuitif*, une *finalité intérieure*, etc., ne sont autre chose que l'universel dans sa forme concrète. C'est seulement ici que la philosophie kantienne prend un caractère vraiment spéculatif. Plusieurs, et nommément Schiller, ont cherché dans l'idée de l'art le moyen de sortir des abstractions de l'entendement, et l'unité de la pensée et de la représentation sensible (1). D'autres ont cherché cette unité dans l'intuition et la conscience de la vie, de la vie naturelle et de la vie intellectuelle. Mais les produits de l'art, ainsi que l'indi-

avec conscience, qui dispose et façonne intérieurement les êtres en vue d'une fin. Cette finalité se manifeste principalement dans la nature chez les êtres vivants et organiques, et dans l'esprit chez les produits de l'art. Car dans l'art on part de la réalité objective de l'idée, et de l'appropriation de l'œuvre d'art à sa manifestation. Ainsi, l'idée de finalité n'est plus ici une simple forme de la pensée, mais elle a une valeur objective et pratique. Cependant, Kant finit par retomber dans son premier point de vue, et par nier qu'il y ait une finalité réelle dans le monde. Voy. plus bas, §§ LVII et LX, sur la *finalité* et l'*idée*, §§ CCIV et suiv., et sur la *réflexion* en général, *Logique*, II⁰ part.

(1) Conf. les écrits de Schiller sur l'esthétique. C'est un point de vue analogue à celui de Schelling. Voy. mon *Introd. à la Philosophie* de Hegel, ch. I⁰⁰.

vidualité vivante, sont limités quant à leur contenu (1).

Chez Kant, au contraire, le postulat de l'harmonie de la nature, ou de la nécessité et de la fin de la liberté, et ce principe que la fin du monde se trouve réalisée dans les choses, présentent l'idée comme embrassant la totalité du contenu. Mais la pensée timide de Kant recule devant cette haute idée de finalité et de sa réalisation objective, et maintient la séparation de la notion et de la réalité. Cependant les êtres vivants et organiques, ainsi que les produits de l'art, prouvent, même dans le champ de l'expérience, la réalité de l'idéal. Les réflexions de Kant, à ce sujet, sont propres à élever l'esprit à la vraie connaissance de l'idée.

§ LVI.

Ici Kant établit entre le général qui est l'objet de l'entendement, et le particulier qui est l'objet de l'intuition, un tout autre rapport que dans sa doctrine de la raison théorètique et de la raison pratique. Mais il n'y pose pas en principe que le vrai réside dans ce rapport et dans cette unité, lesquels sont plutôt donnés par lui tels qu'ils se produisent dans l'expérience et les manifestations finies. Cette expérience

____

(1) Car ils ne contiennent qu'imparfaitement l'idée. Voy. *Introd. à la Philosophie* de Hegel, ch. VI, § iv.

est, d'une part, dans le sujet, le signe de génie, lequel consiste dans la faculté de produire des idées esthétiques , c'est-à-dire des libres représentations de l'imagination dont l'objet est la manifestation d'une idée, et qui provoquent la réflexion, bien que leur contenu ne soit pas ramené à une notion, et qu'il ne puisse y être ramené ; elle est, d'autre part, le signe du goût qui consiste dans le sentiment de l'accord de la libre représentation ou intuition extérieure de l'idée et des lois de l'entendement.

§ LVII.

Le principe du jugement *réfléchissant* (1) est ensuite déterminé à l'égard des produits vivants de la nature comme but, comme notion active et comme principe universel déterminant et déterminé. On éloigne de ce principe toute représentation de finalité extérieure et finie. Car ici le but n'est qu'un moyen, et la matière où il se réalise n'est qu'une forme purement extérieure, tandis que chez l'être vivant le but est le principe actif et la détermination immanente de la matière, et

---

(1) Kant distingue le jugement *réfléchissant* du jugement *déterminant*. La faculté de juger est pour lui la faculté de penser le particulier sous le général. Lorsque le général est donné, le jugement qui y rattache — *Subsumirt* — le particulier est *déterminant*. Lorsque c'est le particulier qui est donné, et qu'il faut trouver le général, le jugement est *réfléchissant*. Voy. une critique de cette distinction, *Grande Logique,* liv. II, Ire part., p. 21.

tous les membres sont l'un à l'égard de l'autre but et moyen à la fois.

§ LVIII.

Si dans l'idée de finalité l'on supprime le rapport du but et du moyen, du sujet et de l'objet, le but deviendra une cause qui n'agit et n'existe que dans nos représentations, c'est-à-dire, une cause purement subjective, et la détermination du but ne sera qu'une règle de jugement pour l'entendement.

REMARQUE.

Il faut remarquer que si d'après le premier résultat de la philosophie critique, la raison ne peut connaître que les phénomènes, l'on pourra au moins choisir, pour ce qui concerne la nature vivante, entre deux lois de la pensée également subjectives, et il faudra, d'après l'exposition de Kant lui-même, admettre pour la connaissance des produits de la nature d'autres conditions que les catégories *de qualité, de cause et d'effet, de composition, de parties,* etc. Le principe de la finalité interne de la nature, suivi et développé avec fermeté dans ses applications scientifiques, aurait conduit à des considérations profondes et d'une toute autre signification.

§ LIX.

Ce principe, considéré dans sa plus haute expression, devrait conduire à ce résultat que l'universel, la fin absolue, le bien sont réalisés dans l'univers, qu'ils le sont par un troisième principe, par une force qui pose et réalise elle-même la fin, c'est-à-dire par Dieu, où l'opposition de l'universel et du particulier, du sujet et de l'objet s'efface et perd toute réalité, et en qui réside la vérité absolue.

§ LX

Mais le bien, qui est posé comme la fin de l'univers, n'est pour Kant qu'un bien subjectif, la loi morale de notre raison pratique. Par conséquent, l'unité qui en résulte ne va pas au delà de l'accord des événements et des états du monde avec notre moralité (1).

Il faut d'abord remarquer qu'en les limitant, la fin et le bien deviennent, comme le devoir, une abstraction indéterminée. On verra ensuite s'élever, en face de cette harmonie formelle de la pensée, l'opposition

---

(1) D'après les propres paroles de Kant, — Critique du jugement, p. 427, — « le but final n'est qu'une notion de notre raison pratique, et il n'y a aucun fait d'expérience qui puisse en autoriser l'application à la connaissance spéculative de la nature. Cette notion n'a pas d'usage hors de la raison pratique et de la loi morale; et la fin de la création est cette disposition du monde qui s'accorde avec ce que nous sommes obligés de considérer comme déterminé par des lois, c'est-à-dire avec la fin de notre raison pratique; mais cet accord ne va pas au delà de ces limites.

(Note de l'auteur.)

qu'il faudra admettre dans le contenu du monde, de sorte que cette harmonie se réduira à un fait purement subjectif, à une disposition de la nature qui doit se réaliser, mais qui n'a pas d'existence actuelle, à une croyance, à une certitude subjective à laquelle ne correspond aucune réalité.

Si l'on croit dissimuler la contradiction en faisant descendre l'idée dans le temps, et en disant qu'elle se réalisera dans un temps à venir, une condition sensible tel que le temps maintiendra la contradiction au lieu de la concilier, et le *progrès infini*, cette conception de l'entendement qui en est la suite, ne fera que la poser indéfiniment (1).

On peut aussi faire une remarque générale sur le résultat de la philosophie critique en ce qui touche la nature de la connaissance, résultat qu'on peut ranger parmi les préjugés, ou, si l'on veut, parmi les hypothèses de la science de notre temps.

Le vice principal de tout système dualiste, et particulièrement de celui de Kant, vient de cette inconséquence que pour arriver à la connaissance, tantôt on réunit ce qu'on avait considéré un instant auparavant comme ne pouvant être uni, et tantôt, après avoir d'abord placé le vrai dans la réunion de deux

____

(1) Voy. sur le *Progrès infini*, *Logique*. — Hegel veut dire que l'entendement, au lieu de faire disparaître la contradiction en saisissant le rapport et l'unité des deux termes, la maintient indéfiniment, en posant indéfiniment les mêmes termes.

éléments, on le place un instant après dans leur séparation, et on le refuse aux deux éléments pris conjointement. Ceux qui suivent une telle marche dans leurs recherches philosophiques ne font pas cette simple observation que par leur balancement entre deux déterminations opposées, ils montrent que ni l'un ni l'autre ne contient la vérité.

Le vice de ce procédé a son origine dans l'impuissance où l'on est de concilier deux pensées ; car il n'y en a que deux au point de vue de la forme (1). Parmi ces inconséquences, la plus grande consiste à affirmer d'abord que l'entendement ne peut connaître que les phénomènes, et à considérer ensuite cette connaissance comme une connaissance absolue, en disant que l'intelligence ne peut aller au delà, et que c'est là la limite naturelle et absolue de la science humaine. Mais il n'y a que les choses de la nature qui soient limitées, et elles ne sont des choses de la nature que parce qu'elles ignorent leur limite ; car leur déterminabilité est une limite pour nous et non pour elles. On ne connaît, on ne sent un manque, ou une limite que lorsqu'on va au delà de cette limite. Les êtres qui sont doués de vie ont sur ceux qui en sont privés la prérogative de la douleur. Chez eux, toute détermination individuelle produit un sentiment de négation, parce qu'en tant qu'êtres vivants, ils renfer-

(1) Car, pour la forme, on peut les ramener toutes à deux pensées contraires. Voy. mon *Introduction*, ch. XI.

ment le principe universel de la vie qui, par cela même qu'il dépasse les bornes de l'existence individuelle, pose en eux la négation et la contradiction. Cette contradiction vient de ce qu'il y a dans un seul et même sujet deux éléments, l'universalité du sentiment de la vie, et en face de ce sentiment, son individualité. Ainsi la connaissance n'est limitée et imparfaite que parce qu'on la compare avec l'idée de la science universelle et parfaite. Et on n'a pas suffisamment examiné ce sujet si l'on ignore que désigner un objet comme fini ou limité est fournir la preuve de la présence réelle de l'infini et de l'illimité, parce qu'on ne peut assigner une limite qu'autant qu'on porte dans sa conscience l'illimité.

On pourrait ajouter à ces considérations, sur la théorie de la connaissance de Kant, cette autre remarque que sa philosophie n'a pu exercer aucune influence sur les autres sciences. Car il a laissé les catégories et la méthode ordinaire de la connaissance dans l'état où elles étaient avant lui. Et si, dans ces derniers temps, on a quelquefois mis en tête des recherches scientifiques, des propositions de la philosophie kantienne, l'on voit par la suite que ces propositions ne sont qu'un ornement superflu, et que, si on les avait supprimées, on serait parvenu au même résultat (1).

____

(1) Ainsi, dans le *Manuel de la métrique* de Hermann, on commence par quelques paragraphes de la philosophie de Kant, et

Si l'on compare la philosophie de Kant avec l'empirisme qui ne repousse pas toute métaphysique, l'on verra que l'empirisme qui est de bonne foi, tout en ne reconnaissant comme signe du vrai que la perception sensible, accorde cependant une certaine réalité à l'esprit et au monde intelligible, quelle que soit d'ailleurs la nature de cette réalité, qu'elle ait son origine dans la pensée, ou dans l'imagination, etc. L'empirisme pur ne reconnaît d'autre réalité que celle qui est attestée par la perception externe, tandis que l'empirisme modéré admet, dans les limites de la forme, la réalité des données de l'esprit. Mais l'empirisme rigoureux et conséquent combat cette espèce de dualisme, et nie la réalité et l'indépendance du principe pensant et du monde spirituel qui s'y déploie. L'empirisme conséquent, c'est le *matérialisme* et le *naturalisme*.

La philosophie de Kant oppose à cet empirisme la pensée et la liberté, et elle rentre dans la première espèce d'empirisme, bien qu'elle ne parte pas du même principe ni du même point de vue. La perception sensible et l'entendement sont les éléments de ce dualisme. De ces deux éléments sort un monde pure-

---

la conséquence qu'on en tire au § viii, c'est que les lois du rythme doivent être : 1° des lois objectives; 2° des lois formelles; 3° des lois *à priori*. Que l'on compare ces propositions et les principes de *causalité* et de *réciprocité d'action* qu'on en déduit ultérieurement avec ce qui se rapporte à la mesure des vers, et

ment phénoménal, qui au fond ne repose que sur une simple dénomination et une détermination formelle. Car la source de ces phénomènes, leur contenu et la forme sous laquelle l'esprit les pense sont ici tout à fait les mêmes (1).

D'un autre côté, Kant proclame l'indépendance de la pensée et de la liberté. Ces principes lui sont communs avec l'ancienne métaphysique. Mais il les a, pour ainsi dire, dépouillés de leur substance sans pouvoir leur en donner une nouvelle et il a enlevé à la pensée, qu'il appelle raison, toute détermination et toute autorité. Le résultat de la philosophie de Kant consiste à avoir affranchi la pensée et la raison de toute détermination extérieure et de toute autorité, et de leur avoir donné la conscience de leur absolue indépendance. Et bien qu'à cause de son caractère purement formel et abstrait, elle ne puisse recevoir aucune application, ni produire des connaissances réelles ou des lois pratiques, elle a cependant ce mérite qu'elle résiste et ferme l'accès à toute influence étrangère à la raison. L'indépendance absolue de la raison est, depuis Kant, le principe essentiel de toute philosophie, et l'une des

l'on verra que ces principes formels n'ont exercé aucune influence sur cette dernière partie.   (*Note de l'auteur.*)

(1) C'est-à-dire que l'on n'a que des formes, ou des manières d'être subjectives, et non la chose même ou des manières d'être de la chose.

croyances universelles des temps modernes (1).

C.

TROISIÈME POSITION DE LA PENSÉE VIS-A-VIS DE SON OBJET.

La science immédiate.

§ LXI.

La philosophie critique conçoit la pensée comme un principe subjectif, et dont la plus haute et dernière détermination est l'universalité abstraite, l'identité formelle. La pensée est par là opposée au vrai, c'est-à-dire à l'universalité concrète et réelle. La connaissance de ce principe universel est l'œuvre de la raison. Elle constitue aussi le degré le plus élevé de la pensée où il ne peut être question des catégories (2).

Le point de vue opposé à ce dernier est celui où la pensée est considérée comme un principe qui ne peut concevoir que le particulier (3), et qui est, par conséquent, impuissante à saisir le vrai et la raison des choses.

----

(1) Voy., sur la doctrine de Kant, *Leçons sur la phil. de Kant*, par M. Cousin, et mon *Introd. à la Phil.* de Hegel, ch. II et III.

(2) C'est-à-dire que pour saisir l'universel et l'infini il faut s'élever au-dessus des catégories. — C'est la théorie de Jacobi que Hegel commence à exposer ici.

(3) Par particulier il entend les catégories, qui ne sont que des déterminations particulières.

§ LXII.

La pensée considérée comme principe actif dont la connaissance ne s'étend pas au delà du particulier, n'a d'autre produit ni d'autre contenu que les *catégories*. Celles-ci, telles que l'entendement les conçoit, sont des déterminations limitées, des formes de l'être conditionné, fini et médiat. L'infini et le vrai n'existent point pour la pensée qui se renferme dans ces limites ; et il n'y a pas de passage possible de ces limites à l'infini. (Objection contre la preuve de l'existence de Dieu.) Ces déterminations de la pensée s'appellent aussi *notions*, et avoir la notion d'un objet, c'est le concevoir sous une forme conditionnée et médiate. Par là, le vrai devient en quelque sorte le faux, et ce qu'il y a d'infini et d'inconditionnel dans son objet, devient fini et conditionné.

REMARQUE.

Ce sont là, en résumé, les objections qui ont amené la doctrine suivant laquelle on ne peut connaître le vrai ni Dieu que par une connaissance *immédiate*. On avait auparavant éloigné de Dieu toute représentation anthropomorphiste comme indigne de l'être infini, et par là on avait réduit, il est vrai, l'être infini à une essence vide. Mais on n'avait pas considéré les déterminations de la pensée comme des représentations anthropomorphistes (1). La pensée était, au contraire, regardée comme le principe qui éloigne de l'absolu toute marque de finité, et cela d'après cette opinion de tous les temps que nous avons déjà signalée, à savoir qu'on n'arrive à la vérité que par la réflexion. Mais voilà que la pensée est représentée comme la source de l'anthropomorphisme, et son activité comme n'ayant d'autre résultat que d'altérer l'infini en le faisant descendre dans le fini.

Les arguments de Jacobi sur ce sujet se trouvent très-nettement exposés dans le viie appendice aux *Lettres sur Spinoza*. Du reste, ces arguments, il les a puisés dans la philosophie même de Spinoza, et il les a dirigés contre la connaissance. Suivant Jacobi, cette espèce de connaissance (2) ne saurait sortir de la sphère du fini. Connaître ainsi, c'est parcourir une série de termes qui se conditionnent réciproquement, et où par conséquent, le terme qui joue d'abord le rôle de condition, est conditionné à son tour. C'est une série de termes conditionnants et conditionnés, où expliquer et comprendre, c'est démontrer un terme par l'intermédiaire d'un autre terme. Par conséquent, toute connaissance a un contenu particulier, conditionnel et fini. L'infini, la vérité absolue,

(1) C'est ainsi qu'envisage ces déterminations la doctrine de la science immédiate, puisqu'elle n'y voit que des formes ou des lois qui ne vont pas au delà de l'intelligence humaine.

(2) Réfléchie et par notions.

Dieu, en un mot, est au-dessus de ce mécanisme de notions dans lequel la connaissance réfléchie est emprisonnée.

Il importe de remarquer que dans la philosophie de Kant la finité des catégories tient à ce qu'elles ne sont que des déterminations formelles de la pensée subjective, tandis qu'ici on considère les catégories en elles-mêmes, et leur finité on l'attribue à leur nature même.

Ce qui a surtout préoccupé Jacobi dans cette polémique, ce sont les brillants résultats des sciences exactes dans leur application à la connaissance des forces et des lois de la nature. Sans doute, si l'on se renferme dans cette sphère on n'y découvrira pas l'infini. Et cela rappelle le mot de Lalande, qui disait qu'il avait cherché Dieu dans toute l'étendue des cieux sans pouvoir l'y trouver (1). Ce point de vue a conduit à ce dernier résultat, que l'universel n'est que l'agrégat indéterminé des choses extérieures et finies, c'est-à-dire la *matière*, et Jacobi a eu raison de dire à cet égard qu'il n'y a pas ici d'autre issue pour sortir de la sphère de la connaissance *médiate* (2).

_____

(1) Conf. Remarque, § LX.

(2) C'est-à-dire que la connaissance mathématique pure ou appliquée à la nature ne peut conduire à l'unité et à l'absolu, et qu'elle n'aboutit qu'à l'indétermination, ou à une unité extérieure, ou à un agrégat, et Jacobi a eu raison de dire à cet égard que la science ne peut, sur ce terrain, franchir les limites de la médiation et de la finité. Mais il ne suit pas de là que la médiation

§ LXIII.

Cependant on admet dans cette doctrine que l'intelligence peut connaître le vrai à l'aide de la raison, qui est la source de toute connaissance, et qui seule peut donner la science de Dieu. Et comme la connaissance *médiate* est bornée à un objet fini, la connaissance par la raison est une connaissance *immédiate*.

REMARQUE.

Science, croyance, pensée, intuition, ce sont là les catégories qui appartiennent à ce point de vue. Comme on suppose que ce sont des choses bien connues, on les emploie très-souvent d'une manière arbitraire, et en se fondant sur de simples observations et distinctions psychologiques. Quant au point le plus essentiel, celui de savoir quelle est leur nature et leur notion, on ne s'en inquiète en aucune façon. Ainsi l'on y considère souvent la science comme opposée à la croyance, et l'on définit, en même temps, la croyance une *science* immédiate, ce qui veut dire qu'on la considère comme une espèce de science. On

ne soit pas un moment nécessaire de la connaissance et des choses, et qu'il n'y ait pas une science qui démontre et la nécessité de la médiation, et le moyen de la franchir.

y trouvera également présenté comme un fait d'expérience ce principe, que ce que l'on *croit* est dans la conscience, parce qu'on en possède une certaine *science*, ou bien encore que l'objet de la *croyance* apparaît dans la conscience avec le caractère de la certitude, parce que c'est comme certain qu'on le *connaît*. On y oppose aussi à la connaissance immédiate et à la croyance, et particulièrement à l'intuition, la pensée. Mais si l'on entend par intuition une intuition intellectuelle, ce sera toujours une intuition de la pensée, à moins qu'ici, où Dieu est l'objet de la pensée, l'intuition intellectuelle ne soit qu'une représentation de l'imagination.

Dans le langage de cette philosophie, le mot *croyance* est aussi employé pour désigner les objets ordinaires de la perception sensible. « Nous croyons, dit Jacobi, que nous avons un corps, nous croyons en l'existence des choses sensibles. » Mais on ne devrait pas oublier que, lorsque la croyance s'applique à l'absolu et à l'éternel, et que Dieu nous est donné par l'intuition et la connaissance immédiate, il n'y a pas là d'objets sensibles, car il n'y a que le général et un objet qui ne peut être saisi que par la pensée réfléchie. Ajoutez que l'individu lui-même, la personnalité, le moi en soi, c'est-à-dire un moi qui n'est pas un objet d'expérience, et surtout la personnalité divine, sont des notions pures et universelles dont la connaissance n'appartient qu'à la pensée.

D'ailleurs, la pensée pure et l'intuition pure sont

une seule et même chose. L'intuition et la foi
priment, il est vrai, dans l'acception ordinaire des
représentations déterminées qui se distinguent de la
pensée; et cette distinction se comprend sans difficulté. Mais ici il faut entendre l'intuition et la
croyance dans un sens plus élevé : c'est de la croyance
en Dieu, de l'intuition intellectuelle de Dieu qu'il est
ici question. On doit, par conséquent, y faire abstraction de tout ce qui amène une différence entre
l'intuition, la croyance et la pensée. Et, en effet, l'on
ne saurait dire en quoi la croyance et l'intuition diffèrent, à ce haut point de vue, de la pensée (1). Ainsi,
l'on accorde à des distinctions vides une importance
qu'elles n'ont pas, on rejette des déterminations de la
pensée pour en admettre d'autres, et puis il se trouve
que celles qu'on rejette sont, de tous points, identiques à celles qu'on admet. Cependant à ce mot
de *croyance* est attaché l'avantage particulier de rappeler les croyances du christianisme, de paraître les
contenir et s'identifier avec elles; ce qui donne à
cette philosophie de la foi un air de piété, et de piété
chrétienne, dont elle profite pour prendre des allures
plus dégagées, et pour donner plus d'autorité et de
poids à ses opinions. Mais il ne faut pas se laisser

(1) Hegel veut dire que dans la connaissance dont il est ici
question, c'est-à-dire dans la plus haute connaissance de Dieu,
il ne peut y avoir de différence entre la croyance, l'intuition et
la pensée. Toutes ces considérations ont pour objet de montrer
l'indétermination de cette doctrine.

tromper par l'apparence et l'identité des mots. Car il y a là une différence réelle. La croyance chrétienne admet l'autorité de l'Eglise, tandis que la croyance dans le sens de cette doctrine, est l'autorité attachée aux manifestations de la pensée subjective (1). Ensuite la croyance chrétienne a un riche contenu, un système d'enseignement et de connaissances, tandis que la doctrine de cette philosophie est si indéterminée, qu'elle pourra s'accorder avec le christianisme, et admettre en même temps que Dieu est le Dalaïlama, le taureau, le singe, etc., tout aussi bien que la plus haute essence. La croyance elle-même, dans le sens de cette philosophie, n'est qu'une abstraction vide de la connaissance immédiate, une détermination purement formelle, qui n'a rien de commun avec les richesses spirituelles de la croyance chrétienne, pour ce qui concerne son enseignement, ou les dispositions du cœur des fidèles et l'Esprit saint qui y fait sa demeure.

L'inspiration, les révélations du cœur, les notions que la nature a mises dans l'esprit de tous les hommes, ou bien ce qu'on a appelé le bon sens et le sens commun, *common sense.*, ce sont là des facultés qui se confondent avec la croyance et la science immédiate. Car elles érigent toutes en principe de la

____

(1) Elle est subjective par cela même qu'elle rejette la connaissance par les idées qui forment l'élément objectif et rationnel de la pensée.

science la forme immédiate de la connaissance (1).

§ LXIV.

La principale connaissance que prétend établir cette philosophie, est que l'infini, l'éternel, Dieu, qui existe dans notre représentation interne, a aussi une existence réelle, parce que dans la conscience cette représentation se trouve liée d'une manière immédiate et indivisible à son existence.

REMARQUE.

Il peut sans doute venir à la pensée des philosophes de vouloir réfuter ces propositions ; mais ils devraient plutôt voir avec bonheur que ces anciens principes de la science, qui contiennent ce qu'il y a en elle de plus universel, passent, bien que présentés sous une forme peu scientifique, dans le domaine de l'opinion commune. L'on devrait, par conséquent, s'étonner de voir considérer comme contraires à la connaissance philosophique des propositions comme celles-ci : *le vrai a son siége dans l'esprit, l'esprit est la raison et la fin dernière du vrai.*

(1) La connaissance immédiate repousse au fond la science, qui repose essentiellement sur le raisonnement, la déduction et la réflexion, et elle aboutit à la théorie superficielle et vulgaire de l'inspiration et du sens commun. Conf. *Introduction à la Philosophie* de Hegel, ch. III, § III.

Sous le point·de vue formel, le principe de la
philosophie de la croyance a une importance particulière, en ce qu'il exprime la connexion immédiate
et indivisible de la pensée de Dieu et de son être, de
l'état subjectif de la pensée et de son état objectif. Et
cette philosophie pousse si loin ce principe, que non-
seulement elle établit un lien nécessaire entre la
pensée de Dieu et son être, mais aussi entre la pensée
des corps et des choses extérieures et leur existence.

La philosophie spéculative s'est efforcée d'établir
cette unité de la pensée et de l'être, et quel que soit
le prix qu'elle doit attacher aux arguments que lui
apporte la théorie de la science immédiate, elle doit
être satisfaite de voir que l'on admet ce principe
comme un fait de conscience, et comme étant d'accord avec l'expérience. La différence qui existe, à
cet égard, entre la doctrine de la science immédiate
et la philosophie spéculative consiste en ce que la
première se place sur un terrain étroit et exclusif, ou
bien encore en ce qu'elle se pose en adversaire de la
vraie philosophie.

Ce principe, qui est comme le pivot autour duquel
tourne la nouvelle philosophie, a été exprimé sous
une forme immédiate par son auteur. *Cogito ergo
sum.* On pourra considérer cette proposition comme
un syllogisme, parce qu'il y a le signe de la conclusion *ergo*. Mais où est le moyen terme qui est un
élément bien plus essentiel du syllogisme? Que si
pour justifier cette dénomination l'on appelle dans

la proposition de Descartes l'union des deux termes un syllogisme immédiat, on aura là une forme inutile de la pensée, où deux déterminations distinctes se trouvent réunies on ne sait par quel terme. Ajoutez qu'en ce cas cette connexion de l'être et de notre pensée, qui constitue le principe fondamental de la connaissance immédiate, sera, elle aussi, ni plus ni moins un syllogisme.

J'extrais de la dissertation de Hotho sur la philosophie cartésienne qui a paru en 1826, le passage où Descartes déclare expressément lui-même que la proposition *cogito ergo sum* n'est pas un syllogisme. Les endroits où se trouvent ces passages sont *Respons. ad II object. De methodo IV, Ep. I*, **118**. Au premier endroit, je trouve ces expressions, que notre essence est dans la pensée, et que c'est la *prima quœdam notio quœ ex nullo syllogismo concluditur*. Descartes ajoute ensuite ces paroles : *neque cum quis dicit « ego cogito, ergo sum, sive existo » existentiam ex cogitatione per syllogismum deducit*. Et comme Descartes n'ignore pas quelles sont les conditions du syllogisme, il fait remarquer que si cette proposition était obtenue par déduction, il faudrait supposer qu'elle est tirée de la majeure « *illud omne quod cogitat est, sive existit.* » Mais, ajoute-t-il, c'est cette dernière proposition qui est plutôt tirée de la première.

Les paroles de Descartes sur l'indivisibilité de l'être et de la pensée, sur l'intuition simple de cette unité dans la conscience, sur la certitude et l'évidence de ce principe, évidence telle qu'il n'y a pas de scepticisme qui puisse lui résister, tout cela est si complet et si concluant, que Jacob et d'autres philosophes modernes n'ont fait que reproduire ses arguments.

§ LXV.

Cependant cette doctrine ne se borne pas à établir que la connaissance médiate, considérée en elle-même, ne contient pas le vrai. Le point qu'elle s'attache particulièrement à démontrer, c'est qu'il n'y a que la connaissance immédiate qui peut le contenir. Mais en excluant la connaissance médiate, elle ne fait que retomber dans la métaphysique de l'entendement, et, par conséquent, dans la sphère des contradictions, des rapports extérieurs et des déterminations incomplètes et finies au-dessus desquels elle prétend s'élever. Nous ne nous étendrons pas sur ce point. Nous nous bornerons, dans cette introduction, à considérer cette science immédiate comme un fait et au point de vue de la réflexion extérieure (1). C'est la logique qui traite de la forme immédiate et de la forme médiate de la connaissance. La philosophie de

______

(1) C'est-à-dire que c'est à la science elle-même, et à mesure qu'elle se développe, à démontrer l'insuffisance de cette doctrine, mais qu'ici on ne peut le faire que d'une manière extérieure.

la science immédiate ne veut point considérer les
choses suivant leur nature, c'est-à-dire suivant leur
notion. Car c'est en se plaçant à ce point de vue que
l'on est conduit à la médiation, et par là à la connaissance. Ce point de vue trouve sa place naturelle dans
la logique, dont la seconde partie qui traite de l'*essence* a pour objet de montrer comment se produit
l'unité de la forme immédiate et de la forme médiate
de la connaissance (1).

§ LXVI.

Admettons que la connaissance immédiate doive
être considérée comme un fait. Par là on se placera
dans le domaine de l'expérience et des phénomènes
psychologiques.

Nous rappellerons d'abord, à ce sujet, ce fait de
l'expérience la plus vulgaire, à savoir que les connaissances qu'on sait être le résultat des recherches
les plus complexes, se présentent immédiatement à
l'esprit de celui à qui elles sont devenues familières.
Le mathématicien, le savant a à sa disposition des
solutions auxquelles il n'est arrivé que par une longue
analyse. Tout homme instruit trouve immédiatement

---

(1) *Einheit der Unmittelbarkeit und der Vermittlung.* Et, en effet,
la première partie traite de l'*Être immédiat*, et la seconde de l'*Essence*, qui forme comme une médiation entre la première et la
troisième, ou la *notion*.

dans son esprit une foule de points de vue et de principes qui sont le produit de la réflexion et d'une longue expérience ; et la facilité que nous apportons dans une science, un art et une œuvre mécanique, consiste précisément à trouver immédiatement ces connaissances, ces formes de l'activité, ainsi que les moyens d'exécution extérieure. Dans tous ces cas, non-seulement la connaissance immédiate n'exclut pas la connaissance médiate, mais elle en est le produit et le résultat.

On peut aussi constater cette connexion dans les choses les plus ordinaires, dans l'existence, par exemple. L'existence immédiate est, en effet, inséparable d'une médiation. Les germes et les parents sont des existences primitives et immédiates par rapport aux produits et aux enfants qu'ils engendrent. Mais les germes et les parents sont aussi engendrés, et, si l'on fait abstraction de la médiation qui a amené leur existence, les enfants se trouvent dans un état immédiat, puisqu'ils sont. Que je sois à Berlin, c'est là un fait immédiat, mais je n'y suis que par suite d'un voyage, etc.

§ LXVII.

Pour ce qui concerne la connaissance immédiate de Dieu, du juste, du bien, quelque nom qu'on lui donne, qu'on l'appelle *instinct, idée primitive et innée, sens commun, raison naturelle*, c'est un fait attesté par l'expérience universelle qu'elle n'arrive à la conscience qu'à la condition de l'éducation et du développement de l'intelligence. La réminiscence platonicienne suppose cette condition, et le baptême, bien qu'il soit un sacrement, contient l'obligation ultérieure d'une éducation chrétienne. Nous voulons dire par là que la religion et la moralité, bien qu'elles soient fondées sur une croyance et une connaissance immédiate, supposent une médiation, c'est-à-dire le développement, l'exercice et l'éducation de nos facultés.

A l'égard des idées innées, l'on fait une objection tirée de l'opposition de déterminations incomplètes. Cette opposition consiste en ce que, d'un côté, l'âme se trouverait immédiatement en rapport avec des notions générales, tandis que, d'un autre côté, ce rapport semblerait ne s'établir que par l'intermédiaire des objets et des représentations extérieures. On objecte à la théorie des idées innées que, s'il en était ainsi, tous les hommes devraient connaître ces idées, par exemple le principe de contradiction. Cette objection repose sur un malentendu. Car, lorsqu'on dit que ces déterminations générales de la pensée sont innées, on ne prétend pas qu'elles se trouvent dans l'esprit sous la forme d'idées et de représentations accompagnées de conscience. Mais on a raison d'adresser cette objection à la philosophie de la connaissance immédiate qui parle de ces déterminations comme si elles étaient présentes à l'intelligence.

Cette philosophie accordera peut-être qu'une éducation chrétienne ou religieuse est nécessaire pour l'affermissement des croyances religieuses. Mais alors on ne voit pas pourquoi elle contesterait cette nécessité pour toute espèce de croyance, ou bien il faudra dire qu'elle ignore qu'en reconnaissant la nécessité d'une éducation, elle reconnaît la nécessité d'une connaissance médiate.

§ LXVIII.

La théorie de la science immédiate s'appuie sur les faits d'expérience qui se lient le mieux à ce mode de connaissance. Mais en supposant qu'il n'y ait là qu'une liaison, qu'un rapport purement extérieur, il faudra toujours admettre que ce rapport est essentiel et indivisible, puisqu'il est invariable (1). Ensuite si dans les limites mêmes de l'expérience, l'on considère en elle-même cette science immédiate en tant qu'ayant pour objet Dieu et les choses divines, on verra qu'elle ne fait qu'élever l'âme au-dessus des choses sensibles et finies, des désirs et des penchants corporels. Par là l'âme s'élève à la croyance de Dieu, et elle s'y arrête, de telle sorte que cette croyance devient une connaissance immédiate et une certitude. Mais elle n'en suppose pas moins un travail à l'aide duquel l'esprit s'élève jusqu'à Dieu.

____

(1) Et dès qu'il y a rapport il y a médiation.

On a déjà remarqué (1) que les preuves de l'existence de Dieu qui partent de l'observation des choses finies ne font qu'exprimer cette élévation de l'esprit, qu'elles ne sont pas des découvertes de l'art et de la réflexion, mais des procédés naturels et nécessaires de l'intelligence, bien qu'elles ne conservent pas, dans la forme sous laquelle on les présente ordinairement, leur valeur et leur signification parfaites (2).

§ LXIX.

Le passage de l'idée subjective à l'être, dont il a été question plus haut (§ LXIV), est le principe fondamental de la théorie de la connaissance immédiate. Suivant cette théorie, il y a entre l'idée et l'être une connexion essentielle, primitive et qui n'est pas le produit d'une médiation. On voit d'abord que ce n'est pas d'une connexion empirique et phénoménale qu'il s'agit ici. Mais si l'on considère cette connexion en elle-même, on y trouvera une médiation et une vraie médiation, c'est-à-dire une médiation qui n'unit pas

(1) § L.

(2) Toute cette polémique de Hegel repose sur ce point de vue qui fait le fond de sa doctrine, à savoir que, s'il y a médiation dans la pensée et dans ses développements, il y a aussi médiation dans les choses, et qu'il n'y a pas plus de connaissance immédiate, c'est-à-dire de connaissance qui n' implique pas une médiation, qu'il n'y a d'être immédiat, c'est-à-dire d'être qui ne contienne une différence et une opposition.

des termes extérieurs et étrangers l'un à l'autre, mais des termes qui se supposent et s'appellent mutuellement.

§ LXX.

Le principe de ce point de vue est que ni l'idée, en tant que pure pensée subjective, ni l'être séparé de l'idée ne constituent le vrai, l'être en lui-même, ou, pour mieux dire, un être sans l'idée n'étant qu'une chose sensible et finie (1). L'on conclut de là que l'idée

(1) *Ein Seyn nicht der Idee, ist das sinnliche endliche Seyn der Welt.* Littéralement : « Un être qui n'est pas l'être de l'Idée est l'être sensible et fini du monde. » Voici la pensée de Hegel, elle ne peut être comprise qu'en la rattachant à tout son système. Au plus haut degré de l'existence, c'est-à-dire en Dieu, et dans l'acte de la pensée par lequel l'intelligence s'élève jusqu'à lui, l'être et l'idée s'appellent réciproquement, sont contenus l'un dans l'autre, et forment ainsi une unité indivisible. Quand on dit, en effet, que Dieu est l'Être, l'on ne veut pas dire qu'il est tel être particulier, car il ne serait, en ce cas, qu'un être périssable et fini, mais qu'il est l'ideal, ou l'idée même de l'être. Ainsi l'être et l'idée sont ici inséparables. L'être est l'idée et l'idée est l'être. Mais quel est le lien qui unit l'être et l'idée? C'est, suivant Hegel, *l'idée en et pour soi*, car l'être est une idée, aussi bien que toute autre idée. Mais qu'est-ce que l'idée *en et pour soi*, ou l'idée absolue, ce principe qui fait l'unité des idées et de l'être, ainsi que des choses en général? Ce principe est l'esprit. L'idée de l'esprit enveloppe, en effet, toutes les autres, puisque c'est en elle que toutes les idées se produisent et trouvent leur rapport et leur unité. On ne peut pas dire que l'idée est dans la nature, mais seulement qu'elle se communique à elle, et qu'elle y existe à l'état de morcellement; ce qui fait que dans la nature il y a bien tel être, mais non pas

ne constitue le vrai qu'avec le concours de l'être, et l'être qu'avec le concours de l'idée. La doctrine de la science immédiate a raison de ne point reconnaître le vrai dans un principe immédiat vide et indéterminé, tel que l'être abstrait ou l'unité pure, et de le chercher dans l'unité de l'idée et de l'être. Mais elle n'aurait pas dû ignorer que l'unité de deux déterminations distinctes n'est pas une unité immédiate, c'est-à-dire une unité vide et indéterminée, et qu'elle est constituée de manière à ce que l'une des déterminations ne contienne le vrai qu'avec le concours de l'autre.

Ainsi, l'on peut établir comme *fait* que toute connaissance et tout principe immédiat contient une médiation, et la doctrine de la science immédiate demanderait en vain des objections à l'entendement pour la détruire. C'est, en effet, le propre de l'entendement vulgaire de séparer l'élément immédiat et l'élément médiat de la connaissance, et de leur attribuer à chacun une existence indépendante et absolue, ce qui fait qu'il se trouve en présence d'une difficulté insurmontable lorsqu'il veut les réunir, difficulté qui, comme on vient de le voir, n'existe pas dans le fait, et qui,

l'être, ou l'être en son idée et que la nature ne pense pas. Mais dans l'idée de l'esprit se trouvent réunis et identifiés la pensée et l'être, l'intelligence et l'intelligible. Du reste, il ne faut pas oublier qu'en Dieu comme dans les choses, l'être est ce qu'il y a de plus élémentaire et de plus extérieur. Voy. *Logique*, Iʳᵉ part., et mon *Introd.*, ch. XI, XII et XIII.

d'ailleurs, disparaît dans le mouvement de la notion spéculative.

§ LXXI.

Après avoir discuté les principes de cette doctrine, nous allons indiquer les principales conséquences qui en découlent. D'abord, comme ce n'est pas dans la nature même du contenu de la connaissance, mais dans un fait de conscience, qu'on place le criterium du vrai, la connaissance n'aura d'autre fondement qu'une affirmation, une certitude subjective (1). D'après cela, ce que chacun trouverait dans sa conscience, il l'étendrait à la conscience de tous les hommes, et en ferait, en quelque sorte, l'essence de la conscience.

REMARQUE.

Depuis longtemps on a rangé parmi les preuves de l'existence de Dieu le consentement des peuples, et c'est cette preuve que Cicéron, entre autres, adopte de préférence. Le consentement des peuples est une grande autorité, et de ce fait qu'une connaissance se trouve dans la conscience de tous les hommes, l'on

______

(1) Car, d'après Hegel, toute connaissance doit pouvoir être démontrée. C'est là le caractère distinctif de sa nécessité et de sa réalité objective. Il va sans dire que ce n'est pas de la démonstration ordinaire, mais de la démonstration hégélienne, qu'il s'agit ici.

arrive naturellement à la conclusion que cette connaissance a sa racine dans la nature même de la conscience, et qu'elle en est un élément nécessaire. Ce qu'il y a d'essentiel dans cette catégorie de l'accord universel, c'est ce fait qui se produit chez les intelligences même les plus incultes, à savoir, la conviction qu'une croyance individuelle n'a qu'une valeur contingente et limitée. Mais si l'on ne recherche pas la nature, l'essence même de cette conviction, c'est-à-dire, si l'on ne distingue pas ce qu'il y a en elle d'absolu et d'universel de ce qu'il y a d'individuel et de contingent, ce qui ne peut être que l'œuvre de la réflexion, le consentement universel sera une opinion dont il faudra tenir compte, puisqu'il repose sur la nature même de la conscience, mais qui ne pourra satisfaire complétement la pensée, qui, outre l'*universalité,* veut aussi connaître la *nécessité* des choses. D'ailleurs, en admettant que l'universalité d'un fait puisse fournir une preuve suffisante, ici cette universalité serait mise en défaut par l'expérience, puisqu'il y a des individus et des peuples chez lesquels on ne trouve pas cette croyance en l'existence de Dieu (1).

(1) Pour bien déterminer dans l'expérience les limites de l'athéisme ou de la croyance en Dieu, il importe de savoir s'il suffit de posséder la notion de Dieu en général, ou bien si une connaissance plus exacte de Dieu est nécessaire. Dans les sociétés chrétiennes on n'admet pas que les dieux de l'Inde, de la Chine, ni même les dieux de la Grèce, et moins encore les fétiches de l'Afrique, soient le vrai Dieu. Par conséquent, celui qui

Ce qu'il y a de plus simple et de plus naturel, à cet égard, c'est de dire que le moi trouve en lui des connaissances et la certitude de leur vérité, et que cette

croit en ces dieux, ne croit pas en Dieu. Si, au contraire, on considère la croyance en Dieu comme se trouvant comprise dans la croyance en plusieurs dieux, de la même façon dont le genre existe dans les individus, le culte qui s'adresse à plusieurs dieux s'adresse aussi à Dieu. Les Athéniens regardaient les poëtes et les philosophes comme des athées, parce que, aux yeux de ces derniers, Jupiter et les autres dieux n'existaient que dans l'opinion du peuple, et qu'ils ne reconnaissaient probablement qu'un seul Dieu.

Le point de vue auquel il faut se placer ici, ce n'est pas de savoir ce qui se trouve contenu dans un objet, mais la manière dont cet objet existe dans la conscience ; autrement toutes les déterminations de la Divinité seraient confondues et auraient une égale valeur, et les représentations sensibles les plus grossières constitueraient une religion, parce que, dans ces représentations comme dans tout produit de l'esprit, il y a un principe, une virtualité qui, développée et épurée, s'élève jusqu'à la religion. Mais autre chose est posséder les germes de la religion, autre chose est avoir une religion. Ainsi des voyageurs, les capitaines Ross et Parry ont, dans ces derniers temps, trouvé des peuples (les Esquimaux) qui n'ont aucune religion, mais chez qui l'on peut découvrir les germes de la religion, ce qui se constate aussi chez les magiciens de l'Afrique, — les *Goëten* d'Hérodote. D'un autre côté, un Anglais qui a passé le premier mois du dernier jubilé à Rome dit, dans le récit de son voyage, que, dans cette ville, le peuple est bigot, et que ceux qui ont quelque instruction sont, en général, athées. Du reste, l'accusation d'athéisme est, dans ces derniers temps, devenue bien moins fréquente, parce que les exigences en fait de religion, et le contenu même de la religion, ont été, pour ainsi dire, réduits à leur *minimum*. Voy .§ LXXIII. (*Note de l'auteur.*)

Dans cette note, l'auteur veut prouver combien est indétermi-

certitude n'appartient pas à l'individu, mais qu'elle a sa racine dans la nature même de l'esprit.

§ LXXII.

La science immédiate, posée comme criterium du vrai, conduit à cette seconde conséquence, que toutes les superstitions et tous les cultes devront être reconnus comme vrais, et par là les actions les plus injustes et les plus immorales seront justifiées. Ce n'est pas la connaissance médiate, le raisonnement et le syllogisme qui conduisent l'Indien à adorer un bœuf, un singe, Lama, ou le Brahmin ; son adoration repose sur une croyance. Les désirs, les tendances naturelles, font naître spontanément des mouvements intéressés dans la conscience, où des pensées coupables se produisent aussi d'une manière immédiate. De plus, d'après cette doctrine, un caractère, qu'il soit bon ou mauvais, exprimera toujours la vraie nature de la volonté ; il suffira seulement qu'on ait une vue immédiate des motifs qui nous déterminent.

§ LXXIII.

Enfin, la connaissance immédiate de Dieu peut tout au plus nous dire qu'il est ; mais elle ne nous dit pas *ce*

née une connaissance immédiate, c'est-à-dire une connaissance qui ne repose pas sur la pensée réfléchie et la science.

qu'il est; car cette connaissance ne peut être donnée que par la réflexion. Ainsi l'objet de la religion, Dieu, se réduit à la notion de Dieu en général, à une existence suprasensible indéterminée, et la religion est ainsi dépouillée de son contenu.

REMARQUE.

S'il était réellement nécessaire de faire de si grands efforts pour établir ou conserver cette croyance en l'existence de Dieu, il faudrait plaindre la pauvreté du temps, qui considère comme une conquête la plus vide des doctrines religieuses, et qui en est venu à admirer dans son Église l'autel qu'on éleva autrefois à Athènes au *Dieu inconnu.*

§ LXXIV.

Voici, en résumé, quels sont les caractères distinctifs et généraux de la connaissance immédiate.

Comme ce mode de connaissance est incomplet, son contenu est aussi incomplet et fini. L'universel, tel qu'elle le conçoit, n'est qu'une abstraction, et Dieu n'est qu'une essence indéterminée (1). Mais Dieu est esprit, et il n'a conscience de lui-même que parce qu'il contient une médiation. C'est à cette condition

______

(1) En effet, si je ne puis rien affirmer de Dieu, Dieu est un être indéterminé et vide (sans contenu). Si, d'un autre côté, j'affirme un attribut de lui, il est *déterminé*, et il y aura *médiation.*

que Dieu est esprit, et un être vivant et concret. Par conséquent, la science de Dieu, de même que son être, doit contenir une médiation.

Quant au particulier, la connaissance immédiate (1) lui accorde une existence absolue et indépendante, et le conçoit comme n'ayant de rapport qu'avec lui-même, tandis que le propre du particulier et du fini c'est d'être en rapport avec un principe qu'ils ne contiennent pas.

Ainsi, la connaissance immédiate, par cela même qu'elle ne saisit que d'une manière incomplète le contenu de la pensée, est, pour ainsi dire, indifférente à l'égard du contenu, et les déterminations opposées, le bien comme le mal, tout lui sera également bon (2).

De ce que le particulier n'est pas par lui-même, mais par suite d'une médiation (3), il est fini et imparfait. On voit par là que le contenu du particulier contient une médiation, et que la connaissance, qui a le particulier pour objet, est également une connaissance médiate. Au point de vue de la connaissance absolue, ce contenu est vraiment connu, qui n'a pas de médiation étrangère, qui n'est pas fini, et qui

(1) *Die form der Unmittelbarkeit.* La forme de l'immédiatité. — En effet, l'intuition ou l'aperception immédiate du particulier et des choses finies présentent ces choses comme subsistant par elles-mêmes et comme possédant une existence indépendante. Ce n'est que la réflexion ou la connaissance médiate qui fait connaître leur dépendance.

(2) C'est là, en effet, le caractère de l'indétermination.

(3) *Durch ein Anderes vermittelt.* Médiatisé par un autre.

unit en lui le double moment de la médiation et du rapport immédiat avec lui-même (1).

Ainsi cette doctrine, qui prétend s'être affranchie de la connaissance finie et des principes de l'ancienne métaphysique, en posant comme criterium du vrai la connaissance immédiate, ne fait que reproduire, sous une autre forme, le principe de l'identité abstraite de l'entendement. *Pensée abstraite* (la forme de la métaphysique de la réflexion), et *intuition abstraite* (la forme de la science immédiate), sont une seule et même chose (2).

§ LXXV.

La critique de cette troisième position que prend la pensée pour arriver à la vérité, ne pouvait être faite que suivant le procédé qui est conforme à la doctrine de la science immédiate, c'est-à-dire on

(1) C'est là, en effet, ce qui constitue la connaissance spéculative. Ces remarques ont une grande importance dans la pensée de Hegel, puisque la nécessité du moment immédiat et du moment médiat de la connaissance, ainsi que leur indivisibilité, constituent la méthode spéculative. La forme et le contenu sont d'ailleurs inséparables dans la connaissance absolue. Voy. mon *Introd.*, ch. XII.

(2) Puisque ni l'une ni l'autre ne peuvent concilier la forme médiate et la forme immédiate de la connaissance. La métaphysique de la réflexion est la métaphysique qui va d'une détermination à l'autre sans pouvoir les concilier. Voy. sur la *réflexion*, *Logique*. IIe partie.

n'a pu établir que comme *fait* (1) l'erreur de cette
doctrine, qui prétend qu'il y a une connaissance immédiate, une connaissance qui ne contient pas de
médiation, soit que cette médiation soit un rapport
de l'objet de la connaissance avec un autre objet, soit
que ce rapport de l'objet se trouve dans sa propre nature. On a également établi comme *fait* ce qu'il y a
d'erroné dans l'opinion que la pensée s'arrête à des
déterminations qui, étant marquées d'une médiation (2)—des déterminations finies et conditionnées—
ne trouvent pas dans cette médiation même la suppression de la médiation. Que la connaissance se
compose de ces deux éléments, d'un élément médiat
et d'un élément immédiat, c'est là un fait dont la logique ou, pour mieux dire, la philosophie tout entière
offre un exemple.

§ LXXVI.

Si l'on considère le point de départ, l'on verra que
la doctrine de la science immédiate l'a ramené à celui
de la philosophie cartésienne. Dans les deux l'on pose
en principe :

1° L'indivisibilité de la pensée et de l'être du sujet

(1) *Faktisch*, parce qu'on ne peut *démontrer* rigoureusement la
vérité ou l'erreur en dehors de la science. Tout ce qu'on peut
faire, c'est montrer la vérité ou la fausseté du fait.

(2) Il veut dire que le moment médiat et le moment immédiat
sont inséparables, et qu'ils sont donnés l'un dans l'autre.

pensant, le *Cogito, ergo sum*, la conscience qui révèle immédiatement l'être, la réalité, l'existence du moi. Descartes déclare formellement (1) que, par pensée, il entend la conscience, et que cette indivisibilité est la connaissance première, la connaissance la plus évidente, et qui, par conséquent, n'a pas besoin d'être démontrée ;

2° L'indivisibilité de la pensée de Dieu est de son existence, de sorte que la pensée de Dieu contient son existence, laquelle est nécessaire et éternelle (2) ;

(1) *Principes philos.*, I, 9.

(2) Descartes, *Princ. phil.*, I, 15 : *Magis hoc (Ens summe perfectum) existere credet, si attendat, nullius alterius rei ideam apud se inveniri, in qua eodem modo necessariam existentiam contineri animadvertat ; — intelliget, illam ideam exhibere veram et immutabilem naturam, quæque non potest non existere, cum necessaria existentia in eo contineatur.* — Les développements qu'il y ajoute, et auxquels il a donné la forme d'une preuve, ne changent pas la valeur de cette proposition fondamentale. Spinoza pose également en principe que l'essence, c'est-à-dire la pensée abstraite de Dieu, contient l'existence. Il définit d'abord Dieu *causa sui*, parce qu'il est un être *cujus essentia involvit existentiam : sive id cujus natura non potest concipi nisi existens,* définition qui repose sur le principe de l'indivisibilité de la notion et de l'être. Mais quelle est la notion dont le signe est de ne pouvoir être séparée de l'existence? Ce n'est pas la notion des choses finies, car le caractère distinctif des existences finies c'est la contingence. Que chez Spinoza la 11ᵉ proposition, *Dieu existe nécessairement*, et la 20ᵉ, *L'existence et l'essence sont en Dieu une seule et même chose,* soient suivies d'une preuve, ce n'est là qu'un procédé formel et superflu de celui qui démontre. Cette démonstration : *Dieu est la substance et la seule substance ; mais la substance est causa sui, donc Dieu existe nécessairement,* équivaut à

3° Quant aux choses extérieures, avoir la connaissance immédiate de leur existence, c'est en avoir la connaissance sensible ; mais c'est là à peine une connaissance. Ce qu'il importe de savoir, c'est que la connaissance immédiate des choses extérieures n'est qu'illusion et erreur, qu'il n'y a pas de réalité dans ces choses, et qu'elles ne sont que des existences contingentes, transitoires, et qu'une simple apparence, des existences qui ont pour propriété essentielle de pouvoir être séparées de leur notion et de leur essence.

§ LXXVII.

Mais ces deux doctrines diffèrent par les points suivants :

1° La philosophie cartésienne part de ces principes indémontrés et considérés par elle comme indémontrables, pour les appliquer et arriver à des connaissances ultérieures, et, par là, elle a fondé la science des temps modernes. La philosophie de la science immédiate, au contraire, est bien arrivée à ce résultat important que la connaissance, qui ne s'appuie que sur des déterminations finies, ne peut sortir de la sphère du fini, et n'est pas au fond une vraie connaissance. Elle aspire, par conséquent, à la connaissance

---

la proposition, *Dieu est l'être dont la notion est inséparable de l'existence.*   (Note de l'auteur.)

de Dieu. Mais cette connaissance n'est chez elle qu'une aspiration, parce qu'elle s'arrête à une croyance purement abstraite (1).

2° La doctrine de la croyance ne change rien à la méthode ordinaire et que Descartes a suivie, et elle l'applique de la même manière à la connaissance expérimentale et finie. Mais elle rejette cette méthode, ou pour mieux dire, puisqu'elle ne suit aucune méthode, elle rejette toutes les méthodes, lorsqu'il s'agit de la connaissance de l'infini. Elle s'abandonne ainsi aux mouvements indisciplinés de l'imagination et de la sensibilité, à une moralité arbitraire et de convention, à ces jugements et à ces opinions qui ne reposent sur aucun principe, et qui sont les adversaires que la philosophie a le plus à redouter. Or, la philosophie ne peut admettre des affirmations tout à fait gratuites, de purs produits de l'imagination, ni ce ballottement d'opinions et de pensées.

§ LXXVIII.

Et il ne peut être ici question de l'opposition de deux termes indépendants, d'une connaissance im-

---

(1) Anselme dit, au contraire : *Negligentiæ mihi videtur si postquam confirmati sumus in fide, non studemus, quod credimus intelligere (Tract. cur Deus homo)*. Ainsi Anselme a posé à l'enseignement chrétien une tâche bien autrement difficile que ne la lui pose la nouvelle doctrine de la croyance.

(Note de l'auteur.)

médiate d'un côté, et d'une médiation qui ne saurait se concilier avec la première, de l'autre, parce que cette opposition ne serait ici qu'une simple supposition, une affirmation tout à fait arbitraire (1). De même il faut rejeter au début de la science toutes les autres connaissances, ou opinions préconçues, qu'elles viennent de l'expérience ou de la pensée. Car c'est à la science elle-même qu'il appartient d'étudier toutes ces déterminations et leur caractère, leur nature, ainsi que la nature de leurs contraires.

REMARQUE.

Le scepticisme, en tant que science négative qui s'étend à toutes les formes de la connaissance, serait comme une introduction où l'on montrerait l'insuffisance de ces suppositions. Mais ce serait là un moyen peu rassurant pour l'esprit, et en même temps superflu. Car la méthode dialectique contient, comme on le fera voir, les deux moments, le moment affirmatif et le moment négatif de la connaissance. Ensuite ce scepticisme ne pourrait trouver ces formes finies de la connaissance (2) que par un procédé purement empirique (3), et il les prendrait telles qu'elles lui sont données par l'expérience. Le scepticisme

----

(1) Conf. § LXV.
(2) Toute forme est finie, prise séparément.
(3) Précisément parce qu'il les prendrait hors de la science elle-

parfait ne diffère pas de la science qui pose en principe le doute universel, c'est-à-dire, de la science qui
rejette toute hypothèse et n'admet que ce qui est démontré. Cette science a surtout son fondement dans
la libre détermination de ne vouloir s'attacher qu'à
la pensée pure, à la pensée qui fait abstraction de
tout élément contingent et étranger, et qui saisit son
objet dans toute sa simplicité.

même. Conf., sur ces différents points, *Introd. à la Phil.* de Hegel,
ch. IV, § v.

FIN DU TOME PREMIER.

TABLE

DES

MATIÈRES CONTENUES DANS LE PREMIER VOLUME.

FIN DE LA TABLE DES MATIÈRES.

OPINIONS

DE LA PRESSE FRANÇAISE ET ANGLAISE

sur

L'INTRODUCTION A LA PHILOSOPHIE DE HEGEL,

(1 vol. in-8. — 6 fr.)

« C'est la meilleure introduction à la Philosophie de
Hegel. »

(Revue des Deux-Mondes.)

« M. Véra a tout ce qu'il faut pour bien comprendre
Hegel. Aussi, en le lisant, est-on tout surpris de si bien comprendre Hegel, qui se plaignait, de son vivant, de n'avoir été
compris que par un seul disciple, qui même l'avait
mécompris. »

(Athenœum français. Août 1855.)

« A l'aide d'un style très-lucide et d'une grande précision
d'expression, M. Véra est parvenu à nous présenter un
exposé clair et élémentaire de la Philosophie de Hegel. »

(Westminster-Review. Octobre 1855.)

« A l'élégance d'un écrivain français, M. Véra joint cet
amour de la science qui est le trait distinctif du caractère
allemand. Nous recommandons vivement son Introduction. »

(Athenœum. Septembre 1855.)

« On sent, en lisant ce livre, que M. Véra nous a tracé un
tableau de la philosophie hégélienne aussi fidèle qu'animé.
Et ce livre ne nous fait pas seulement pénétrer dans la philosophie hégélienne, mais dans la philosophie allemande en
général. »

(Critic Septembre 1855.)

« Nous serions bien aise de voir une bonne traduction de
l'ouvrage de M. Véra pour l'usage des étudiants anglais. »

(Literarium. Août 1857.)

OPINIONS DE LA PRESSE ANGLAISE

sur

L'INQUIRY INTO SPECULATIVE AND EXPERIMENTAL SCIENCE.

« Ce court et élégant essai par M. Véra a pour but d'écarter, autant que possible, les obstacles qui s'opposent à l'admission de la doctrine de Hegel en Angleterre. »

(Westminster-Review. Avril 1856.)

« Le petit livre que nous avons devant nous témoigne d'une connaissance complète des côtés faibles des arguments de l'adversaire et d'une intelligence parfaite des endroits vulnérables de cette grande idole nationale, l'Induction Baconienne. »

(Athenæum. Mars 1856.)

« Dans son Introduction à la Philosophie de Hegel, M. Véra a prouvé qu'il est un écrivain capable de traiter les sujets les plus abstrus d'une façon fort lucide et agréable à la fois. La même remarque s'applique au petit traité que nous avons sous les yeux. »

(Morning-Post.)

« Ce court essai est l'œuvre d'un homme supérieur, d'un homme qui a tout ce qu'il faut pour discuter à fond les difficiles questions qu'il traite ici brièvement. »

(Gentleman's-Magazine.)

ERRATA.

Pages   9. *Ces théories*, lisez *ses théories*.

56. *La ramenons*, lisez *les ramenons*.

57. *Devait l'être*, lisez *devrait l'être*.

111. *Est absolue*, lisez *et absolue*.

117. $a + a'' + a'''$, lisez $a' + a'' + a'''$.

Ib. $a' + a + a'' + a'''$, lisez $a' + a'' + a''' + a''''$.

197. *La démontrer*, lisez *le démontrer*.

212. *Un événement apparent*, lisez *un élément apparent*.

223. *L'élever*, lisez *s'élever*.

241. *Ces différents éléments*, lisez *ses différents éléments*.

279. *Leur coutume*, lisez *leur contenu*.

314. *Ni l'un*, lisez *ni l'une*.

324. *priment*, lisez *expriment*.